MW01704936

QUAND L'AU-DELÀ SE MANIFESTE
est le quatre cent trente-neuvième livre
publié par Les éditions JCL inc.

Catalogage avant publication de Bibliothèque et Archives nationales du Québec et Bibliothèque et Archives Canada

Girard, Serge, 1949-

Quand l'au-delà se manifeste

2e éd.

(Collection Second souffle)
Publ. à l'origine dans la coll.: Collection Énigmes. 1993.

ISBN 978-2-89431-439-5

1. Vie future. 2. Esprits. 3. Médiumnité. 4. Perception extrasensorielle. I. Titre. II. Collection: Collection Second souffle.

BF1262.G573 2010 133.901'3 C2010-940767-9

Édition originale: avril 2010

Quand l'au-delà se manifeste

Collection
Second Souffle

Les éditions JCL inc.
930, rue Jacques-Cartier Est, Chicoutimi (Québec) G7H 7K9
Tél. : (418) 696-0536 – Téléc. : (418) 696-3132 – www.jcl.qc.ca
ISBN 978-2-89431-439-5

SERGE GIRARD

Quand l'au-delà se manifeste

Essai

LES ÉDITIONS JCL

Du même auteur:

ÉDITIONS ORIGINALES:

La Lumière de l'ombre, Essai, Éditions JCL, 2010, 408 p.

Au-delà du suicide, Essai, Éditions JCL, 2001, 314 p.

L'Au-delà à l'écoute de nos prières, Essai, Éditions JCL, 1997, 414 p.

Au cœur de la prière, Essai, Éditions JCL, 1997, 110 p.

Quand l'au-delà se manifeste, Essai, Éditions JCL, 1993, 432 p.

Messages de l'au-delà, Essai, Éditions JCL, 1990, 332 p.

Collection Second Souffle:

ÉDITION SEMI-POCHE:

Messages de l'au-delà, Essai, Éditions JCL, 2010, 304 p.

Nous reconnaissons l'aide financière du gouvernement du Canada par l'entremise du Programme d'aide au développement de l'industrie de l'édition (PADIÉ) pour nos activités d'édition. Nous bénéficions également du soutien de la SODEC et, enfin, nous tenons à remercier le Conseil des Arts du Canada pour l'aide accordée à notre programme de publication.

Gouvernement du Québec – Programme de crédit d'impôt pour l'édition de livres – Gestion SODEC

À toi qui cherches à comprendre le but ultime que vise l'existence humaine sur la Terre, je livre ces lignes en espérant qu'elles pourront soutenir l'ascension de ton Esprit vers le Créateur qui t'attend.

NOTE DE L'ÉDITEUR

L'édition originale de ce livre a été publiée en 1993.

Table des matières

Note au lecteur

Pour assurer l'anonymat des témoignages et des faits vécus rapportés dans cet ouvrage, j'ai modifié tous les détails qui auraient pu dévoiler l'identité de ceux et celles qui ont eu la générosité de nous confier leur précieuse expérience. De plus, j'ai désigné chacun d'eux par des prénoms fictifs. Cette précaution s'avéra nécessaire, car chaque témoignage touche un ensemble de personnes qui, pour diverses raisons auxquelles elles ont droit, ne sont pas toutes d'accord pour se voir publiquement associées à ce genre de phénomènes. Le cœur des manifestations a cependant été scrupuleusement respecté, de sorte que vous les recevrez exactement comme j'ai pu les vivre ou les percevoir.

***

Comme, par la force des choses, ma propre expérience constitue la pierre angulaire de cet ouvrage, je m'y référerai régulièrement tout au long du développement. Je tiens à souligner ici que cela ne vise aucunement à me mettre en valeur, et ce, en aucune manière que ce soit. Je suis fort conscient que la médiumnité est loin de fournir des prétextes à gonfler notre orgueil. Je sais fort bien qu'au contraire, elle ne fait que réduire l'incarné à l'humble niveau d'un simple instrument à la disposition de l'au-delà. Mon expérience me l'a clairement démontré : le médium n'est rien de plus qu'un outil, au même titre que l'égoïne du charpentier ou le ciseau du sculpteur, le véritable maître d'œuvre étant celui qui l'utilise. Pour les médiums comme pour tous les autres, le seul mérite auquel nous pouvons prétendre ici-bas est celui des efforts sincères que nous déployons pour nous grandir vers Dieu. Tout le reste n'est qu'illusoires prétentions ne menant qu'à des retours amers.

***

J'aimerais signaler avant d'entrer dans le cœur de notre sujet que certaines parties de cet ouvrage contiennent des témoignages qui pourraient être de nature à impressionner certains lecteurs ou lectrices peu habitués aux types de manifestations rapportées. Pour pallier cette difficulté, j'ai regroupé la plupart de celles-ci dans le premier volet du chapitre 3, aux pages 134 à 194. Le lecteur qui le désire peut donc passer outre à ces pages sans perdre l'essentiel de la réflexion globale. Quant aux autres, ils trouveront d'excellents témoignages démontrant une importante facette de l'ignorance spirituelle et ses conséquences.

S. G.

Introduction

Trois années se sont écoulées depuis la parution de mon premier ouvrage où je vous livrais l'enseignement spirituel que des échanges médiumniques avec nos frères désincarnés m'avaient permis de recueillir. Nous y avons d'abord appris que nous étions tous des Esprits revenus dans la chair pour poursuivre l'incessant objectif de nous avancer davantage dans notre lente progression vers notre Créateur. Nous y avons également vu les grands principes spirituels régissant notre existence autant sur le plan terrestre que sur celui de l'après-mort. Enfin, des frères de l'au-delà ayant écouté l'élan de leur cœur généreux ont bien voulu nous y dévoiler leur propre histoire. Ils nous décrivirent la réalité qui les attendait après que leur enveloppe temporaire eut expiré le dernier souffle de leur incarnation.

Comme je vous le mentionnais dans mon premier livre, mes communications médiumniques par l'écriture ont cessé. C'est pendant la rédaction de celui-ci que je commençai à vivre une certaine période de transition où mes contacts directs avec l'au-delà prirent progressivement un nouveau visage. Je pus d'ailleurs vous en donner un aperçu juste avant de vous quitter dans les toutes dernières pages.

La publication de *Messages de l'au-delà* provoqua bien des réactions chez mes lecteurs et lectrices dont plusieurs voulurent me faire part. Selon les témoignages qui parvinrent jusqu'à moi, son contenu permit à plusieurs personnes ouvertes au plan divin de trouver les précieuses réponses qui ont pu satisfaire leur questionnement spirituel. Certains purent enfin posséder les éléments de connaissance expliquant certaines manifestations de l'au-delà dont ils étaient la cible.

Un grand nombre de ces derniers furent dirigés vers moi par leur Ange gardien, pour des raisons dont nous pourrons voir ensemble la teneur. Chaque fois, je reçus l'assistance de mes Protecteurs de lumière tant désireux d'aider leurs frères incarnés. Beaucoup de ces gens vivaient des phénomènes spirites sous le couvert du secret, n'osant partager leur vécu, de peur de se voir qualifier de fous ou, pire encore, de possédés du diable. Ils vinrent donc à moi, parfois pour simplement partager leur expérience, mais le plus souvent pour solliciter l'aide dont ils avaient un grand besoin. Je m'y donnai du mieux que je pus, armé de la confiance que m'inspirait le soutien bienveillant de mon équipe de l'au-delà dont nous parlerons un peu plus loin. Mes interventions directes dans les manifestations qui me furent rapportées me mirent en contact avec plusieurs entités. Certains vivaient de dévorants tiraillements, mais je pus également en connaître qui exprimaient un niveau d'évolution fort intéressant. J'y reconnus dans certains cas des Êtres heureux et débordants d'amour alors que beaucoup d'autres souffraient sans cesse, torturés et aveuglés par leurs propres faiblesses spirituelles. Sans aucune exception, j'y trouvai la constante confirmation des informations que je vous ai livrées dans ma première publication.

Dès le début, je notai scrupuleusement toutes les données qui me parvenaient. Ce n'est que plus tard que j'appris que les Invisibles m'avaient conseillé de le faire lors d'un échange astral, en vue de cette publication. On m'expliqua qu'en en prenant connaissance, plusieurs incarnés y trouveraient les éléments dont ils avaient besoin pour amorcer leur éveil à la réalité spirituelle et que d'autres y découvriraient une intéressante confirmation de leurs croyances déjà présentes dans leur cœur.

C'est donc rempli d'espoir que je reprends ma plume aujourd'hui pour continuer à partager avec vous mes échanges avec nos frères de l'au-delà. Nous pourrons ainsi, du moins pour plusieurs d'entre nous, poursuivre ensemble la réflexion spirituelle que nous avions commencée dans mon premier livre. Des quelque deux cent trente témoignages auxquels nous

nous référerons dans les pages qui vont suivre, seuls quatre d'entre eux m'ont été rapportés de façon indirecte. Je les ai conservés sous le conseil de mon Esprit guide qui, comme d'ailleurs pour tous les autres, m'en a confirmé la pleine valeur. Comme vous le constaterez vous-mêmes, tous ces témoignages intrinsèquement porteurs d'amour et de sincérité nous font comprendre comme il est impératif pour nous de redécouvrir la réalité d'après-mort avant d'y retourner. Tout ce riche vécu spirituel où nous voyons agir nos frères invisibles dans cet au-delà qui nous côtoie nous rappelle sans cesse l'urgence de nous élever le plus possible vers Dieu dans la pleine mesure de nos moyens, qu'ils soient grands ou petits.

Entrons maintenant dans l'approfondissement de notre sujet. J'espère qu'il vous apportera une plus grande compréhension de notre existence terrestre, en vous fournissant une meilleure connaissance de la vie qui nous attend tous au-delà de la mort.

Chapitre 1

Dieu

J'aimerais d'abord orienter notre réflexion sur l'Être suprême de l'univers que nous appelons Dieu. Pour ce faire, nous nous référerons à une expérience fort particulière que je vécus à deux inoubliables reprises. Celle-ci me permit de mieux comprendre la nature de Dieu, du fait qu'elle dépassa nettement la mesure de mes pauvres facultés d'incarné. Dans ma première publication, nous avons défini Dieu comme un Être au rayonnement infini. Nous avons vu que cet Être premier possède toutes les qualités que nous pouvons imaginer, et ce, dans une mesure que nous ne pouvons concevoir. Nous avons également parlé de son amour inépuisable qu'Il répand sans cesse dans l'univers éternel.

Toute cette description toujours fort juste me venait des propos que l'au-delà m'avait tenus, mais maintenant je peux vous fournir de nouvelles données que j'ai ressenties dans le plus profond de moi-même. Or, non seulement celles-ci confirment tout ce qui me fut rapporté, mais elles poussent encore plus loin notre compréhension de Dieu. Je rédigeais les premières lignes de cet ouvrage lorsqu'il me fut permis de vivre cette extraordinaire prise de conscience de l'intimité divine, du moins de ce que je pus en saisir dans les limites de mes actuelles conditions d'incarné.

Comme devant la présence divine

La première fois que j'y fus confronté, je crus nettement à

un effet de mon imagination. Je me disais que, compte tenu de mon infériorité d'évolution, il n'était pas possible que je puisse atteindre un tel niveau de dégagement spirituel conscient. Comme si l'au-delà voulait absolument me faire écarter cette hypothèse, on me fit revivre la même expérience quelques mois plus tard, dans des conditions en tout point similaires. Il me fut impossible par la suite de pouvoir en nier la pleine réalité. Les deux fois, j'étais seul, assis à la table de la cuisine. Je retravaillais certains passages de mon manuscrit. Alors que je ne m'y attendais pas, je me sentis subitement m'élever en esprit en sortant en dehors de mon corps. Bien que je gardasse un contact conscient avec ce dernier, je montai très haut, comme si mon Esprit allait s'imprégner de l'énergie bienfaitrice des niveaux vibratoires les plus subtils. Soudain, je me sentis comme en état de compréhension de l'Être suprême. Je ne pouvais Le voir, mais sa présence intime, bien qu'encore très loin, m'enlaçait complètement de ses effluves d'amour. Je vécus alors ce que j'appellerais une expérience de conscientisation de la nature divine. Dans un premier temps, l'amour que je ressentis de cet Être sublime m'inspira une vision très petite de moi-même. Cet amour se voulait tellement inconditionnel que sa pureté semblait se raffiner à l'infini. Je me perçus indigne d'une telle grandeur d'Être. Ensuite, un désir indéfinissable de Le rejoindre me fit comprendre d'un seul coup toute la pertinence des efforts courageusement appliqués à notre épuration spirituelle. Dans l'état où je me trouvais, un pressant sentiment d'impatience m'étreignait de toutes parts. J'aurais accepté les pires épreuves d'incarnation pour me permettre d'atteindre au plus tôt le niveau vibratoire de cet Être dont l'amour me parut presque étouffant pour mon humilité encore trop fragile. Malgré ce sentiment, une joie mêlée d'une vive espérance m'étreignait : joie de comprendre la grandeur où conduit le chemin et vive espérance en percevant l'aboutissement accessible de la route.

La deuxième édition de cette expérience privilégiée me plongea dans une profonde analyse de ce que j'avais vécu. Encore imprégné par l'intensité du phénomène, une réflexion sur Dieu se déclencha en moi. Celle-ci devait me permettre de saisir encore mieux sa nature, du moins sur deux aspects que je compris davantage.

Premier aspect

Le premier aspect qui frappa ma réflexion concerne son rayonnement. Je ne vous en donnerai malheureusement qu'un aperçu, car les mots me manquent pour vous décrire ce que j'ai réellement senti. Son rayonnement semble constitué essentiellement d'amour et de vie. Bien qu'Il ait été encore très loin de moi pendant l'expérience, j'ai senti que ces deux éléments s'interpénétraient pour former un genre d'alliage énergétique indissociable. Cette énergie pénètre en nous comme une brillance pétillante qui vient vibrer dans chaque cellule subtile de notre être. L'effet en est presque enivrant de bien-être.

En pénétrant en nous, le rayonnement divin nous fait découvrir la source première et continue de toute forme de vie. Il est plus que vivant, Il est la Vie. Il n'a nul besoin de forme ou de visage, car Il est tout ce qui existe. Il est toute l'énergie répandue dans le moindre atome matériel ou pseudo-matériel de toute la création infinie et de tous les mondes de l'Esprit. En fait, j'ai clairement senti dans mon esprit que rien ne pouvait exister sans qu'Il participe à son existence.

Deuxième aspect

Le deuxième aspect concerne sa perfection et sa grandeur. J'ai été fort surpris par le malaise que je ressentais en comprenant davantage ce qu'Il était vraiment. Malgré tous les échanges que j'avais eus sur Lui avec mes frères de lumière, la conception que je m'En étais faite me laissait supposer qu'un grand bonheur devait envahir tout Esprit qui s'approchait de Dieu. Or, l'expérience que je vécus me démontra qu'il n'en était pas nécessairement ainsi. La subtilité de ses vibrations d'amour nous fait comprendre toute notre infériorité. Devant une telle grandeur, notre orgueil est bien éprouvé. C'est là que j'ai compris pourquoi nous pouvions choisir des incarnations si difficiles à l'état d'Esprit. J'ai bien vu que c'était réellement nous-mêmes qui tenions à remettre la moindre dette pour nous assurer d'être vraiment dignes d'une telle présence. Car dès que nous sommes conscients de ce qu'Il est, nous ne pouvons supporter l'idée d'avoir pu transgresser ses lois sans en avoir assumé nous-mêmes les conséquences. Car Il est justice pure et équité sans fin.

Nous aspirons tellement à pouvoir Le côtoyer en toute aisance que nous en oublions la cherté du prix à payer. L'attirance est tellement forte qu'elle provoque un véritable aveuglement d'impatience. Ce phénomène est vécu par tout Esprit qui sait que nous ne pourrons véritablement L'atteindre que dans la perfection. Nous voulons donc accélérer la montée par des pas toujours plus grands. Heureusement pour nous que Dieu autorise Lui-même chacun de nos plans de vie, car cela nous garantit que les exigences de nos incarnations ne sont jamais au-dessus de nos forces. De plus, Il veille sagement à ce que ces plans soient scrupuleusement respectés, au risque de nous laisser faussement penser de Lui, dans les séquences difficiles, qu'Il nous abandonne dans la souffrance.

Ce qui accentue encore plus cette impression d'humiliante petitesse, c'est son regard hors du temps qu'Il jette sur nous. Dieu, qui perçoit déjà l'aboutissement final de notre progression spirituelle, semble nous regarder comme si nous étions déjà parfaits. Cette impression nous rend très mal à l'aise, car, en Esprit, notre lucidité nous fait bien voir toutes nos faiblesses encore existantes et tout le chemin qui reste à parcourir. Cet aspect m'a ainsi fait comprendre pourquoi, à notre niveau, nous ne voyons pas nécessairement Dieu après notre mort. C'est qu'Il ne veut pas empêcher le bonheur relatif que nous pouvons avoir mérité.

C'est là aussi que j'ai réellement compris l'importance de faire taire le plus possible notre orgueil pendant notre incarnation. Car dans l'au-delà, cette faiblesse peut bloquer notre accès au monde vibratoire des bonheurs proches de Dieu. Trop obnubilés par les déchirements qu'elle provoque en nous, nous risquons de nous éloigner de la lumière, craignant d'être humiliés par la pureté du regard divin. Nous verrons d'ailleurs un peu plus loin des Esprits retardataires fuir devant le remède à leurs souffrances pour cette simple raison.

Après avoir vécu cette expérience, mon regard sur les misères du monde terrestre se transforma. Je compris vraiment qu'aucune force ne pourrait résister devant une telle grandeur, d'autant plus que cette force n'existerait que par l'autorisation de sa volonté. Je sais maintenant qu'il n'y a pas de véritable guerre entre le bien et le mal. S'il en était autrement, le mal ne pourrait même pas voir le jour puisque Dieu n'est que bien et amour. En fait, tout ce que nous appelons le mal n'est que l'expression de l'ignorance spirituelle de chacun de nous, c'est-à-dire la manifestation des degrés inférieurs de l'évolution progressive à laquelle Dieu seul a échappé.

La proximité du mal qui nous entoure nous sert implicitement d'outil de progression spirituelle. En combattant le mal, nous confirmons nos acquis tout en assistant nos frères incarnés qui sont aujourd'hui à l'échelon d'ignorance où nous étions hier. Mais la lutte se fait pour nous et par nous. Quant à l'intervention divine, elle ne cherche qu'à nous assister dans nos efforts de progression, en respectant le plan de vie élaboré pour chacun d'entre nous, lequel plan est intimement relié à nos acquis, nos dettes à payer et aux buts que nous nous sommes fixés. Bien sûr, mon expérience m'a rendu encore plus conscient de la longue route qu'il reste à parcourir, mais j'ai bien vu que cet aboutissement nous était réellement accessible. De plus, constater que Dieu nous regarde déjà comme si nous étions tous élevés jusqu'à Lui nous confirme à l'avance que nous parviendrons tous à gravir la montée. J'aurais aimé découvrir d'autres aspects de Dieu et vous en faire part, mais je crois que cette pensée constitue en elle-même l'expression d'une certaine ingratitude envers Lui. Je Le remercie donc de m'avoir permis de vivre une pareille manifestation de son amour et de permettre maintenant que je puisse la partager avec vous.

Chapitre 2

L'au-delà

Comme nos frères de l'au-delà nous l'ont si bien démontré dans mon premier ouvrage, notre vie actuelle n'en est pas à sa première édition. Chacun a connu un grand nombre d'incarnations dans son histoire intime. Certains d'entre nous utilisent même notre planète comme lieu d'incarnation depuis des dizaines de siècles. Il est donc bien évident que nous avons souvent connu la mort corporelle et la vie d'erraticité qui en découle à chaque reprise. Mais alors, l'au-delà serait-il un lieu connu de notre Esprit?

Si nous n'avions pas l'opacité du voile d'incarnation qui fait oublier, nous verrions comme cet au-delà que parfois nous craignons tant n'est qu'un vieux pays de connaissance, un pays de vibrations subtiles où nous retournons régulièrement chaque fois que notre corps charnel entre dans le sommeil, en attendant d'y accéder en permanence après notre mort. L'au-delà qui, en fait, n'est rien d'autre que le monde naturel de tous les Esprits, est essentiellement constitué de pseudo-matière. Cette dernière est un genre de matière subtile que les désincarnés définissent comme une énergie cosmique. Celle-ci se présente sous forme de fluide malléable auquel les entités peuvent donner d'innombrables traits au gré de leur volonté et de leurs besoins. Ces traits ou ces formes peuvent prendre à leur tour plusieurs niveaux de subtilité selon le degré d'épuration de l'Esprit. Car, dans l'au-delà, nous vivons dans un monde bien adapté à la mesure de nos acquis. Ainsi, pour certains, l'au-delà peut prendre un visage qui se rapproche beaucoup de notre monde terrestre alors que, pour d'autres, l'existence se déroule dans un véritable monde de lumière où tout ce qui les entoure semble vaporeux. Je dirais même que tout y semble constitué de photons lumineux et fluorescents. Je peux vous affirmer ce détail, car il me fut donné, par la permission divine, d'explorer consciemment certains coins de ces mondes subtils. Chaque fois que je vécus ces moments extraordinaires, c'était pour apaiser les inquiétudes de gens sincères qui venaient me consulter pour en savoir davantage sur le sort de leurs défunts regrettés.

Dans la plupart des cas, je devais procéder par lecture de photographie. Cette technique, si je peux l'appeler ainsi, consiste à tenir dans mes mains la photographie d'un défunt en demandant à Dieu de permettre la situation de l'entité concernée. Selon ce que j'ai pu observer, le motif intime de la demande semble déterminant pour l'acceptation divine d'obtenir les informations demandées. Dans la mesure de ce qui est permis par Dieu, je reçois alors des images rappelant les reportages en direct de nos postes de télévision.

C'est ainsi que j'ai pu explorer plusieurs coins de l'au-delà en conservant ma pleine conscience d'état de veille. Chaque fois, j'ai été littéralement embaumé d'un véritable émerveillement. Je reçois des images, souvent d'une extrême clarté, qui me permettent de comprendre toutes les possibilités de la pseudo-matière qui semblent s'étendre à l'infini.

Un au-delà à notre mesure

Lorsque l'Esprit est réincarné, je vois comme un vide inhabité. C'est comme si je me retrouvais dans une grande pièce non meublée dont les habitants seraient partis pour un long voyage.

Si l'entité est demeurée dans le bas astral de notre monde d'incarnation, il apparaît comme enveloppé d'un noir opaque, comme si aucun champ situationnel ni temporel ne l'entourait. Parfois on me montre où l'Esprit erre dans ses souffrances. On est même allé à quelques reprises jusqu'à me faire voir des entités qui les entretenaient dans leur misère. Je recommandais alors des prières adaptées qui pouvaient leur venir en aide.

Lorsque le défunt vit une situation de ciel semblable à

notre monde terrestre, le milieu d'existence rappelle très étroitement ce que nous pouvons observer sur notre planète : ruisseaux, rivières et océans baignent des montagnes et des vallées où les arbres et la verdure abritent une faune exquise de beauté et de paix.

Pour certains Esprits moins libérés, il existe même de véritables villes où ils entretiennent leurs soucis d'incarnés dont ils n'ont pu se libérer complètement. Pour les Esprits vivant dans la lumière, le milieu est blanc immaculé. Les paysages que j'ai vus ont un peu la même apparence que certains contextes de la Terre sauf que tout y est lumineux. La végétation y est brillante et d'une blancheur très pure. Les objets semblent vaporeux et presque transparents. Les Esprits y vivent vêtus de draperies blanches fluorescentes. Pendant que je voyais ces coins de paradis, il m'est souvent arrivé de faire un rapprochement avec les scènes de la Grèce antique qui nous sont traditionnellement montrées lorsque cette époque est évoquée.

Je sais, par les propos de nos frères de l'au-delà, qu'il existe des mondes encore beaucoup plus subtils que ceux que je pourrais vous décrire, mais, jusqu'à ce jour, il ne me fut pas encore donné d'en explorer les contours.

Quoi qu'il en soit, nous en savons suffisamment pour comprendre que l'au-delà est bien adapté à notre mesure, et ce, autant pour la joie que nous pouvons mériter que pour la souffrance que nous pouvons nous entêter à prolonger. C'est d'ailleurs là une belle manifestation de la grande sagesse divine qui a prévu tenir compte de nos particularités intimes pour s'assurer que la vie de l'au-delà soit bien à notre mesure.

Voyons ici deux témoignages de mort clinique nous donnant une idée précise de cette adaptation à notre personnalité qui commence dès notre arrivée. Nous pourrions en examiner bien davantage, mais il existe déjà de fort intéressantes études publiées sur le sujet et que nous pouvons tous facilement consulter. L'important ici est de bien comprendre le principe qui est appliqué.

UN TOTAL OUBLI D'ELLE-MÊME

Le premier témoignage que j'ai retenu me fut rapporté par ma sœur Denise, quelques années avant son décès. Cette dernière avait dû subir l'amputation d'une jambe consécutivement à la maladie qui grugeait impitoyablement son pauvre corps charnel. Au cours de l'intervention, son cœur cessa de battre. Elle connut ce que nous appelons une mort clinique. Voici l'essentiel de son expérience.

Lorsqu'elle reprit connaissance, un calme surprenant émanait de tout son être. Elle n'exprimait pas le déchirement moral qui aurait facilement pu surgir après une telle épreuve. On lui avait déjà enlevé des doigts, des orteils, puis un pied, et encore une fois on privait son corps d'une autre partie de son intégrité. Denise demeurait pourtant résignée et sereine. L'opération s'était avérée longue et difficile. Son cœur avait cessé de battre pendant un bon moment et des efforts soutenus parvinrent de justesse à la ramener à la vie terrestre. À son réveil, Denise avait gardé en mémoire tout ce qu'elle avait vécu avant et pendant cette mort clinique.

Denise sortit de son corps dès que les substances anesthésiques annihilèrent sa conscience physique. Elle se vit flottant à quelques centimètres du plafond. Elle fut d'abord surprise de constater que la lumière du système d'éclairage passait à travers elle comme si elle était transparente. Elle crut un instant qu'elle rêvait, mais la scène qui se déroulait devant elle lui fit bien comprendre qu'elle assistait réellement à l'amputation de sa propre jambe.

Elle observa les manœuvres chirurgicales qu'elle décrivit en détail à son réveil. Elle vit comment on avait disposé du membre sectionné, dans quoi on l'avait placé et qui s'en était occupé. Elle entendait clairement les échanges verbaux.

Lorsque son cœur fatigué cessa de battre, elle vit l'équipe médicale se dévouant à la ramener à la vie. Elle entendit un chirurgien commander l'injection rapide d'un médicament, puis la stimulation cardiaque. C'est là qu'elle s'aperçut que plusieurs personnages inconnus l'entouraient. Comme elle, ils flottaient dans la salle d'opération. Ils la regardaient en souriant. L'un d'eux lui exprima verbalement l'immense joie qu'ils ressentaient à venir l'accueillir dans l'au-delà.

À ces mots, Denise se retrouva subitement sur le bord d'un genre de lac dont la surface donnait l'impression d'un véritable miroir géant. Elle s'y était déplacée sans s'en rendre compte. En regardant autour d'elle, elle constata que les entités aperçues dans la salle d'opération l'avaient accompagnée.

De l'autre côté du lac, Denise aperçut un grand nombre de personnes qui semblaient s'adonner à une grande fête. Ils chantaient et dansaient. Des rires fusaient de toutes parts. Un des personnages qui étaient près d'elle lui dit que la fête était pour elle. Il lui précisa que l'au-delà fêtait son retour dans sa demeure naturelle. Il rajouta que tous les défunts qui l'avaient aimée l'attendaient avec impatience.

Sans qu'on le lui ait expliqué, Denise savait qu'elle n'avait qu'à franchir le lac pour que sa vie terrestre prenne fin définitivement. Elle sentait intuitivement qu'en atteignant l'autre rive elle retrouverait les joies de la vie de l'au-delà qui l'attendaient les bras ouverts. La sensation de bien-être qu'elle éprouvait était indescriptible avec des mots d'incarné. Tout cet amour qu'on lui manifestait, cette joie des retrouvailles avec tous ceux qui étaient partis avant elle la baignaient dans un bonheur qui effaçait d'un seul coup toutes les souffrances qu'elle avait si vaillamment supportées.

Sa joie fut brusquement interrompue lorsqu'elle songea à ses deux petits qu'elle laisserait orphelins. Écoutant son cœur, Denise demanda si elle pouvait prolonger son incarnation de quelques années pour accompagner un peu plus longtemps ses enfants encore en bas âge. Trois entités se détachèrent du groupe qui l'accompagnait et s'éloignèrent vers un grand Esprit blanc. Celui-ci écouta leurs doléances. Denise les voyait converser, mais elle ne pouvait les entendre. Après quelques instants, les trois personnages revinrent près d'elle. Ils lui répondirent que les plans de vie de ses proches tant aimés pouvaient lui donner un sursis d'environ trois années. Mais ils ajoutèrent que sa demande n'était possible que parce qu'elle était motivée par un désir purement altruiste, en total oubli d'elle-même. Ils lui exposèrent ensuite les difficiles conditions de vie qu'elle devrait connaître. On lui fit bien comprendre que ces trois années seraient remplies de souffrances atroces. Malgré cela, Denise accepta de revenir dans la chair douloureuse pour accomplir son devoir de mère.

Sa vie d'incarnée reprit donc son cours, mais les pénibles conditions qu'on lui avait décrites s'exécutèrent à la lettre. Après trois années de souffrances continues, Denise décéda à Québec le 30 décembre 1981.

ACCUEILLI PAR UN PERSONNAGE DE BANDES DESSINÉES

Le deuxième témoignage que je vous cite nous décrit une réalité fort différente.

Richard n'était encore qu'un enfant lorsqu'il fut déclaré cliniquement mort. Il fut accueilli dans l'au-delà par un personnage de bandes dessinées qu'il aimait beaucoup. Dans une grande bienveillance, celui-ci lui dit qu'il devait retourner dans son corps de chair, qu'il ne pouvait pas rester là. Il lui expliqua qu'il devait attendre l'heure qui avait été fixée pour lui. Malgré son jeune âge, Richard ne ressentit aucune peur, étant même heureux de se voir en présence de son personnage favori. Il percevait d'autres gens autour de lui, mais seul son héros de bandes dessinées lui parlait. Après quelque temps d'échange, Richard réintégra son corps physique au grand soulagement de ceux qui tentaient de le ranimer. À la fois heureux et déçu, il garda un précieux souvenir de cette expérience qui demeure encore bien fraîche dans sa mémoire.

Ces deux témoignages nous permettent de comprendre jusqu'à quel point Dieu peut adapter notre arrivée dans l'au-delà en fonction de ce que nous sommes. Nous y trouvons ainsi un contexte qui nous convient pour faciliter au maximum notre réadaptation au milieu naturel de notre Esprit. Nous avons déjà vu dans *Messages de l'au-delà* des témoignages d'Esprits décédés allant dans le même sens. Certaines enquêtes auprès de personnes revenues à la vie après une mort clinique démontrent également cet ajustement du contexte d'arrivée. On y constate que les Esprits initiateurs chargés d'accueillir le défunt prennent souvent les traits de personnages correspondant à nos croyances religieuses. Certains de ces défunts vivent donc l'impression de se retrouver devant le Christ, alors que d'autres parlent de Bouddha. Certains vont plutôt décrire Allah alors que d'autres mentionnent Krisna, passant ainsi les multiples dénominations que nos différentes cultures peuvent donner à Dieu.

Dieu nous donne donc le contexte jugé nécessaire pour nous éviter toute forme de choc traumatisant.

Cette douceur d'arrivée permet à l'Esprit méritant de saisir plus rapidement ce qu'il a à comprendre de la réalité fondamentale de l'au-delà : l'universalité immuable et éternelle de la hiérarchie évolutive du monde des Esprits, commune à tous les humanoïdes du cosmos infini.

Nous disions tout à l'heure que nous retournons régulièrement dans l'au-delà, chaque fois que notre corps charnel sommeille. C'est donc dire que, malgré le peu de souvenirs que le voile d'incarnation nous permet d'en conserver, nous sommes déjà des habitués de l'au-delà. Mais qu'en saurions-nous si nous nous souvenions?

Je vous cite ici trois expériences extracorporelles qui nous donnent une idée précise de ce que nous pouvons retrouver pendant notre sommeil dans la réalité de l'autre monde.

UNE CATHÉDRALE DE L'AU-DELÀ

J'entrais lentement dans mon sommeil lorsque mon Guide vint me chercher. Il m'amena visiter un coin fort particulier de l'au-delà. Je me retrouvai devant un grand édifice de pierre blanche juste au pied d'un large escalier menant à deux portes gigantesques. Deux immenses colonnes de pierre d'au moins deux mètres de diamètre encadraient les quelques marches qui y montaient. Ces portes devaient mesurer dans les douze mètres de hauteur. Aucune poignée n'y apparaissant, je compris qu'elles ne pouvaient s'ouvrir que de l'intérieur.

Un bref coup d'œil sur ce qui m'avait semblé être la façade me fit comprendre que l'énorme édifice était circulaire. Je décidai d'en faire le tour. Je me rendis rapidement compte que je me trouvais dans un hall qui ceinturait tout l'édifice. J'avançais lentement et mon attention fut attirée sur d'autres colonnes plus petites qui longeaient tout le hall circulaire, à quelque cinq mètres d'intervalle. L'espace entre chaque colonne formait des aires où étaient exposés divers objets. J'y remarquai entre autres la statue *Vénus de Milo* et une machine à vapeur aux allures inconnues.

Au bout d'une certaine distance, je dus rebrousser chemin. Le hall se perdait comme dans un vide de couleur bleu clair. Je me retrouvai donc de nouveau devant les portes géantes. À ma grande satisfaction, je constatai qu'elles étaient entrouvertes. Une lumière fluorescente blanche et dorée en jaillissait. La pensée me vint d'y entrer. Je cherchai alors à voir mon Guide et, comme je ne le trouvais pas, je décidai de rester à l'extérieur, craignant de déroger à des lois régissant l'accès à ces lieux.

À mon réveil, je racontai mon expérience à mon épouse.

Le caractère inusité de ce que j'avais vécu me fit un peu songer qu'il pouvait ne s'agir que d'un simple rêve.

Mais, le soir suivant, en entrant dans mon sommeil, on me conduisit à nouveau à cet immense édifice circulaire. On m'en présenta une vision plus globale. À ma grande surprise, je constatai que ce que j'avais vu la veille n'était en fait qu'une aile relativement petite d'un édifice beaucoup plus grand. Un très large escalier de pierre blanche comprenant plusieurs marches accédait à une entrée également très large, dépourvue de porte. De grosses colonnes rappelant les temples de la Grèce antique en gardaient fièrement l'accès.

Contrairement à la section vue la veille, je vis des milliers d'Esprits montant ou descendant cet escalier. Certains entraient dans l'édifice alors que d'autres en sortaient dans un va-et-vient continu. Cette intense circulation semblait ne jamais devoir prendre fin. Sans même demander ce que pouvait être ce lieu, je sus presque instantanément qu'il s'agissait d'une de ces cathédrales de l'au-delà où nous pouvons consulter notre plan de vie pour mieux en réussir l'application. Quant à l'aile plus petite qu'on m'avait montrée la veille, c'était là que l'on gardait les plans des missionnaires de notre planète, et son accès en était limité. Quand j'eus compris tout cela, on me fit entrer. Je remarquai qu'il semblait ne pas y avoir de plancher. Des genres de registres remplissaient toute la surface des murs. On s'y déplaçait en flottant, montant ou descendant, selon la hauteur des documents consultés. Une grande lumière baignait tout l'intérieur. Je sortis et, avant de retourner dans mon corps, on m'indiqua la section où se situait mon propre plan d'existence.

Les bibliothèques de l'au-delà ressemblent un peu à ce que je viens de vous décrire. Leur accès en est toujours libre et, pendant nos heures de sommeil, nous pouvons y consulter tous les sujets possibles au gré de notre volonté. Chaque publication dans l'univers éternel y trouve son duplicata et nous pouvons en intégrer les connaissances à un rythme pouvant, chez certains, centupler nos capacités d'incarné.

UN COIN DE CIEL

Éliane venait de se coucher et tentait de s'endormir en adressant ses prières à Dieu. Sans qu'elle l'ait recherché, Éliane se retrouva soudainement en dehors de son enveloppe charnelle. Elle entra ainsi directement dans le monde de l'au-delà, en gardant sa pleine conscience de veille. La clarté du paysage de campagne où elle se trouvait subitement contrastait grandement avec la pénombre de sa chambre qu'elle venait de quitter. Une lumière semblant venir de partout baignait tout ce qui l'entourait. Éliane se voyait en plein milieu d'un champ s'étendant à perte de vue. Le vert argenté de l'herbe abondante s'harmonisait avec le bleu lumineux d'un ciel sans nuage. Un soleil immense donnait de la dorure au manteau végétal du sol comme dans une aurore matinale infinie. D'innombrables fleurs multicolores tapissaient la plaine dans un ravissant jeu de lumière. Éliane se rendit compte qu'elle flottait au-dessus de toute cette beauté imbibée d'une chaleur très agréable. Elle se déplaçait tout en douceur vers une destination inconnue.

Au loin, elle vit apparaître une petite construction de couleur blanche dont elle semblait de plus en plus s'approcher. Lorsqu'elle put en distinguer la forme, Éliane reconnut un magnifique kiosque qui semblait fait de bois. Elle en fut un peu surprise, car elle ne voyait aucun arbre dans tout cet horizon sans fin.

Elle y aperçut des gens assis sur des bancs adjacents à cinq des six côtés du carrousel hexagonal. Ils étaient une vingtaine. Tous portaient des aubes brunes ressemblant à des soutanes de moines du Moyen Âge. Ils semblaient suivre un cours ou recevoir des instructions données par un Esprit tout en lumière se tenant debout devant eux. Celui-ci portait une aube blanche aux lueurs argentées. Tout son être dégageait une luminescence fluorescente. Les entités assises l'écoutaient avec beaucoup d'attention.

Éliane voulut leur adresser la parole, mais elle en fut empêchée. Une force irrésistible l'attira ensuite vers son corps. En entrant dans son enveloppe physique, Éliane vécut la curieuse impression de se revêtir d'un vêtement trop petit.

Éliane avait été témoin d'un cours en enseignement spirituel adapté comme il s'en donne beaucoup dans l'au-delà.

Le plus souvent, les Esprits incarnés en période de sommeil les suivent de cette manière. Ils y trouvent les éléments supplémentaires dont ils ont besoin pour la réussite de leur plan d'évolution. Ils se regroupent alors par sympathie de progression. Il peut également arriver dans pareil cas que ce soit des Esprits en erraticité désirant s'avancer, mais ils le font généralement en rassemblements beaucoup plus nombreux. Ils se regroupent par sympathie de niveau d'avancement. S'il s'agit de petits groupes de désincarnés comme celui qu'Éliane a vu, ce sont généralement des entités en phase préparatoire d'une future réincarnation. Ils se regroupent alors par sympathie de plans de vie. Il existe bien sûr plusieurs autres façons de suivre des cours dans l'au-delà, mais nous voyons ici l'une d'entre elles que plusieurs utilisent couramment parmi nous.

UNE HORLOGE DANS L'AU-DELÀ

Le souvenir qu'on me permit de conserver me situe dans une grande maison luxueuse au décor s'apparentant au style victorien. Nous étions plusieurs Esprits. Nous échangions sur les énergies. Je ressentis subitement une sensation de malaise que mon corps de chair me faisait parvenir. Avant de partir rejoindre ce dernier, je regardai l'heure sur une grande horloge qui cadençait le temps dans le lieu où nous nous trouvions. Il s'agissait d'une véritable œuvre d'art, du moins d'une superbe pièce d'ébénisterie. Des formes sculptées ornaient les boiseries raffinées dont la teinte noyer dissimulait à peine les nervures naturelles. Les aiguilles indiquaient six heures quarante. De retour dans mon corps, je m'empressai de vérifier l'heure et mon réveille-matin indiquait six heures quarante et une. J'en conclus que je me trouvais dans un lieu pseudo-matériel de l'au-delà où nous retrouvons des points de repère nous indiquant l'heure que vit le corps charnel en sommeil.

Plusieurs personnes m'ont rapporté un phénomène semblable où elles percevaient l'heure dans l'au-delà juste avant de retourner dans leur corps de chair. Elles y percevaient également le lien intime que nous conservons avec notre enveloppe charnelle en sommeil.

Je vous ai livré ces trois expériences astrales, mais nous aurions pu utiliser votre propre témoignage, car ce que nous appelons communément des rêves est en réalité des souvenirs d'expériences bien réelles qui ont été concrètement vécues dans les vibrations subtiles de l'au-delà.

Nous pensons bien à tort que les rêves ne sont que de simples représentations d'images plus ou moins cohérentes. À travers la déformation que provoque la filtration du voile d'incarnation, nous rapportons des souvenirs plus ou moins clairs d'activités bien réelles que nous avons partagées, soit avec des défunts, soit avec d'autres incarnés également en état de sommeil corporel. Bien sûr, ces souvenirs sont fort partiels, mais ils sont également fort réels. Malheureusement, notre ignorance nous les fait considérer comme de simples inventions imaginaires et nous en négligeons toute la richesse d'informations qu'ils peuvent nous fournir sur les caractéristiques de l'au-delà.

Les rêves partagés

Un phénomène qui laisse bien entrevoir notre réelle existence dans l'au-delà pendant notre sommeil est celui des rêves partagés, où plusieurs personnes en sommeil corporel participent aux mêmes événements oniriques et en rapportent des souvenirs similaires, cohérents et compatibles entre eux. Il nous démontre que le sommeil est beaucoup plus qu'une simple résultante de l'activité cérébrale en repos. Il nous exprime clairement que notre Esprit existe bel et bien en dehors de notre corps charnel, poursuivant son existence dans les dimensions pseudo-matérielles de l'au-delà pendant que son véhicule d'incarnation doit refaire ses forces pour lui permettre de mener à terme son plan d'évolution. Les quelques faits que j'ai retenus vous exprimeront plus clairement cette pleine réalité de la vie de l'Esprit qui se poursuit sans cesse.

UN RÊVE BIEN VIVANT

Nous vivons parfois des rêves où nous devons faire face à des difficultés qui ne sont pas de nature à inspirer le repos. Le départ de cette expérience onirique était un de ceux-ci.

Je me trouvais sur le pont d'un voilier sur lequel je voyageais. Nous essuyions une grosse tempête. Une pluie battante se mêlait à l'eau de mer que les vents déchaînés faisaient s'abattre contre le navire.

Plusieurs personnes m'accompagnaient. Il me semblait que tous faisaient partie de l'équipage, sauf une jeune fille, elle aussi passagère, en qui je reconnus ma fille Mélanie. Comme le navire gîtait dangereusement, nous devions exécuter une urgente manœuvre de façon à réduire la voilure au minimum. Mélanie et moi avons alors voulu aider les autres à tirer les cordages lorsqu'une difficulté majeure se présenta. La brigantine pivota brusquement sur l'artimon, entraînant un matelot à la mer. Là, je vis des cordes qui s'entremêlaient sous l'action du vent qui les rendait folles. Mélanie réussit à en saisir un bout et elle cria de l'aider. À cet instant, je sortis de mon sommeil sans savoir comment tout cela s'était terminé.

Au déjeuner, je parle de mon rêve. Mélanie me répond avec enthousiasme qu'elle aussi se souvient très bien de ce rêve. Je lui demande comment ils s'en étaient sortis et elle m'explique la manœuvre qu'elle fit, puis comment le navire avait pu se sortir de la dépression et retourner en eau plus calme.

MÊME DESCRIPTION

Le rêve que j'avais retenu me situait sur un immense stationnement recouvert d'un épais plafond de béton. Il donnait accès à un très grand centre commercial. Une de mes filles m'accompagnait. Nous entrâmes tous les deux dans un grand magasin bondé de belles marchandises.

Le matin, au petit déjeuner, ma fille nous raconte le rêve qu'elle a fait pendant la nuit. L'endroit qu'elle décrit est exactement le même que celui de mon propre rêve. Tout concorde très bien. De plus, elle se souvient nettement que je l'y accompagnais. Lorsque je lui demande comment nous étions habillés, elle m'énumère les vêtements exacts dont je me souvenais.

MÊMES PRÉCISIONS

Mélanie prend son petit déjeuner avec ma femme et moi. Sa sœur Nathalie est encore dans sa chambre. Elle nous raconte son rêve où elle a vu Nathalie lui remettre un petit bébé portant le nom d'un ami décédé. Elle nous décrit les détails de ce curieux songe. Selon ses souvenirs, Nathalie tenait l'enfant et lui avait soudainement demandé de le prendre du fait qu'elle ne l'aimait pas beaucoup.

Quelques minutes plus tard, Nathalie vient nous retrouver. Après son bonjour matinal, elle nous raconte qu'elle a rêvé à sa sœur Mélanie pendant la nuit. Elle précise qu'elle s'était vue tenant un bébé dans ses bras, que celui-ci lui inspirait peu de sympathie et qu'elle avait demandé à sa sœur de le prendre.

Sans trop montrer notre surprise, nous demandons plus de précisions à Nathalie. Les détails fournis nous démontrent qu'il y a une similitude frappante entre les deux rêves.

Elles s'étaient manifestement rencontrées quelque part dans le monde pseudo-matériel de l'au-delà. Elles en avaient gardé des souvenirs qui, bien qu'ils aient pris la forme d'un rêve plus ou moins significatif, n'en constituaient pas moins un indice fort intéressant démontrant la même activité de sommeil.

LE MÊME ACCOUCHEMENT

Je m'éveille un matin avec le souvenir très net d'un rêve vécu pendant la nuit. Je me rappelle m'être trouvé en compagnie de mon épouse dans une salle aménagée pour les accouchements. Je l'assistais pendant qu'elle donnait naissance à un gros garçon. Les éléments du rêve s'estompaient ensuite sans dévoiler plus de détails.

Lorsque je raconte ce rêve à mon épouse, elle me répond avec étonnement qu'elle aussi a fait exactement le même rêve. Elle s'était vue en plein travail dans une salle d'accouchement. Je me tenais à ses côtés et l'encourageais dans ses efforts. Le nouveau-né était également un garçon. En échangeant sur les détails retenus, nous constatâmes que nous relations exactement le même événement central: les gestes posés, les paroles entendues et même le décor de la pièce concordaient avec une grande précision. La seule différence qui ressortait concernait les événements qui situaient le contexte du fait principal. Dans la fréquence temporelle, je me souvenais de ce qui avait précédé l'accouchement alors que mon épouse avait retenu ce qui l'avait suivi.

LA VIEILLE VOITURE VERTE

Un matin de février, à peine entrée dans la salle à manger, ma fille Mélanie nous fit part de son rêve. Elle nous rapporta avoir conduit dans son songe nocturne la vieille voiture verte que mon père avait possédée pendant de nombreuses années.

Le souvenir de cette voiture revêt une grande valeur sentimentale pour mes trois enfants, car elle servit à bien des rieuses randonnées que leur grand-père effectuait en leur compagnie. Ces promenades se terminaient toujours chez le confiseur du quartier. Revenus à la maison, les enfants descendaient de voiture en arborant des sourires multicolores témoignant de leur joyeuse gourmandise. Dans son activité onirique, au volant de cette voiture, Mélanie avait parcouru de nombreux kilomètres avant de se diriger vers une ville inconnue. Elle s'y était introduite pour garer l'automobile le long d'un trottoir. Le souvenir de son rêve cessait à cette dernière séquence. Il lui semblait qu'elle s'était ensuite rendue quelque part à pied, mais elle ne pouvait se remémorer rien de bien précis.

La description du songe aiguisa considérablement ma curiosité, car, pendant la même nuit, j'avais également rêvé à la même voiture. Le souvenir que j'en gardais se limitait à la dernière partie de ce que Mélanie nous décrivait. Je m'étais vu circuler dans un quartier d'une ville inconnue lorsque j'avais aperçu l'ancienne voiture verte de mon père. Elle était stationnée le long d'un trottoir faisant face à de hauts édifices aux allures du début du siècle. Les détails de ce que j'avais vu correspondaient à la description que Mélanie nous rapportait. Tout s'était passé comme si je m'étais introduit dans le rêve de ma fille dans sa dernière existence pseudo-matérielle.

MÊME VOYAGE DANS LE TEMPS

Nous commençons notre petit déjeuner et Mélanie nous raconte avoir rêvé que, tous les cinq, nous avions voyagé dans le temps. Elle nous parle de paysages anciens que nous visitions et des vieux moyens de locomotion que nous avions utilisés. Les yeux de Pascal s'illuminent en écoutant les propos de sa sœur. Il raconte à son tour le rêve qu'il a fait, rêve tout à fait identique à celui de Mélanie. Il apporte une précision que celle-ci avait omise et qu'elle confirme avec beaucoup d'enthousiasme. Pascal se souvenait que, dans son rêve, nous voyagions dans le temps en empruntant un appareil conçu à cet effet. Il décrit un cylindre transparent dans lequel une certaine quantité d'eau devait être versée pour faire fonctionner le mécanisme de la machine. Mélanie se souvient alors qu'un litre d'eau permettait de parcourir un siècle.

Le repas du matin se poursuit sur cette note d'émerveillement. Nous discutons de ce curieux phénomène des rêves communs. Nous y voyons une fois de plus une confirmation de l'utilisation des mêmes éléments pseudo-matériels existant dans l'au-delà.

Ces rêves nous démontrent avec évidence que, pendant notre sommeil, notre Esprit vit de façon autonome dans des lieux pseudo-matériels qui se situent bien en dehors de notre boîte crânienne, partageant cette partie de son existence avec d'autres entités vivant la même réalité.

En fait, lorsque nous dormons, nous retournons dans le monde de l'Esprit en y retrouvant une bonne partie de nos possibilités spirituelles, lesquelles sont plus ou moins grandes selon notre degré d'épuration et notre niveau d'avancement. Nous y manipulons la pseudo-matière, créant les contextes qui répondent à nos besoins. C'est précisément cette possibilité qui permet à l'Esprit de se créer des scénarios, véritables messages codés qu'il s'envoie à lui-même sous le voile de l'incarnation. Plusieurs spécialistes du rêve nous suggèrent d'ailleurs tout un éventail de différentes clés d'interprétation.

Bien sûr, les souvenirs oniriques ne peuvent apporter la précision ni l'enseignement des expériences médiumniques conscientes, mais ils constituent une pertinente référence pour l'incarné qui veut comprendre à quoi peut ressembler l'environnement d'un Esprit vivant dans les vibrations pseudo-matérielles de l'au-delà.

Mise en garde

J'aimerais faire ici une sérieuse mise en garde aux néophytes qui, pour pallier un éventuel manque de prédispositions médiumniques, seraient tentés d'explorer le monde de l'au-delà en empruntant des chemins artificiels.

De tels procédés constituent l'expression d'une profonde ignorance, voire même d'une flagrante inconscience, qui peut avoir des conséquences très graves pour son utilisateur. Je vous en cite deux exemples qui vous démontrent la pertinence d'un tel avertissement. Nous verrons comme l'étourderie et la naïveté sont bien mauvaises conseillères dans un pareil domaine.

TENTATIVE INSENSÉE

Yvonne hésita longuement avant de me faire part de ce qu'elle avait vécu. Intimidée par le non-sens de sa tentative, elle n'osait confier à un étranger la folle idée qui l'avait poussée à tenter une telle expérience irréfléchie. Celle-ci aurait pu lui être fatale.

Après avoir lu quelques ouvrages relatant le témoignage de personnes cliniquement mortes et revenues à la vie, Yvonne avait décidé qu'elle devait tenter l'expérience elle-même pour en vérifier toute la véracité.

Un après-midi où elle se retrouve seule à la maison, Yvonne verrouille toutes les portes et exécute son plan macabre. À l'aide d'une longue ceinture, elle se confectionne un étrangleur qu'elle se passe autour du cou. Bien installée sur son lit, elle le serre très fort, avec l'intention de relâcher l'étreinte dès qu'elle se sentira perdre connaissance. Quand elle sent ce moment arrivé, elle tente de dégager la sangle, mais ses manœuvres ne font que resserrer l'étau davantage. Paniquée, elle s'évanouit en pensant réellement mourir.

Elle se retrouve immédiatement en dehors de son corps. Elle se voit flottant dans un endroit très sombre. Elle a l'impression qu'aucune lumière ne peut y briller. Elle a très peur. Après un temps qui lui a semblé assez bref, elle se sent littéralement aspirée vers un endroit qu'elle ne peut évaluer. Elle tente désespérément de résister, mais tout se passe contre le gré de sa volonté. À son grand soulagement, elle constate que c'est dans son enveloppe charnelle qu'on l'a ramenée. Elle s'éveille alors dans son corps qui gît couché sur le lit. Une vive douleur étouffe sa gorge qui reprend désespérément son air. En portant la main à son cou, elle constate que la sangle n'y est plus. Elle la retrouve près d'elle soigneusement déposée, le nœud défait comme s'il ne s'était rien passé. Yvonne était pourtant seule dans la maison et toutes les portes étaient verrouillées de l'intérieur. Remise de ses émotions, mais de plus en plus intriguée, elle désire comprendre comment cela a pu se produire. Elle se décide finalement à me consulter.

SOUS L'EMPRISE DE LA DROGUE

Comme plusieurs de sa génération, Pierre avait mordu à l'hameçon des forces négatives du bas astral. Il avait naïvement cru que l'on pouvait atteindre les dimensions de lumière en cherchant à échapper aux impératifs du quotidien si sagement prévus dans le plan de vie de chacun. Obéissant à l'appel sournois du laisser-aller, Pierre sombra rapidement sous l'emprise des artifices trompeurs de la drogue. Il croyait y trouver le chemin qui le mènerait à la découverte de sa nature spirituelle. Il imbiba son cerveau de substances chimiques qui le mirent finalement en contact avec le seul monde que cet état peut permettre d'atteindre : l'astral inférieur des Esprits retardataires.

Ce qu'il vit en premier lieu lui fit croire momentanément que le monde de l'astral était fort attirant. À peine arrivé dans son voyage artificiel, Pierre aperçut des femmes nues aux courbes magnifiquement sensuelles. Chair rosée, taille de guêpe, seins laiteux, cuisses élancées, tout semblait répondre à ses désirs les plus osés. Son ardeur pulsionnelle devait cependant perdre son élan lorsqu'il put distinguer les extrémités de ces corps qui, à première vue, avaient semblé si parfaits. Leurs mains étaient osseuses et très ridées. Elles se terminaient par des doigts crochus portant de véritables griffes animales. Leurs pieds ressemblaient à des sabots de chevaux. Leurs visages étaient tout déformés. Une laideur repoussante se dégageait de leurs traits hideux. Leurs yeux étaient verts comme ceux des félins. Une impressionnante lueur rouge sortait de leurs pupilles. On aurait dit des monstres cherchant à maquiller leur laideur sous des costumes maladroitement ajustés.

Déçu, Pierre chercha à rencontrer d'autres entités au contact plus agréable. Cette fois, il vit une ouverture de lumière prendre forme devant lui. L'ouverture ressemblait à un immense tuyau au trou béant. Un homme au regard vitreux en sortit et s'avança vers lui. Il l'invita à entrer dans le tuyau de lumière. Il lui expliqua que ce dernier était relié au centre de la Terre et que, s'il s'y rendait, il trouverait ce qu'il cherchait. Pierre lui demanda s'il pouvait revenir par la même ouverture, mais on refusa de lui garantir un retour sans encombre.

Son Esprit guide intervint sur ce fait et lui fit voir une projection de son propre périsprit. Pierre aperçut des taches noires sur tout son corps d'énergie. En regardant son visage, il eut une certaine hésitation avant de se reconnaître. Il se rendit compte que son visage présentait certaines déformations semblables à celles des monstres au corps d'Amazone. Son Guide lui fit comprendre ainsi qu'il faisait fausse route. Il lui fit voir qu'il devait modifier sa façon de vivre s'il ne voulait pas se retrouver parmi ces Esprits après sa mort corporelle.

Pierre eut un véritable choc spirituel. Les jours, les mois et les années qui suivirent furent consacrés à la recherche de Dieu. Ses expériences parfois décevantes l'amenèrent progressivement à saisir le sens qu'il devait donner à sa vie terrestre. Il avait cherché la voie de l'Esprit dans la fuite et l'artifice alors qu'elle ne peut se trouver que dans le courageux devoir du quotidien.

Ces Esprits à la beauté tronquée sont ceux-là mêmes que l'on voit rôder près des incarnés se trouvant sous l'effet de la drogue ou de l'alcool. Ils guettent le moment propice où ils pourront incorporer quelques instants le corps de ces derniers. Ils agissent alors comme ils le feraient pour une manifestation par un médium à incorporation. Cette manœuvre sournoise leur permet de goûter pendant quelques instants certains plaisirs qu'ils ressentent à la place de la personne dont les facultés sont alors affaiblies. La juxtaposition vibratoire des périsprits peut même leur permettre de participer directement aux ébats amoureux de ces derniers, en prenant littéralement la place du partenaire saoul ou drogué.

La même mise en garde pourrait également s'adresser à tous ceux et celles qui consultent l'au-delà ou qui en étudient les rudiments sans appliquer certaines mesures de prudence. Lorsque nous touchons l'ésotérisme, nous devons toujours être vigilants, car les Trompeurs du bas astral ne cessent de harceler les incarnés sincères qui recherchent la lumière. Il faut bien s'assurer que nos intentions visent toujours des buts strictement spirituels pour obtenir la sympathie des Esprits bienveillants. Il faut ensuite tenir compte du niveau d'évolution de tout médium consulté pour éviter les mauvaises expériences. Je vous cite ici une règle de référence qui peut vous guider dans votre évaluation et qui est applicable autant pour les incarnés que pour les Esprits errants: « Plus ils sont grands, plus ils se font petits. » Les tromperies des Esprits noirs de l'au-delà ont freiné bien des élans d'évolution chez des gens sincères mais imprudents en discréditant par le mensonge et la fourberie la valeur de ce que l'au-delà aurait pourtant pu leur livrer si ces conditions avaient été respectées.

UNE MALHEUREUSE TROMPERIE

Une jeune femme paraissant perturbée me demande de la rencontrer. Mariée depuis à peine deux ans, elle envisage de divorcer suite à certaines révélations qu'un supposé voyant sans scrupules lui a livrées. Le diseur de bonne aventure l'a convaincue qu'elle était liée dans son plan de vie à une vedette de la chanson très populaire à cette époque. Sans doute un peu naïve, elle avait aveuglément cru ses propos et s'apprêtait à briser le cours de sa vie pourtant à la veille d'un beau renouveau.

La situation m'apparaissait délicate, car je ne pouvais discréditer le faux clairvoyant sans semer le doute dans les propos que j'allais moi-même lui tenir. Je demande donc l'assistance de mes amis de l'au-delà. On m'inspire des informations qui donnent beaucoup de crédibilité aux conseils que l'on me demande de lui prodiguer. Des détails qu'elle seule aurait dû connaître la convainquent que ce qu'on me fait voir est juste et qu'elle peut se fier à ce que je lui dis. L'entretien dure plus de deux heures. À la fin, je sens une sérénité dans son regard et un soulagement dans son sourire. Juste avant de partir de chez elle, je vois, sur un mur de la cuisine, le visage lumineux d'une femme dans la quarantaine. Elle me regarde avec beaucoup de douceur et me sourit amoureusement. Elle ne parle pas, mais je comprends qu'elle me remercie de mon intervention auprès de la jeune femme. J'ai la nette impression qu'il s'agit d'un Esprit protecteur soulagé de l'inquiétude de voir sa protégée briser les possibilités d'évolution spirituelle offertes par son plan de vie. C'était la façon que cet Esprit avait choisie pour me manifester sa reconnaissance.

UN CONFÉRENCIER AUX TITRES BIEN SONNANTS

Lorsque Coryne me rencontra, elle vivait encore de troublantes émotions provoquées par une expérience fort traumatisante.

Comme bien d'autres, Coryne cherchait à gauche et à droite les réponses aux nombreuses questions spirituelles qui peuplaient ses pensées. Sa curiosité fort légitime la poussa cependant à une trop grande témérité dans ses recherches. Trop désireuse d'avancer très vite, elle en avait oublié la prudence dont il faut largement user dans ce domaine.

Sans trop s'informer de la valeur spirituelle des organisateurs, Coryne s'était inscrite à une session d'approfondissement ésotérique dirigée par quelques conférenciers coiffés de titres bien sonnants.

La première journée s'était déroulée sans problème, et le soir Coryne s'endormit en se félicitant de sa belle initiative. Mais le lendemain midi, les choses devaient malheureusement se gâter pour elle. Elle commençait à peine son repas lorsque le conférencier du matin lui demanda la permission de manger avec elle. Flattée de cet honneur, elle acquiesça avec plaisir et son convive prit place tout juste devant elle. Après quelques minutes de conversation, ce dernier lui demanda tout doucement d'écarter les bras en éloignant les mains de son corps. Confiante dans le bien-fondé de cette curieuse demande, elle s'exécuta sans aucune hésitation. À peine les bras écartés, elle perçut très nettement un cylindre d'énergie se former au centre de la poitrine de son interlocuteur. Elle le vit ensuite se prolonger jusqu'à elle, pénétrant lentement dans son corps à l'endroit exact où se localise le chakra du cœur. Le cylindre d'énergie rayonnait dans un vert lumineux.

Elle eut à peine le temps de remarquer ces détails qu'elle se sentit littéralement vidée de son énergie vitale. Cherchant à comprendre cette soudaine sensation de faiblesse, elle chercha le regard de son convive. Dans son impuissance, elle comprit qu'il s'agissait d'un être maléfique qui lui dérobait ses forces sans aucune pitié. Un sourire moqueur rendait l'homme encore plus cynique. Après deux ou trois secondes sans pouvoir réagir, Coryne perdit connaissance. Une ambulance la transporta à l'hôpital où on diagnostiqua rapidement les symptômes conventionnels d'un infarctus. Le tracé électrocardiographique et l'absence d'enzymes contredirent cependant ce que l'équipe médicale croyait bien évident.

Après quelques jours d'hospitalisation, Coryne put rentrer chez elle. Elle ne savait pas ce qui lui était vraiment arrivé, mais elle comprenait bien qu'un phénomène inconnu avait permis à ce Trompeur de lui voler son énergie de vie.

Sa santé demeura fragile pendant plus d'une année. Son cœur donna beaucoup de soucis sans qu'aucune cause physique puisse les expliquer. Coryne se sortit de justesse de cette aventure où elle aurait facilement pu laisser sa vie. Elle en comprit une ferme leçon, que toute personne touchant le domaine spirituel doit bien savoir: celle de se méfier des illustres inconnus, qu'ils soient morts ou incarnés.

Chapitre 3

Les manifestations de l'au-delà et leur nature

Quand ils parlent des manifestations de l'au-delà, un réflexe de crainte s'empare parfois de ceux qui abordent la question. Bien que cette réaction puisse être fondée, il serait dommage qu'elle constitue un empêchement à l'examen réfléchi de la vie de l'Esprit. Dans le domaine spirituel, nos peurs sont le plus souvent engendrées par notre propre ignorance. Une connaissance de la réalité spirituelle apporte une compréhension qui nous permet de rationaliser objectivement ce qui, autrement, nous apparaîtrait comme du surnaturel dépassant notre portée.

Comme nous le constaterons dans notre étude, les manifestations de l'au-delà peuvent prendre de multiples visages, certaines s'avérant fort bienveillantes alors que d'autres se veulent relativement impressionnantes.

Pour bien en aborder la nature exacte et en tirer une meilleure compréhension, j'ai divisé en deux volets cet imposant chapitre qui, en fait, constitue le cœur de notre sujet. Le premier volet abordera les manifestations des Esprits errants que nous appelons les morts et le second celles des Esprits incarnés que nous appelons les vivants.

LES ESPRITS ERRANTS QUE NOUS APPELONS LES MORTS

La mort du corps charnel ne peut arrêter la vie de l'Esprit.

Après s'être dépouillé de son enveloppe temporaire, l'Esprit poursuit son existence dans des conditions directement déterminées par son avancement, son niveau d'épuration, la somme de ses acquis et le degré de son détachement face au monde matériel qu'il doit quitter.

La relative progression de ces facteurs fournit donc au défunt le niveau de sa qualité de vie d'outre-tombe et l'étendue de ses possibilités d'action. Ainsi, toutes les manifestations que nous relèverons dans les pages qui vont suivre n'en seront que l'expression selon l'état heureux ou malheureux de l'entité qui cherchera, soit à propager son bonheur, soit à assouvir le douloureux déchirement dont plusieurs se tiennent eux-mêmes prisonniers.

Les Esprits qui nous assistent

Toute l'humanité du cosmos infini forme une grande chaîne dont tous les maillons sont intimement liés les uns aux autres. Que l'Esprit soit errant ou incarné, la moindre séquence de son existence a sa répercussion sur l'ensemble de la chaîne. Ainsi, l'habitant du système solaire le plus éloigné a une certaine influence dans ma propre vie, autant que j'en ai moi-même sur la sienne. Nous formons tous la même grande famille : celle de Dieu qui ne cesse de l'agrandir vers l'infini.

Dès que les entités désincarnées atteignent cette prise de conscience, elles tentent de bonifier ce rapport en y contribuant de façon bienveillante. Elles deviennent ainsi les porteuses de la lumière divine.

Pour notre Terre, cette précieuse collaboration entre les Esprits de l'au-delà et les incarnés commença dès que Dieu y autorisa les premières incarnations. Depuis, elle ne cessa jamais.

Parmi ces Esprits au cœur bienveillant, nous retrouvons principalement ceux que nous appelons les Esprits de lumière. Par Esprits de lumière, nous désignons les entités qui ont atteint ou dépassé le niveau quatre de l'échelle d'évolution que je vous ai expliquée dans *Messages de l'au-delà*. Nous les identifions sous ce vocable en référence à la luminosité que leur épuration périspritale leur confère.

Ce sont des entités très avancées par rapport à celles qui se trouvent sur la Terre. À l'exception des Esprits guides, qui restent près de nous presque en permanence, elles ne viennent généralement que de façon circonstancielle, lorsqu'une assistance toute spéciale nous est nécessaire.

Leur périsprit rayonne toujours dans une blancheur légèrement argentée. Des rayons dorés se mêlent parfois à leur brillante luminosité.

Mes activités médiumniques m'ont fourni le privilège de côtoyer certaines d'entre elles. Je parle ici des entités missionnaires qui m'apportent leur généreux soutien dès que mes services d'intermédiaire sont requis. Je les ai baptisées « mon équipe » du fait de la nature de leur assistance. Ce sont de véritables frères du ciel. C'est à leur présence que je dois la protection toute spéciale dont j'ai fait l'objet jusqu'à ce jour. Sans leur aide, mon Guide et moi n'aurions sûrement pas été en mesure de faire le travail spirituel que les besoins de certains frères incarnés nous invitent à accomplir.

Voyons quelques témoignages qui vous en donneront une idée plus précise.

MON ÉQUIPE

Depuis le tout début de mon travail spirituel, je prends conscience de l'assistance particulière que mes frères de l'au-delà m'apportent de l'invisible. Je sens très bien le lien direct qui me relie à eux pour former une véritable communion vibratoire. Cette intime collaboration spirituelle fut visualisée par plusieurs médiums lors de mes conférences auxquelles ils assistaient.

À titre d'exemple, lors d'une d'entre elles, plusieurs ont pu percevoir une dizaine d'Esprits d'un blanc fluorescent se tenant en cercle au-dessus de moi. Ces derniers m'écoutaient en me regardant. Mon aura devint large et monta jusqu'à eux. Le phénomène fut visible pendant près d'une heure. Mon Guide se tenait derrière moi, se rapprochant à certaines reprises pour entrer littéralement en moi.

Lors d'une autre conférence, une voyante vit mon Guide se tenant encore derrière moi. Vêtu d'une soutane capuchonnée comme celle des moines, il y resta pendant toute la durée de la conférence, semblant surveiller l'ensemble de la salle. Elle aperçut également une lumière jaune très brillante sortant du plafond pourtant très lisse et se dirigeant sur moi. Elle distingua mon aura d'une largeur d'au moins un mètre de chaque côté du corps.

Une autre voyante vit derrière moi, à un mètre et demi du sol, un Esprit habillé en cardinal. Je reconnus alors un très bon ami de l'au-delà. Il se montra d'abord dans ses ornements pourpres, puis laissa jaillir de tout son corps une lumière chargée de rayons d'or. Le même médium observa également un visage très doux se tenant au-dessus de mon épaule droite. Sa joue gauche était collée contre mon visage. Sa dimension était environ trois fois plus grande que la normale. Il dégageait une profonde impression de paix et d'amour.

Ces quelques exemples nous démontrent le soutien dont l'au-delà est capable lorsque nous avons besoin de l'aide d'en haut pour mener à bien l'exécution de la volonté de Dieu.

Il est bien certain qu'il n'est pas nécessaire pour tous de bénéficier d'un soutien aussi accentué, mais tous, sans exception, sommes susceptibles de recevoir une assistance aussi réelle, quoique invisible, que Dieu autorise pour mieux nous garantir la réussite de nos objectifs spirituels. La seule condition exigée est celle de la sincérité à vouloir accomplir sa volonté selon le plan de notre route.

TROIS ESPRITS EN PRIÈRE

Nous étions tous assis autour de la grande table de la salle à manger lorsque le téléphone sonna. Une jeune femme qui m'avait déjà contacté pour me faire part de malveillantes manifestations qui l'accablaient me demandait d'intervenir à nouveau. Comme les gens présents chez moi pouvaient m'aider à prier, je suggérai de faire une invocation de groupe pour faire appel à l'assistance des Esprits de lumière que je sollicite toujours dans ces situations. Nous demeurâmes autour de la table. Ensemble, nous priâmes Dieu de permettre que nos amis de l'au-delà aillent, s'ils le désiraient, porter secours à celle qui m'avait téléphoné.

Après notre prière, une femme médium du groupe nous fit part de ce qu'elle avait vu pendant la durée de notre invocation. Juste derrière ceux qui étaient en face d'elle, elle avait aperçu trois Esprits de grande taille. Ils devaient mesurer plus de deux mètres et demi. Ils étaient vêtus d'une aube dont le blanc fluorescent se confondait avec la brillance de leur périsprit lumineux. Celui qui se tenait au centre nous regardait prier. Il donnait l'impression de superviser ce qui se passait. Les deux autres qui l'encadraient avaient les mains jointes. Leurs yeux étaient fermés. Ils maintenaient leur tête baissée, en position de recueillement. Ils semblaient prier avec nous, comme s'ils unissaient leur énergie à la nôtre. Les trois entités demeurèrent ainsi jusqu'à la fin de notre invocation, puis disparurent.

Après avoir remercié Dieu et les Esprits bienveillants pour leur intervention, nous poursuivîmes l'objet de notre rencontre.

Le lendemain, la jeune femme me téléphona. Elle me raconta que, après son appel, l'Esprit de hantise s'était montré à elle. Il s'était présenté sous les traits d'un cadavre en décomposition. Sa peau matérialisée tombait en lambeaux, comme chez les grands brûlés. Ses yeux globuleux sortaient de leur orbite. La bouche déformée par la putréfaction laissait voir des dents fortement noircies. Il avait regardé fixement la jeune femme figée par la peur, puis, après trois ou quatre secondes, il avait disparu en criant: « Nonnn! »

Le calme était revenu ensuite dans la maison. Lorsque la pauvre victime me raconta ces détails, je conclus que l'intervention des bons Esprits avait été efficace et je les remerciai de leur aide précieuse.

SEPT ESPRITS BLANCS

Martine avait été invitée à passer une fin de semaine chez une amie aux prises avec de sérieuses difficultés personnelles. Consciente de l'aide qu'elle pouvait apporter, Martine ne put refuser. Elle s'y rendait cependant avec beaucoup d'appréhension, car elle avait su que des entités se manifestaient sporadiquement chez cette amie. Douée de la faculté de voyance, Martine craignait que les Esprits présents ne cherchent à l'impressionner en se montrant à elle sous des traits effrayants. Elle avait déjà vécu une pareille expérience et en avait gardé d'amers souvenirs.

Pendant le trajet menant chez son amie, Martine pria son Guide de la protéger. Comme elle me connaissait, elle demanda également à mon équipe de l'au-delà de bien vouloir intervenir pour elle si cela s'avérait nécessaire. La chaleur témoignée par l'accueil de son amie lui fit vite oublier les craintes qu'elle avait ressenties. La soirée se déroulait bien et Martine était vraiment satisfaite d'avoir accepté l'invitation. Ses peurs lui revinrent cependant lorsque son hôte lui confia les détails de certaines manifestations dont sa maison faisait parfois l'objet. Martine aperçut alors sept Esprits d'un blanc fluorescent qui se tenaient le long de la rampe de l'escalier menant aux chambres à coucher. Ils semblaient écouter leur conversation. Martine pouvait percevoir distinctement les traits brillants de leur visage. Lorsqu'ils se rendirent compte que Martine les voyait bien, ils lui firent un sourire comme pour la réconforter. L'un d'eux la salua même d'un signe de la main. Martine les vit ensuite monter vers les chambres dont ils semblèrent faire le tour. Martine se sentit profondément rassurée et put passer sans incident deux belles journées qui firent un grand bien à son amie.

UN APPEL URGENT

J'étais en train de souper lorsque je reçus un appel de Joseph. Déjà gravement malade, il me demandait de faire appel à mes aides de l'au-delà pour le secourir. Il avait déjà subi une sérieuse attaque de paralysie et des spasmes moteurs lui faisaient à nouveau craindre le pire. J'acquiesçai à sa demande et, aidé de mes proches, je priai mes amis de l'invisible de bien vouloir assister mon ami dans son malheur.

Cinq heures plus tard, Joseph me téléphona. Une grande émotion émanait de sa voix. Il me fit part de ce qu'il avait vécu. Quelques minutes à peine après son premier téléphone, il avait vu l'Esprit que nous surnommons amicalement « mon cardinal », du fait qu'il en porte l'habit et qu'il est souvent perçu à mes côtés. Celui-ci s'était montré sous un air très sérieux. Sa barbiche taillée à l'espagnole ne dévoilait aucun sourire. Il avait regardé Joseph d'un air très posé, presque hautain, mais que Joseph avait interprété comme du respect à son égard. Sa soutane violette contrastait au milieu de son aura blanche très brillante et très large. Après quelques secondes, deux autres Esprits étaient apparus près du cardinal. Joseph les avait reconnus immédiatement. Il les avait déjà vus lors d'une autre apparition où je m'étais montré à lui en leur compagnie. Ensuite, une quatrième entité que Joseph ne connaissait pas encore était arrivée à leur droite. C'était son Ange gardien. Joseph avait eu l'impression de se revoir à ses vingt ans, tellement ses traits ressemblaient aux siens. Après avoir manifesté leur solidarité, les Esprits avaient disparu et Joseph s'était senti pris d'un grand besoin de sommeil. Il était allé se coucher et s'était endormi aussitôt. Il s'était éveillé cinq heures plus tard. Son malaise avait disparu. Il se sentait encore faible, mais plus aucun spasme n'ébranlait son corps. Joseph reprit constamment du mieux dans les jours qui suivirent.

UN CADEAU DE NOËL

C'était la veille de Noël. La journée passée avec mon épouse à parachever les préparatifs du réveillon avait épuisé une bonne partie de notre énergie. Vers dix-neuf heures, je pensai m'étendre quelques instants sur le divan. Le feu dansait dans la cheminée et les cantiques de Noël donnaient un cachet des plus romantiques à toute la maisonnée. Confortablement installé, je fermai les yeux, dégustant cette attente qui faisait remonter les tendres souvenirs de mes Noëls d'enfant.

C'est alors que je vis des formes humaines s'approcher doucement de moi. Il en sortait une lumière toute blanche et brillante. Rendues tout près, elles se penchèrent sur moi. J'ouvris instinctivement les yeux pour mieux les regarder, mais je ne vis plus rien, comme si cela les avait fait disparaître. À cet instant, je pensai que c'était sûrement mes amis de l'au-delà qui venaient me saluer et je regrettai d'avoir ouvert les yeux. Je les refermai en espérant qu'ils se remontreraient. Ils revinrent après quelques secondes. Je les revis s'approcher de la même façon. Je remarquai qu'ils portaient tous des aubes blanches. L'un d'eux se pencha sur moi et m'embrassa sur le front. Ils disparurent par la suite.

Une grande joie envahissait tout mon cœur. Je m'empressai de la partager avec mon épouse et mes enfants. Je perçus cette visite comme un cadeau de Noël de mes amis d'en haut.

COMME UN VÉRITABLE PUZZLE

Au cours des longues heures que je dus investir dans l'écriture de *Messages de l'au-delà*, il m'arriva un jour de remettre en question la pertinence de m'accorder le privilège d'écrire un pareil ouvrage. Des pensées me faisaient me demander si je n'étais pas simplement orgueilleux de croire que je pouvais en aider d'autres par la publication de mes connaissances spirituelles. Aujourd'hui, je sais que lorsque cela m'arriva, une lutte avait lieu autour de moi entre les Invisibles qui collaboraient à mon ouvrage et ceux qui s'opposaient à tout prix à ce qu'il voie le jour.

Pour bien me faire comprendre l'importance que l'au-delà accordait à ce que je faisais et surtout la collaboration spirituelle que je recevais, mon Guide me fit vivre un phénomène qui effaça tous les doutes dans mon esprit.

J'étais en train d'écrire et je devins subitement à court de pensées. Je ne pouvais pondre un seul mot. J'avais beau tenter de me concentrer, je ne parvenais pas à écrire quoi que ce soit, un peu comme si mon cerveau s'était momentanément lavé de toutes ses connaissances. J'eus beau sortir prendre l'air et me dégourdir, rien n'y fit.

Puis subitement me vinrent des idées aucunement en rapport avec le chapitre que je traitais. Je remplis une page complète de phrases qui se tenaient entre elles, mais qui n'avaient pas de liens avec ce que j'étais en train d'écrire. Je relus ensuite la page et je la rangeai à part, le sujet ne concordant pas avec le chapitre en développement. La composition reprit ensuite son cours normal et, comme si rien ne s'était passé, je pus continuer là où j'en étais rendu avant la curieuse panne sèche.

Environ quarante pages plus loin, le même blocage réapparut. Je reçus alors la pensée de relire la page que j'avais mise de côté. Je constatai avec émerveillement que celle-ci reprenait là où se terminait ma dernière phrase. On aurait dit que j'avais écrit l'ensemble d'un seul trait, alors que la page qui me fournissait la suite avait été écrite plusieurs jours avant que le sujet en cours ne soit traité. Tout s'imbriquait comme dans un puzzle où chaque morceau se lie intimement avec les autres. Mes amis invisibles voulaient ainsi me montrer que je ne travaillais pas seul et que tout ce que j'écrivais répondait à un besoin réel de ceux et de celles que je voulais aider.

Comme nous le disions plus haut, parmi les Esprits de lumière nous retrouvons inévitablement notre Ange gardien. Bien que la majorité des incarnés ne puisse le voir, il est toujours présent dans notre vie, nous assistant dans nos épreuves et dans nos joies. Les Anges gardiens sont des frères débordant d'amour inconditionnel. Ils se sont offerts pour nous aider. Ils l'ont fait de façon tout à fait gratuite, sans que Dieu ni personne d'autre leur aient demandé quoi que ce soit. Ce sont eux qui nous ont choisis comme protégés. Leur choix est souvent guidé par une sympathie d'évolution spirituelle, en ce sens que souvent, ceux-ci ont jadis franchi les mêmes épreuves qu'ils retrouvent chez leur protégé, ce qui leur confère une compréhension toute particulière face aux buts planifiés. Je ne saurai jamais assez vous dire comme nous sommes en redevance envers notre Esprit guide. Sans son assistance, aucune incarnation ne serait possible et nous serions condamnés à végéter éternellement dans l'infériorité spirituelle.

Je vous ai déjà donné la description de mon Esprit guide dans mon premier ouvrage. Il m'arrive occasionnellement de le revoir. Cela se passe toujours dans des circonstances que je ne peux prévoir. Voici un aperçu de la façon qu'il manifeste sa présence.

DES CLOCHES HARMONIEUSES

Il est quatre heures vingt et je suis éveillé depuis près d'une demi-heure. Une gastroentérite m'affecte depuis la veille et je ne me sens pas très bien. Maux de tête et envie de vomir semblent de connivence pour m'empêcher de bien dormir.

Comme j'ai une importante journée qui m'attend, je prie mon Guide de bien vouloir m'assister pour que je puisse me reposer. Des tintements de cloches d'église se mettent alors à résonner dans ma chambre à coucher. Voyant que mon épouse ne dort pas, je lui demande si elle entend la même chose, mais elle me répond par la négative. D'autres cloches semblent alors se rajouter aux premières, créant un effet de carillons multiples, comme on peut en entendre dans certaines cathédrales. L'harmonie musicale est tout à fait remarquable. Le concerto se prolonge pendant environ une minute et demie, puis je sombre dans le sommeil. Lorsque je m'éveille deux heures plus tard, je me sens réellement bien. À ma grande satisfaction, je constate que tous mes malaises ont disparu.

Malheureusement pour plusieurs d'entre nous qui connaissons la présence de notre Esprit guide, notre aveuglement d'incarné nous pousse parfois à nous montrer ingrat envers lui.

C'est que, souvent, nous évaluons mal la teneur de son travail, ce qui peut nous inspirer des attitudes que nous risquons de trouver fort embarrassantes lorsque nous retrouvons la lucidité de notre Esprit.

UNE PROMPTE RÉACTION

Lorsque Angèle me parla de sa situation, elle se disait fort déçue de son Ange gardien. Elle allait même jusqu'à mettre sérieusement en doute ses capacités à faire un travail efficace pour elle.

Angèle avait posé sa candidature à un des postes à temps partiel qui étaient offerts aux étudiants de son degré. Comme ses moyens financiers étaient plutôt limités, elle avait espéré obtenir par cet emploi l'argent qui lui manquait pour arrondir convenablement ses fins de mois.

Or, Angèle n'avait pas obtenu l'emploi convoité et elle considérait que ni Dieu ni son Guide n'accordaient de l'importance à ses pauvres prières. La discussion sur le sujet ne dura pas très longtemps, car il m'était bien évident que Angèle n'était aucunement en mesure de réfléchir objectivement sur toutes les données de la situation.

Deux mois plus tard, je rencontrai de nouveau Angèle. Celle-ci me semblait plutôt mal à l'aise. Elle me raconta qu'elle se sentait bien coupable face à son Ange gardien. Elle venait de parler quelques jours plus tôt à une de ses amies qui avait obtenu l'emploi qu'elle avait tant désiré. Son amie lui avait appris que, non seulement elle n'avait pas gagné un seul sou, mais qu'en plus elle avait perdu une certaine somme d'argent. Elle avait dû investir pour l'achat d'un uniforme qui lui serait désormais bien inutile.

Angèle s'en voulait d'avoir pensé tant de faussetés sur son dévoué Esprit guide. Elle avait réagi trop promptement, sans avoir pris la peine de réfléchir sur ce qui pouvait bien expliquer cette impression que son Guide ne faisait rien pour elle. Angèle aurait dû présumer qu'il avait de bonnes raisons pour l'écarter de ce qui l'attirait tant dans son aveuglement d'incarnée. Son Guide lui avait rendu un grand service, lui évitant une forme d'épreuve qu'il jugeait inutile. Celle qu'il avait préférée pour sa protégée visait la mesure de sa confiance en la protection divine. Depuis quelque temps, Angèle s'était gargarisée de multiples lectures traitant du spirituel. Elle s'était bien flattée de ses connaissances, mais elle avait oublié l'essentiel. Elle n'avait pas compris que le savoir n'est qu'une étape préparatoire à ce qui est vraiment important: l'intégration des connaissances dans notre vécu quotidien en les fusionnant dans notre être pour en faire une partie intégrante de notre moi.

Toute connaissance de la vérité spirituelle qui ne descend pas jusqu'au cœur demeure stérile et ne prend pas racine.

Savoir est une chose, vivre en est une autre. L'humain ne se réalise que si les deux s'amalgament dans chaque seconde de sa vie, devenant ainsi une expression vivante de la nature divine.

Combien de fois pouvons-nous faire preuve d'ingratitude envers l'assistance anonyme de notre Ange gardien? Celui-ci agit toujours en fonction de notre bien. Il connaît intimement notre plan de vie et sa position privilégiée le rend en mesure d'en exploiter toutes les possibilités pour notre avancement spirituel. Il faut savoir le remercier pour son dévouement tout à fait gratuit. Lorsque nous avons l'impression que Dieu et notre Guide nous ont abandonnés, soyons assurés que si nous n'avions pas le voile qui nous fait oublier, nous verrions comme tout cela est bon pour nous. Rappelons-nous que notre Guide s'est joint à nous par pur élan d'amour. Il s'est offert à nous assister sans que Dieu le lui ait demandé. Il accepte de se priver des délicieux moments de la vie de l'Esprit pour nous accompagner pendant toutes les années de notre incarnation où il ne voit qu'ignorance et souffrance. De plus, il ne faut surtout pas lui parler comme s'il était notre esclave, car notre Guide ne nous doit strictement rien. Seul chacun d'entre nous lui est redevable. Car, sans sa présence, les forces du mal entraveraient sans cesse notre éveil spirituel, ne trouvant plus d'obstacles à leur sournoise malveillance.

Parmi les Esprits aux traits lumineux, nous pouvons également retrouver certains Esprits protecteurs. Ce ne sont pas tous les Protecteurs qui sont véritablement de lumière, car certains n'ont pas encore atteint le degré d'épuration pouvant leur conférer cette caractéristique. Mais tous présentent une émanation aurique de couleur jaune pâle, signe de leur désir sincère d'aider inconditionnellement l'incarné pour qui ils se dévouent.

Rappelons ici que les Protecteurs sont des entités qui ont reçu l'autorisation divine d'assister un incarné dans son pèlerinage terrestre. Leur présence permet aux Esprits guides de profiter d'une aide auxiliaire complémentaire à leur travail de soutien. Les Esprits protecteurs sont le plus souvent des parents ou des amis qui nous ont quittés pendant l'incarnation présente ou que nous avons perdus au cours des vies antérieures. Ceux-ci désirent simplement aider un être cher à réussir son incarnation. L'autorisation de leurs possibilités d'action découle toujours d'une demande spéciale qu'ils ont adressée à Dieu.

Les plus avancés sont d'une brillance qui peut parfois dépasser celle de l'Esprit guide qu'ils assistent. Leur présence peut être permanente chez certains alors que chez d'autres leur intervention ne sera que ponctuelle et circonstancielle.

UN GROS ORAGE

Gaspard s'était absenté de chez lui pour quelques heures lorsqu'un gros orage éclata dans toute sa rage lumineuse et sonore. Le secteur où se situe sa résidence fut particulièrement touché par la violence de la foudre. Son épouse et sa fille Sybille se trouvaient seules à la maison. Des éclairs bleutés très lumineux pénétraient de toutes parts. Des bruits en roulement de tambour retentissaient presque aussitôt, faisant vibrer toute la demeure. On aurait dit un tremblement de terre, tellement le grondement sourd de la foudre pénétrait dans la matière. C'était comme si chaque objet se transformait en caisse de résonance. L'intensité de l'orage impressionna Sybille qui se mit à prier. Elle demanda que l'on inspire à son père de revenir le plus tôt possible à la maison. Elle pria son Guide de protéger sa demeure et de calmer, si possible, l'énergie électrique qui semblait déchaînée.

À cet instant, elle aperçut des Esprits lumineux devant chaque fenêtre de la pièce où elle et sa mère se trouvaient. Elle ne pouvait distinguer leur visage. Ils étaient tout blancs. Ils portaient une aube blanche capuchonnée qui leur recouvrait la tête. L'orage dura quelques minutes encore, puis le bruit s'éloigna, entraînant avec lui la sombre opacité des nuages roulant sur eux-mêmes.

Quand Gaspard téléphona chez lui, le calme était revenu. Nos amis de lumière étaient repartis.

Il arrive régulièrement que des Esprits protecteurs viennent assister ainsi des personnes priant avec sincérité. Bien peu s'en rendent compte, car bien peu sont en mesure de les percevoir, mais leur intervention n'en demeure pas moins fort réelle. Comme dans le fait que je viens de vous citer, si Sybille n'avait pas eu la faculté de voyance, personne n'aurait pu témoigner de ce qui s'était passé. Cependant, l'action des Esprits généreux serait quand même demeurée aussi réelle et aussi efficace. Si nous pouvions voir tout le travail d'assistance que nos frères effectuent pour nous, nous cesserions de nous croire si seuls et si abandonnés. Nous comprendrions que seul le plan de vie limite leur action, car ils sont conscients, par leur position, de la progression que celui-ci nous fait réaliser.

BIEN ESCORTÉ

Depuis quelques mois, Patrick se trouvait confronté à l'hostilité de jeunes voyous qui prenaient un malin plaisir à l'asticoter sans cesse.

Lorsque sa mère me confia ce qu'il vivait, le problème prenait des proportions démesurées. Certaines interventions des autorités scolaires avaient été tentées, mais celles-ci n'avaient jamais donné les résultats espérés.

J'eus l'idée de demander l'assistance de mon équipe de l'au-delà. Nous fîmes donc des prières systématiques, espérant qu'une approche plus spirituelle conviendrait davantage.

Trois jours s'étaient écoulés depuis le début de nos prières. Patrick s'était encore levé avec beaucoup de nervosité. Il appréhendait la dernière période de l'avant-midi. Il se retrouvait en présence de ses harceleurs agressifs qui l'avaient menacé de lui faire un mauvais parti.

Avant son départ pour l'école, sa mère et lui demandèrent à nouveau l'aide de nos amis invisibles. Patrick monta dans l'autobus scolaire et pria tout le long du parcours.

Dès qu'il fut descendu du véhicule, il marcha directement vers l'école. Certains jeunes virent alors une forme humaine blanche qui l'accompagnait. La forme n'était pas très nette, mais ceux qui me rapportèrent leur vision purent suffisamment en distinguer l'allure pour reconnaître un homme portant une aube blanche. La vision dura jusqu'à ce que Patrick disparaisse derrière les portes qui se refermèrent sur son passage.

Le midi, de retour chez lui, Patrick raconta avec bonheur

que ses agresseurs étaient devenus gentils avec lui. Il ne savait pas pourquoi, mais ceux-ci ne semblaient plus lui vouloir du mal. Ils gardèrent finalement leur nouvelle attitude bienveillante pendant les quatre autres mois que dura l'année scolaire.

Parfois, lorsqu'ils le peuvent, les Esprits protecteurs n'hésitent pas à confirmer leur présence.

DES YEUX DE FEMME

Cette nuit-là, un peu avant le lever du soleil, je reprenais lentement le chemin du sommeil en dégustant la fraîcheur nocturne contrastant avec la chaleur écrasante de la veille. Je vis alors apparaître devant moi des yeux de femme qui me regardaient. Leur forme se voulait presque parfaite, d'une beauté qu'on ne retrouve pas ici-bas. Une douceur presque amoureuse s'en dégageait. Je me sentais envahir par un grand sentiment de paix et de sérénité. Malgré leur couleur blanc argenté, une impression grouillante de vie s'en dégageait. J'aurais aimé rester toujours en leur présence. La vision dura plusieurs belles secondes, puis je plongeai dans le sommeil.

L'action des Esprits protecteurs peut parfois prendre la simple forme de l'inspiration directe. Il arrive beaucoup plus souvent qu'on pourrait le croire que ce que nous considérons comme une création féconde de notre Esprit ne soit rien d'autre que leurs pensées anonymes. Voyons un exemple de la forme que cette inspiration peut prendre.

LE TITRE DE MON PREMIER LIVRE

Mon premier manuscrit en était aux dernières étapes de révision et nous n'avions toujours pas arrêté le titre définitif de mon livre. Comme je n'écrivais plus en médiumnité à cette époque, je me dis que mon Guide ou un Protecteur me dirait bien le titre qui convenait le mieux, du moins qu'ils m'aideraient en ce sens.

J'écoutais distraitement une émission télévisée que j'aurais dû normalement trouver intéressante lorsque je reçus par mon hémisphère droit le titre que mes amis de l'au-delà trouvaient le plus représentatif du contenu de mon ouvrage. Je m'empressai d'écrire ce que je venais de recevoir pour le communiquer à mon éditeur. C'est ainsi que mon premier livre fut intitulé *Messages de l'au-delà.*

Dans d'autres cas, leur intervention peut revêtir un caractère encore plus direct. Ils peuvent alors agir pour soutenir la continuité du plan de vie de leur protégé qu'ils jugent importante pour la progression de ce dernier.

IL VEILLE SUR SON FILS

Des hémorragies internes successives avaient nécessité l'hospitalisation de François. Son état plutôt grave inspirait beaucoup d'inquiétude aux médecins qui l'accueillirent au département des soins intensifs.

Pendant la première nuit de son long séjour au centre hospitalier, François aperçut une silhouette près de son lit. Il crut d'abord qu'il s'agissait d'un infirmier, mais une curieuse lumière qui émanait de l'individu l'incita à faire des efforts pour savoir qui était là.

Levant la tête, François ouvrit grands les yeux. Ce qu'il vit le sortit complètement de la somnolence qui envahissait tout son corps. Il reconnut, se tenant debout au pied de son lit, le spectre de son père décédé quelques mois plus tôt. L'Esprit le regardait avec beaucoup de tristesse. Dès que ce dernier se rendit compte que son fils pouvait le percevoir, il s'avança près du lit et s'appuya sur les barres protectrices fixées sur les côtés. Ses traits étaient identiques à ceux qu'il présentait avant que la maladie ne le mine. Son corps matérialisé semblait de chair. Seule une luminosité diffuse en faisait deviner la subtilité.

Un peu impressionné, François lui adressa la parole, mais l'entité continua à le regarder sans répondre. François insista. Toujours sans parler, l'Esprit marcha autour du lit, se déplaça à sa gauche, puis retourna au pied du lit pour enfin revenir à la droite. Pendant tout ce temps, il ne cessait de regarder François avec toujours la même tristesse.

Après quelques minutes, François se sentit sombrer dans le sommeil. Il s'éveilla sporadiquement pendant le reste de la nuit. Chaque fois, il ouvrit les yeux pour vérifier si son père était toujours là et celui-ci demeura visible jusqu'au matin. Il disparut lorsqu'une infirmière entra pour lui administrer une médication.

Au début, François pensa que cette apparition lui annonçait sa propre mort, mais les semaines qui suivirent démontrèrent qu'il était plutôt venu l'assister dans le chemin de la guérison.

Cette action directe des Esprits protecteurs peut également s'observer lorsqu'une intervention s'avère nécessaire pour l'intégrité physique de l'incarné. Les limites de leur action sont alors directement déterminées par celles du plan de vie de celui qu'ils protègent.

UNE BULLE PROTECTRICE

J'étais chez moi. J'effectuais certains travaux de menuiserie. Pour ce faire, je devais sporadiquement utiliser une scie circulaire dont le modèle nécessitait le port de lunettes protectrices.

Des amis étaient venus me donner un précieux coup de main et l'échéance que je m'étais fixée était largement dépassée. Nous travaillions depuis plus de deux heures et tout allait rondement. À un moment donné, j'utilisai à nouveau la scie circulaire, mais j'oubliai de mettre mes lunettes de protection. Je coupais mon morceau de bois lorsqu'un de mes amis qui est médium me cria: «Serge! Fais attention à tes yeux! Mets tes lunettes!» À cet instant, j'arrêtai le moteur et j'exécutai le judicieux conseil qui m'était donné. Dès que j'eus terminé de tailler la pièce de bois, mon ami me rapporta ce qu'il avait vu tout juste avant de m'avertir. Lorsque j'avais commencé à scier le madrier et qu'il avait constaté que j'avais oublié de me protéger adéquatement, il avait vu une bulle transparente de couleur bleue prendre forme sur mon visage. Il avait vu ensuite des particules de bois se projeter vers mes yeux. Celles-ci ricochaient sur la bulle de lumière et retombaient plus loin. C'était comme si mon visage ne pouvait être atteint par aucun des copeaux de bois qui se détachaient de la lame en mouvement. La bulle avait disparu lorsque j'avais arrêté le moteur.

Dès que je reçus cette information, je remerciai chaleureusement mes Protecteurs pour leur aide précieuse. Ils venaient de me donner une autre preuve de leur bienveillante assistance. Cela se passa pendant une période où j'étais particulièrement affairé à répondre aux besoins de ceux et de celles qui faisaient appel à moi. Par cette expérience, je vis comme mes amis de l'au-delà veillaient à l'évolution de notre travail spirituel. Par ma négligence bien involontaire, j'aurais pu me blesser et compromettre ainsi une partie de ce qui devait se faire, mais l'au-delà avait vu à ce que je demeure disponible à leur action.

BIEN MALGRÉ LUI

Stéphanie avait lu beaucoup d'ouvrages sur la spiritualité. Lorsqu'elle apprend que je vais donner une conférence, elle est une des premières à s'assurer qu'elle pourra y être présente. Les principes spirituels occupent une part importante de sa vie et elle tient à ne pas manquer cette occasion d'approfondir sa réflexion personnelle.

Stéphanie travaille comme secrétaire et, le jour de la conférence, elle se voit attribuer une tâche qui doit absolument être terminée pour le lendemain matin. L'avant-midi se passe bien. Elle a presque terminé de tout entrer sur sa disquette d'ordinateur lorsque, sans qu'elle touche au clavier, toutes les données introduites s'effacent.

Stéphanie n'en revient pas. Tout son travail est à recommencer. Stimulée par l'idée de la belle soirée qui l'attend, elle reprend sa tâche sans trop maugréer. Vers la fin de l'après-midi, alors qu'elle a à nouveau presque terminé, l'ordinateur répète le même manège que celui du matin. Gardant son calme, Stéphanie regarde sa montre et voit qu'elle ne pourra arriver à temps pour la conférence.

Elle téléphone donc à son époux pour lui demander un grand service. Elle lui suggère de se rendre pour enregistrer le début auquel elle ne pourra pas assister. Son mari, Paul-Émile, refuse d'abord catégoriquement. Il est révolté contre Dieu depuis qu'il n'a plus son emploi. Pour lui, toutes ces questions ne sont que pures balivernes bien inutiles. Il refuse de lire quoi que ce soit sur la spiritualité et l'idée de se rendre à une telle conférence lui semble bien ridicule.

Après s'être ressaisi, il cède finalement au désir de sa femme, mais ce n'est que par amour pour elle. Il ne veut pas ajouter plus de peine aux déboires que Stéphanie vit avec son ordinateur et il se résigne finalement à aller faire son enregistrement pour ne pas lui déplaire.

Paul-Émile arrive donc bien à l'heure en se consolant à l'idée qu'il n'aura pas à rester longtemps. Pendant ce temps, Stéphanie tape de plus belle pour en finir au plus tôt.

Le temps passe et Stéphanie n'est toujours pas là. Paul-

Émile, qui écoute d'abord bien malgré lui, s'intéresse de plus en plus à l'exposé que je donne. L'approche lui plaît et il lui trouve une logique qui satisfait son questionnement. Pendant l'exposé, on m'inspire même un exemple s'adressant directement à lui. Finalement, Paul-Émile reste jusqu'à la fin sans que Stéphanie soit venue prendre sa place.

Après la conférence, il adresse la parole à mon épouse. Il lui confie qu'il part libéré. Il lui explique son histoire et lui fait part du soulagement qu'il ressent. Sa révolte a disparu. Il comprend enfin la raison d'être de notre existence et ce que les déboires de la vie peuvent nous apporter dans notre croissance vers Dieu. Il demande à ma femme de m'en remercier.

De retour chez lui, il constate que Stéphanie n'est toujours pas revenue de son travail. Elle arrive quelques minutes plus tard, encore étourdie par ce qui lui est arrivé. Elle raconte à Paul-Émile que l'ordinateur a procédé à l'effacement une troisième fois. Elle travaille pourtant sur cet appareil depuis longtemps et jamais il ne s'est montré aussi capricieux. Épuisée et déçue, elle a peine à demander à son époux comment s'est déroulée sa soirée.

Soupçonnant qu'on avait aidé l'ordinateur à se tromper, Paul-Émile éclate de rire. Il ne veut pas froisser davantage Stéphanie, mais il lui fait part de toute sa satisfaction qu'il en ait été ainsi. Grâce à une obscure folie informatique, et surtout à l'amour qu'il avait pour sa femme, Paul-Émile avait pu recevoir la lumière dont il avait tant besoin, mais qu'il n'aurait jamais voulu accueillir autrement.

Je rencontrai Stéphanie plusieurs semaines plus tard. Elle me reconnut et m'adressa la parole. Elle était bien contente de sa fameuse soirée. Avant de nous quitter, elle me dit qu'ils ne purent jamais expliquer pourquoi l'ordinateur avait réagi ainsi. Ses patrons avaient fait vérifier l'appareil par des techniciens, mais tout paraissait normal. Ils avaient décidé d'attendre qu'il récidive pour en savoir davantage, mais il ne refit jamais plus la même chose.

Je vous disais précédemment que les Esprits protecteurs pouvaient être des parents ou des amis que nous avons quittés dans des vies antérieures. J'aimerais ici vous faire part d'un contact que j'ai personnellement pu établir avec un de ceux-ci.

UNE ÉPOUSE DE JADIS

L'entité Angéline fit sa première apparition en 1984. Elle se manifesta d'abord avec une certaine hésitation, craignant de perturber la bonne marche des échanges médiumniques. Après quelques brefs mais bienveillants contacts, elle finit par se présenter. Elle nous affirma avoir déjà été mon épouse à une époque éloignée. Plus tard, elle m'adressa la parole en m'appelant son tendre époux de jadis. Elle nous livra ensuite certaines informations sur sa dernière vie.

Un peu plus tard, elle se montra à moi. Elle me fit voir les circonstances de son triste sort. Je la vis assise sur une caisse de bois. Elle se tenait ainsi sur le bord d'une grève. Tournée vers la mer, elle espérait voir pointer une voile qui annoncerait le retour de son époux tant aimé. Selon ses dires, je ne devais jamais revenir. Son teint était très pâle. Ses traits étirés trahissaient une longue période de profond chagrin. Sa maigreur avait quand même épargné la beauté de sa silhouette. Derrière elle, je vis un mur de pierre qui longeait le bord de la mer. Une ouverture en forme d'arcade, par où passait un chemin étroit, donnait accès à un petit village aux masures de pierre. Une grande tristesse émanait de cette vision. Angéline ne se manifesta qu'une autre fois par la suite. Elle m'y annonça qu'elle m'accompagnait dans ma vie d'ici-bas, assistant du mieux qu'elle pouvait mes amis d'en haut travaillant de pair avec moi.

J'ai rencontré d'autres médiums qui ont vécu des contacts semblables. Certains m'ont même rapporté des échanges qui avaient débuté dès leur petite enfance. Nous voyons encore ici comme l'amour est véritablement éternel, franchissant sans peine la barrière de la mort et celle des vies qui se suivent. Dans *Messages de l'au-delà*, nous avons vu que chacun d'entre nous était entouré d'un nombre plus ou moins restreint d'entités possédant les mêmes caractéristiques personnelles que nous. Le même niveau d'évolution, les mêmes faiblesses, les mêmes qualités et le même bagage karmique en font des Êtres très sympathiques à ce que nous sommes et à ce que nous vivons. Elles se sentent bien en notre compagnie du fait qu'elles retrouvent en nous les traits qui correspondent à ce qu'elles sont. L'au-delà les appelle les Esprits familiers. Le plus souvent, ils nous accompagnent dans notre quotidien d'incarnés pour en tirer des leçons dont ils pourront profiter quand leur tour viendra de reprendre chair.

Sur Terre, il est fréquent de voir les mêmes Esprits familiers accompagner un incarné pendant tout son pèlerinage terrestre. C'est qu'ici, la progression est encore lente. Les Familiers peuvent donc retrouver longtemps chez leur compagnon les traits dans lesquels ils se reconnaissent.

Chez ceux qui se prennent réellement en main dans leur progression spirituelle d'incarnation, on observe un changement dans la composition de leurs Familiers. Ces derniers ne retrouvant plus d'ambiance sympathique, ils ne se sentent plus à leur place et quittent les lieux. Des entités plus avancées viennent alors les remplacer dans leur accompagnement invisible. C'est lorsque l'incarné a atteint un niveau plus avancé dans son développement que ses Esprits familiers peuvent être classés parmi les Esprits de l'au-delà qui l'assistent. Car au stade de l'amour et du respect des lois divines, nos Esprits familiers ne désirent que le bien dans toutes ses définitions possibles. L'incarné retrouve alors en eux de véritables amis dont le dévouement est constant et sincère. Évidemment, il ne peut en être ainsi pour l'incarné retardataire qui peut retrouver chez ses Esprits familiers les mêmes poussées de haine, d'envie, de jalousie, et les mêmes pulsions dévastatrices qui le dévorent.

Ces derniers sont alors le plus souvent des entités qui sont demeurées attachées aux appels de la matière. C'est parmi eux qu'on retrouve les Familiers de maison qui refusent de quitter leur ancien environnement d'incarnation. Certains vont même jusqu'à s'installer dans des demeures dont ils ont longtemps rêvé pendant leur vie terrestre. Tant qu'ils ne sont pas dérangés, leur présence demeure généralement inaperçue par ceux qu'ils accompagnent à leur insu, mais, dans certaines circonstances, ils peuvent se transformer en de véritables fauteurs de troubles.

Les proches qui cherchent à démontrer leur survie

Après leur décès, certains d'entre nous auront sûrement l'idée de se manifester à des parents ou à des amis à qui ils voudraient confirmer la réalité de leur survie. Peut-être même que toi qui lis ces lignes, tu l'as déjà fait à plusieurs reprises dans tes nombreux décès antérieurs.

Une abondante documentation verbale et écrite nous en a régulièrement rapporté des témoignages fort pertinents depuis les débuts de l'histoire de l'humanité terrestre. Elle nous démontre avec évidence que, de tout temps, plusieurs Esprits de l'au-delà y sont très bien parvenus.

Mais, bien que le phénomène soit beaucoup plus répandu que le premier abord pourrait nous le laisser croire, nous sommes quand même forcés d'admettre que cette performance ne semble pas à la portée de tous ceux qui trépassent.

Pour bien en comprendre la raison, voyons les conditions qui en régissent la possibilité.

Tout d'abord, il faut que l'Esprit de l'au-delà soit en mesure de se manifester. Certains facteurs comme l'insuffisant degré d'éveil du défunt ou l'absence de médium pour puiser l'énergie animalisée indispensable à toute manifestation matérielle dans le monde physique peuvent, malgré les plus fébriles attentes, rendre l'opération impossible.

Ensuite, il faut que le défunt veuille bien se manifester. Il ne faut pas oublier que nous conservons nos souvenirs et notre personnalité après notre décès. Les inimitiés, les gênes, les rancunes et les indifférences peuvent facilement inciter l'entité décédée à couper tout contact avec ceux qu'il a laissés. De plus, certains peuvent considérer dans leur nouveau point de vue qu'il vaut mieux demeurer silencieux auprès des leurs, malgré l'amour sincère qui peut les unir au-delà de la mort. Ils se contentent alors d'échanger avec eux dans leurs périodes de sommeil que le voile d'incarnation fait oublier.

Enfin, et c'est le point le plus important, il faut que Dieu donne son autorisation. Sans cette dernière, aucune manifestation ne peut se réaliser. Il est donc possible et même fréquent que des défunts veuillent contacter leurs proches, mais qu'ils en soient empêchés par l'interdiction divine. Dans ces cas, l'Esprit éveillé comprend qu'il en est mieux ainsi, la sagesse divine voyant bien au-delà des appels immédiats.

Il y a donc au point de départ trois conditions minimales qui doivent être remplies pour que le phénomène puisse se produire.

Mais à ces conditions nous pouvons rajouter certaines attitudes de notre part qui peuvent inciter un défunt à demeurer dans l'anonymat de son invisibilité. À titre d'exemple, citons tous les sentiments secrets que nous pouvons nourrir dans notre cœur à l'égard du défunt et qui seraient de nature à créer un malaise chez ce dernier. Il y a également nos peurs qui peuvent bloquer tout contact avec l'au-delà, car l'Esprit bienveillant ne veut pas effrayer celui ou celle qu'il aime avec sincérité. Chez certains incarnés, la fragilité du système nerveux peut donner lieu à d'imprévisibles réactions face à la peur et les Esprits désincarnés doivent se montrer prudents sur ce point. Nous pourrions enfin citer le refus de voir et d'entendre leurs messages. J'ai rencontré certains témoins qui avaient été la cible de manifestations très concrètes. Complètement dépassés par la nature des phénomènes, ils se réfugiaient derrière des hypothèses étriquées pseudo-scientifiques dont l'invraisemblance dépassait les affirmations spirites les plus hardies. Ils se comportaient comme des aveugles qui ne peuvent profiter de la lueur du jour pour mieux guider leurs pas. Il peut donc arriver que, par crainte, par ignorance ou simplement par pur entêtement volontaire, nous ne soyons pas en mesure de reconnaître les signes qui nous sont envoyés.

Voyons quelques récits retenus par mes aides de l'au-delà nous décrivant des manifestations de trépassés cherchant à démontrer leur survie.

ELLE REMPLIT SA PROMESSE

À peine âgée d'une cinquante d'années, Lucette venait d'apprendre qu'il ne lui restait que peu de temps à vivre. Le cancer dont elle souffrait s'était rapidement généralisé et les médecins ne parlaient plus que de quelques semaines de sursis.

La proximité de son départ pour l'au-delà avait grandement accentué sa soif de connaissance sur la réalité d'après-mort. Dès qu'elle eut appris l'existence de mon premier livre, elle s'empressa de se le procurer. Elle le dévora avec avidité, y trouvant un véritable soulagement à ses multiples angoisses.

Quelques jours avant sa mort, Lucette me fit venir à son chevet. Nous échangeâmes sur les contacts que j'avais vécus avec l'au-delà et sur les expériences que Dieu m'avait permis de vivre dans le monde des Esprits. Lucette voulait absolument se rassurer sur la véracité de tout ce que j'avais avancé dans *Messages de l'au-delà.*

Avant que je ne la quitte, Lucette me demanda si elle

pouvait se montrer à moi après son décès. Elle me dit : « Si tout ce que vous m'avez affirmé est vrai, je viendrai moi-même vous en témoigner. » J'acceptai son offre avec empressement en lui soulignant qu'elle serait la bienvenue.

Quand j'appris sa mort, je priai pour elle, afin que son acclimatation à sa vie d'outre-tombe se fasse avec facilité.

Quelques jours plus tard, en plein milieu de la nuit, une voix de femme m'éveilla. Je reconnus immédiatement un Esprit bienveillant anonyme venant parfois m'adresser quelques mots. L'entité semblait parler à une autre personne que moi. C'était comme si je captais subitement une conversation déjà commencée. Les premiers mots que j'entendis parlaient de grands bouleversements que nous connaîtrions bientôt. Puis j'entendis bien distinctement la voix de Lucette. Celle-ci s'adressait à l'Esprit qui parlait déjà. Lucette lui demanda tout doucement si elle pouvait se montrer à moi. J'eus alors l'impression que l'Esprit à la voix anonyme détenait une certaine autorité. La demande ressemblait beaucoup plus à une requête qu'à un besoin d'information.

C'est avec déception que je l'entendis se faire répondre par la négative. L'Esprit lui dit avec beaucoup de douceur que ce n'était pas encore le temps. Lucette s'exécuta selon ce qu'on lui indiquait.

La communication prit fin ainsi sans que je puisse en savoir davantage. La manifestation apportait cependant de pertinentes informations sur la situation de Lucette. Je savais maintenant que son adaptation se faisait sans heurt, qu'elle avait compris l'importance d'écouter les Esprits bienveillants et, enfin, je constatais la pleine lucidité de sa pensée. C'était donc une très bonne nouvelle qu'on m'apprenait ainsi.

Je transmis enfin ces encourageantes données à une de ses amies intimes qui put en informer ses proches.

ELLE DEMANDE UNE PREUVE

Lorsque Gertrude demanda de me rencontrer, elle soignait encore dans son cœur le douloureux deuil d'un de ses fils. Bien que le tragique accident datât déjà de quelques années, elle avait continué à souffrir de son départ comme d'un drame qui devait se réactualiser inlassablement chaque jour de sa vie.

Lorsque j'avais publié mon premier ouvrage, Gertrude

avait scrupuleusement suivi la publicité qui l'avait entouré. Elle s'était finalement décidée à se le procurer, cherchant désespérément un baume capable de panser la plaie vive qui lui déchirait le cœur. C'était pour me faire part de ce qui s'était passé qu'elle me faisait venir et surtout pour me remercier.

Gertrude avait pris le temps de bien lire et même relire *Messages de l'au-delà.* Elle y avait trouvé les arguments pouvant l'amener à mieux accepter son épreuve. Mais, comme la vie s'était souvent montrée très sévère à son égard, elle avait refusé de croire gratuitement que tout cela était vrai.

Ce soir-là, Gertrude passe une partie de la veillée à reprendre certains passages qui lui tiennent plus à cœur. Fatiguée, elle range le bouquin. Après avoir pris soin de bien verrouiller les portes, comme elle le fait presque rituellement depuis de nombreuses années, elle s'apprête à se coucher.

Avant de quitter la pièce de séjour, elle crie à haute voix:

«Si tout ce que Serge Girard dit dans son livre est vrai, donnez-moi un signe concret pour me le confirmer!» Le lendemain matin, Gertrude se lève un peu déçue de n'avoir reçu aucun signe. La morosité la tenaille toujours. Le froid mordant de février attise sa tristesse depuis trop longtemps à l'ordre du jour.

Elle s'assoit à sa table et avale mécaniquement un frugal déjeuner préparé sans conviction. Le silence enveloppe toute la maison. Seul le vent frisquet du nord vient chanter par intervalles dans ses fenêtres givrées. Gertrude entend soudainement un bruit qui lui est familier: celui d'une clé pénétrant dans la serrure de sa porte. Le cliquetis du mécanisme retentit dans la pièce. Elle reconnaît celui que fait la clé en tournant dans son barillet.

Une peur s'empare d'elle lorsqu'elle voit la poignée de la porte s'actionner. Quelqu'un tente manifestement d'entrer dans sa maison. Sans qu'elle ait le temps de bouger, la porte s'ouvre lentement. Gertrude, qui s'attend à voir un assaillant, constate qu'il n'y a personne derrière la porte. Le soleil qui se fait un chemin à travers les nuages vient éclairer toute la scène. Gertrude est alors frappée par la ressemblance de ce qu'elle voit avec la jaquette de *Messages de l'au-delà.* La porte ouverte et la lumière qui jaillit de l'ouverture reproduisent exactement l'image qui y est présentée. Gertrude se sent toute bouleversée.

Elle ne sait plus quoi penser tellement le message lui semble évident.

Peu après la mort de son jeune fils, Gertrude avait tenté de contacter l'au-delà par l'écriture automatique. Les résultats décevants l'avaient finalement incitée à beaucoup de prudence dans ce domaine. Or, une envie d'écrire presque incontrôlable l'invite à prendre une feuille et un crayon pour recevoir un message. Comme les circonstances sont fort particulières, Gertrude fait exception à sa retenue coutumière et laisse l'au-delà lui parler. Le message dit ceci: « Tu vois! Nous voulons te dire que tout est vrai. Tu peux y croire! »

Sa peine demeurait encore vive, mais elle savait enfin que la mort ne mettait pas fin à la vie. Sa joie nouvelle était grande et, en guise de reconnaissance, elle avait voulu la partager avec moi.

APPARITIONS BIENVEILLANTES

Hélène avait toujours vécu en fidèle pratiquante des règles dictées par sa religion. Elle n'avait cependant jamais été portée à se questionner vraiment sur le vécu réel de l'après-mort.

À soixante et onze ans, elle se retrouvait gravement malade, à demi paralysée, attendant la mort entre les quatre murs moroses de sa chambre d'hôpital. Lorsque ses proches voulaient lui parler de sa survivance dans l'au-delà, elle ne répondait pas, gardant pour elle ses réflexions sur le sujet.

Elle brisa son silence quelques semaines avant sa mort, lorsqu'elle devint l'objet de certaines manifestations. D'abord, un ami de longue date qui venait tout juste de décéder se montra à quelques reprises par la fenêtre de sa chambre. Comme ces apparitions lui faisaient peur, elle lui dit de partir et de ne plus revenir, mais ses visites se renouvelèrent régulièrement.

Vint ensuite un parent éloigné décédé depuis plusieurs années. Il avait conservé son caractère bouffon et moqueur. Il lui apparaissait dans des conditions très insolites, se montrant tantôt sur le haut de la porte ou encore flottant près du plafond. Il arborait chaque fois un air des plus taquins.

Leur présence dérangea beaucoup Hélène, ce qui la poussa à confier ses expériences à ses proches. Elle avait peur, mais ses visiteurs d'outre-tombe ne voulaient que lui annoncer la réalité de la survie d'après-mort. Ils voulaient qu'elle se prépare à continuer à vivre dans l'au-delà, enfin dépouillée de son corps de souffrance. Leurs tentatives bienveillantes étaient sans doute justifiées, car, un an après son décès, Hélène commençait à peine à s'adapter à ses nouvelles conditions d'existence. Sans ces manifestations, sa compréhension aurait pu nécessiter un temps encore beaucoup plus long, retardant le bonheur que procure la vie céleste à l'Esprit méritant. Elle aurait pu devenir comme ces Esprits aveuglés par leurs croyances erronées à qui Dieu offre les joies généreuses qu'ils s'entêtent à refuser.

ELLE AUSSI VEUT UN SIGNE

Estelle avait une amie qui venait tout juste de perdre son père. Cette dernière vivait difficilement le départ du cher disparu avec qui elle avait toujours été très liée. Une complicité instinctive s'était installée entre eux dès sa petite enfance et n'avait fait que s'accroître au cours des années. Sa mort créait donc un grand vide.

Dans les derniers jours, alors que la mort devenait de plus en plus imminente, l'amie d'Estelle demanda à son père de venir lui faire signe après son décès pour lui confirmer sa survie dans l'au-delà. Conscient et lucide jusqu'à la fin, il lui promit de le faire si cela lui était possible. Cette promesse avait été réconfortante pour lui. Elle lui rappelait que les angoisses face à sa mort étaient bien insensées si la vie continuait au-delà de la destruction de la chair. Son espoir avait subitement grandi et son départ prenait un autre sens.

Plus d'une semaine s'était écoulée depuis les funérailles et aucun signe ne s'était encore manifesté. Estelle et son amie s'étaient donné rendez-vous pour passer l'après-midi ensemble. Estelle cherchait ainsi à lui changer les idées et à soulager sa peine. Pendant leur échange, les deux femmes revinrent sur la promesse du défunt. Les propos d'espérance se confondaient avec le doute accentué par l'attente d'une confirmation bien souhaitée, mais présumée comme étant presque impossible.

En tournant la tête, l'amie d'Estelle perdit une boucle d'oreille. Comme cela peut arriver assez couramment à toute personne portant ce genre de bijou, les deux femmes n'y virent rien de bien anormal. Mais lorsqu'elles ramassèrent la boucle en question, elles comprirent le privilège qui leur était accordé. En regardant la boucle de plus près pour vérifier si elle n'était pas brisée, l'orpheline constata avec stupéfaction que le petit papillon servant à tenir la boucle dans l'orifice du lobe était demeuré fixé à la tige de métal. Or, il est tout à fait impossible qu'une boucle de ce modèle puisse s'enlever de l'oreille sans retirer le papillon qui l'empêche de bouger. La seule façon de le faire serait de l'arracher en déchirant le lobe de l'oreille, ce qui provoquerait une sérieuse blessure.

Or, la boucle était tombée sans problème, comme si sa tige s'était libérée de la petite barrure la tenant en place et l'avait replacée d'elle-même pendant sa chute.

Le signe apparut très clair pour les deux femmes. Le défunt venait de remplir sa promesse. Il avait choisi la manière subtile, comme il l'avait fait toute sa vie. Il démontrait à sa fille que ce qui peut apparaître impossible à nos yeux limités par les lois de la matière peut devenir chose bien réelle par les lois de l'Esprit. Il se manifestait de façon à ce que sa fille ne puisse expliquer le phénomène que par l'évidente intervention d'une force bien au-dessus de nos bornes physiques.

La joie était grande dans la maison. Le deuil se transformait en simple séparation temporaire et la présence manifestée du désincarné apaisait le sentiment de solitude.

Estelle quitta son amie avec le cœur rempli de joie, mais aussi avec une certaine tristesse. Bien qu'elle appréciât le privilège d'avoir servi de témoin à une si belle manifestation, elle aurait bien voulu, elle aussi, recevoir cette même attention de ceux qui l'avaient quittée pour l'autre monde, car elle aussi aimait les siens et souffrait de leur départ. Se sentant coupable d'avoir eu de telles pensées, Estelle se ressaisit et remercia plutôt Dieu de lui avoir permis de vivre une pareille expérience.

Quelques jours plus tard, Estelle se trouve dans un grand magasin. Les achats qu'elle a en tête lui font presque oublier l'événement. Dans le rayon de la lingerie, une vendeuse vient l'assister pour quelques conseils dont elle a besoin. Tout en parlant avec elle, Estelle perd une boucle d'oreille. Les deux femmes se penchent vers le tapis à la recherche du bijou. C'est la vendeuse qui la trouve juste à côté du comptoir. Elle ramasse la boucle d'oreille et, en la regardant, exprime soudainement un air très surpris. La vendeuse est stupéfaite de retrouver le papillon toujours fixé à la tige de la boucle. Elle regarde Estelle d'un air interrogateur et lui dit que cela est impossible. Débordante de joie, Estelle reprend sa boucle en répondant que cela est en effet bien curieux. Replaçant sa boucle d'oreille, elle complète son achat et repart sans autre commentaire.

En retournant chez elle, Estelle s'interroge quand même beaucoup sur la raison de cette deuxième manifestation. Aurait-on entendu ses doléances? Quelqu'un de ses proches aurait-il voulu lui démontrer qu'il ne l'oublie pas? Pendant qu'Estelle me rapportait ce témoignage, on me fit voir son Esprit guide. Il me confirma que c'était bien lui qui avait permis ce deuxième phénomène pour bien faire comprendre à sa protégée que la première fois s'adressait autant à elle qu'à son amie. Les deux avaient à y comprendre la réalité du monde occulte et ses possibilités d'action dans le monde des incarnés. Lorsque je fis part à Estelle de ce que je recevais, elle voulut que je lui décrive son Esprit guide. Je m'exécutai et elle se montra très satisfaite. Je lui demandai pourquoi la description semblait lui faire tant plaisir. Elle me répondit qu'elle avait déjà perçu son Ange gardien dans une sortie astrale vécue lors d'un grave accident. Or, elle était contente, car la description que j'en donnais correspondait à ce qu'elle avait vu.

LE PIANO DU SALON

Pour rendre service à son ami Christian, Marc avait accepté de l'accompagner chez sa grand-mère pour la fin de semaine. Celle-ci avait perdu son mari depuis près d'un an et elle ne voulait toujours pas rester seule dans sa grande maison. Sa fille qui habitait avec elle devant partir pour trois jours, elle avait demandé à son petit-fils de lui tenir compagnie pendant son absence.

Le grand-père de Christian était décédé d'un cancer qui avait duré beaucoup plus longtemps que les prévisions les plus optimistes. Dans les derniers mois, bon musicien, il couchait sur la portée de son piano les angoisses de sa mort imminente. Il touchait les notes de l'instrument chaque jour, comme s'il espérait que les clés musicales viennent ouvrir les portes menant jusqu'à Dieu. Son plus grand chagrin était de laisser sa bien-aimée toute seule dans ce monde si lourd à porter.

Lorsque Marc entra dans la maison, il eut l'impression que

le maître des lieux était toujours vivant. Plusieurs de ses effets personnels étant demeurés presque à la même place, il se faisait difficilement à l'idée que le défunt avait quitté définitivement notre monde.

Le premier soir, les deux adolescents eurent droit à une copieuse collation habilement préparée par la grand-mère de Christian. Assis autour de la table de la cuisine, ils parlèrent surtout du disparu.

Vers vingt-trois heures, malgré une certaine lourdeur dans l'estomac, tout le monde décida d'aller se coucher. Les lits étaient déjà préparés et il ne restait plus qu'à monter. Juste avant d'entrer dans sa chambre, Marc entendit soudainement le piano du salon qui jouait une merveilleuse mélodie. Surpris, il demanda à Christian qui pouvait bien faire cette musique. Les notes se succédaient dans une harmonie presque parfaite. Les accords roucoulaient sous des doigts agiles qui démontraient une grande maîtrise de l'instrument. Lorsque Marc regarda le visage de Christian, il comprit qu'il se passait quelque chose d'anormal. Penaud, Christian l'informa qu'il n'entendait aucune musique. Sa grand-mère, qui avait compris la question de Marc, lui demanda des explications. Il leur décrivit alors ce qu'il recevait. Voyant qu'il était le seul à entendre frapper les cordes du piano, il descendit rapidement vers le salon. La musique remplissait la maison. Elle semblait venir de partout. Il s'approcha lentement du piano et, à sa grande stupéfaction, trouva un clavier complètement immobile. La musique se tut ensuite subitement comme elle était venue.

Christian et sa grand-mère l'avaient silencieusement rejoint. Se tournant vers eux, Marc leur décrivit à nouveau ce qu'il avait entendu. La vieille dame apaisa sa peur en le rassurant sur l'auteur de tout ceci. Pour elle, le message était bien clair. Son époux avait voulu lui signifier sa survie d'après-mort et lui confirmer sa présence auprès d'elle. Il avait profité de la venue d'un médium entendant pour manifester son message.

Il n'y eut jamais plus de manifestation par la suite, même en présence de Marc qui y retourna à quelques reprises.

DES ROSES EN HIVER

Lorsque Philippe me fit part de ce qui lui arrivait, sa femme était décédée depuis deux longues années. De son vivant, celle-ci occupait ses loisirs à prendre soin de ses nombreuses plantes plus belles les unes que les autres. Elle les aimait et ces dernières savaient le lui rendre par leur floraison. Elle affectionnait particulièrement un rosier sauvage qu'elle avait elle-même planté quatorze ans avant sa mort. Chaque printemps lui donnait le doux prétexte de prodiguer ses soins amoureux à cet arbuste presque devenu un ami.

Au décès de sa femme, Philippe fut très chagriné. Fervent croyant, il trouva un support dans la prière qu'il espérait voir se rendre jusqu'à son épouse, puis jusqu'à Dieu. Dès le premier automne qui suivit les funérailles, alors que tous les rosiers extérieurs du Québec étaient entrés dans leur sommeil hivernal, celui de Philippe présenta des signes plutôt particuliers. En plein cœur de novembre, par des froids de plusieurs degrés sous le point de congélation, la plante recommença à verdir. Ses feuilles redevenues souples se virent bientôt accompagnées de fleurs que l'on ne voit normalement qu'en été. Deux semaines plus tard, la neige étendit son manteau d'hiver et le curieux rosier disparut sous l'épaisseur des cristaux blancs. En décembre, Philippe eut l'idée de vérifier l'état de son rosier miraculeux. Après l'avoir dégagé, il découvrit un feuillage encore vert et des fleurs rose tendre semblant aussi à l'aise que sous une chaude pluie de juin.

L'année suivante, l'arbuste recommença ses prouesses. On parla du phénomène dans un journal local et même à la radio. Je m'informai auprès de spécialistes de l'horticulture et tous me répondirent que, dans les conditions décrites, le phénomène était tout à fait impossible. Pourtant, j'ai moi-même tenu dans mes mains ces petites roses au feuillage souple et vert, sorties de la neige en début de décembre, sous une température tout à fait hostile à l'éclosion de pareilles fleurs. Cet arbuste poussait depuis maintenant seize ans et jamais avant le décès de sa maîtresse il ne s'était comporté de cette façon, défiant les lois auxquelles se soumettaient tous les autres rosiers du pays, y compris le mien qui est de la même espèce.

SA MÈRE SE MANIFESTE

Depuis son tout jeune âge, Josée vit un cheminement la rapprochant constamment de la dimension spirituelle. Sa mère, fervente croyante en Dieu, l'a éduquée dans le souci de plaire à son Créateur. Les phénomènes spirites qu'elles vivent dans leur maison les éloignent cependant du rituel de leur religion trop intolérante face à toutes manifestations ne cadrant pas avec la doctrine conventionnelle. Leur existence se déroule quand même dans l'amour, assistées qu'elles sont par la présence consciente des Invisibles de l'au-delà.

Lorsque sa mère décède, Josée ressent un grand vide. Elle a l'impression qu'une partie d'elle-même l'a quittée. Bien sûr, elle a sa foi qui la rassure, mais l'absence de celle qui lui fut si chère est lourde à supporter.

Les semaines passent et, à travers son quotidien, Josée prie toujours pour que sa mère trouve le chemin menant à la lumière divine. Pendant toutes ces longues journées, Josée n'est témoin d'aucune manifestation. Elle a l'impression que ses amis d'en haut sont partis avec sa mère.

Six mois plus tard, la défunte donne enfin signe de vie. Josée s'apprête à se coucher. Elle se dirige vers la salle de bains. Elle se sent subitement arrêtée par une masse invisible. Celle-ci se rapproche très près d'elle et se colle à son corps. Josée distingue alors une forme humaine. À cet instant, elle se sent amoureusement embrassée. L'Être invisible l'enlace de ses deux bras et l'étreint très fortement, à un point tel qu'elle en perd le souffle. À cet instant, Josée reconnaît sa mère qui agissait ainsi lorsqu'elle était petite. Éprise d'une grande joie, Josée lui crie avec beaucoup d'émotion: «Maman!» L'Esprit relâche alors son étreinte et se montre sous des traits lumineux. Josée reconnaît sa mère telle qu'elle apparaît sur les vieilles photographies de sa jeunesse.

Tout de suite après, un long corridor se matérialise devant elle. Josée voit sa mère l'emprunter en s'éloignant lentement. Cette dernière est radieuse. Elle semble en pleine forme. Son apparence rappelle ce qu'ont dû être ses meilleurs jours. Elle porte des vêtements dignes des plus grandes sorties.

À mesure que sa mère s'éloigne, Josée perçoit de plus en plus clairement deux portes d'ascenseur qui prennent forme au bout du corridor matérialisé. Sa mère se dirige vers celles-ci. Rendue devant, elle s'arrête et attend comme si elle devait franchir l'une d'elles pour partir. La vision disparaît alors subitement.

LA VOIX DE SON GRAND-PÈRE

Le père de Luc était un fervent croyant en la survie d'après-mort. La dernière période de sa vie lui avait donné l'occasion d'en approfondir une certaine connaissance. Il ne manquait jamais l'opportunité d'en parler à tous ceux et celles qui se montraient intéressés par la question. Il y trouvait le sens fondamental de la vie sur Terre et une source inépuisable d'encouragement pour les heures difficiles qui accompagnent souvent le troisième âge.

À son décès, il légua à un de ses petits fils une magnifique radio reçue en cadeau à l'occasion d'un anniversaire. Il savait que celui-ci aimait beaucoup la musique et que cette attention le toucherait par toute la signification qu'elle lui exprimerait.

Le jeune homme avait installé l'appareil au sous-sol. Il s'en servait depuis quelques jours lorsqu'un phénomène inattendu se produisit. Il écoutait sa musique lorsque celle-ci s'interrompit. Il entendit alors la voix très reconnaissable de son grand-père qui lui adressait la parole.

D'abord figé de surprise, il s'empressa de déguerpir du sous-sol et monta en toute hâte. Il avertit les siens de ce qui venait de se passer, mais le phénomène demeura toujours muet par la suite.

Le défunt ne s'était manifesté que le temps nécessaire à convaincre son petit-fils qu'il devait réellement accorder de l'importance à la survie d'après-mort.

DIX ANS APRÈS SON DÉCÈS

Irène et Stella eurent une amie commune qui périt à l'aube de la trentaine dans un tragique accident. Malgré leur médiumnité, elles n'avaient jusqu'à maintenant jamais reçu de nouvelles de leur amie décédée.

Dix ans s'étaient écoulés et le souvenir de la défunte demeurait toujours vivant dans l'esprit de celles qui l'avaient aimée. Un soir d'automne, Irène partit se promener dans les rues tranquilles de sa petite localité. La noirceur était tombée. Irène refaisait lentement le plein d'énergie, humant l'odeur des feuilles mortes, témoins éphémères de l'été si vite écoulé.

S'arrêtant à un coin de rue, Irène se sentit attirée vers une maison aux fenêtres bien éclairées. S'approchant un peu plus, elle aperçut les gens de la demeure bien installés devant leur téléviseur.

Par l'autre fenêtre, on voyait la cuisine. Irène pensa y jeter un bref coup d'œil, tout en continuant sa marche sur le trottoir bétonné. Irène ne put trouver les mots pour me décrire la joie qu'elle ressentit lorsqu'elle vit dans la pièce nulle autre que son amie décédée dix ans plus tôt. Celle-ci portait des vêtements semblables à ceux qu'elle préférait de son vivant. Ses traits n'avaient pas vieilli. Elle était demeurée exactement comme à la veille de sa mort. L'Esprit regarda Irène avec un beau sourire, puis, comme si elle devait partir, elle la salua de la main et disparut.

Irène se posa bien des questions sur la raison de sa présence dans ce lieu. Elle s'informa auprès des proches de la défunte pour vérifier si ces gens avaient été parents ou amis avec elle, mais toutes les réponses demeurèrent négatives.

Cinq jours plus tard, ce fut au tour de Stella d'en recevoir des nouvelles. Stella s'était éveillée en plein milieu de la nuit. Cherchant à se rendormir, elle fut projetée dans le monde astral où elle rencontra l'Esprit de son amie défunte. Celle-ci la regardait avec un sourire à la fois triste et joyeux. Elle se tenait devant Stella sans rien dire, comme si elle voulait simplement déguster le plaisir de la rencontre attendue. Sentant que le contact serait bref, Stella entra directement dans le vif de son questionnement. Elle lui demanda la raison de sa présence dans cette maison d'étrangers. L'Esprit lui répondit simplement: «Je vais bientôt me réincarner.» Puis, sans rien ajouter, elle salua son amie avec bienveillance et disparut.

Stella et Irène cherchèrent à définir avec précision le lien entre les deux manifestations, mais leurs démarches demeurèrent toujours sans réponse.

Au moment où j'écris ces lignes, elles vérifient encore à l'occasion si dans l'entourage de la maison la venue d'une femme enceinte ou d'un nouveau-né pouvait confirmer leur hypothèse.

Personnellement, je crois que leur amie n'a pu se manifester que dans des limites fort restreintes. Elle reçut la permission de signaler à ses deux amies médiums qu'elle reviendrait prochainement dans la chair, mais elle ne put leur fournir les éléments qui leur auraient permis de la retracer. Sans doute que leurs plans de vie couraient trop de risques d'en être négativement affectés.

UNE APPROCHE MALADROITE

Suzanne avait grandi près de son grand-père. Les liens affectifs qui les unissaient n'avaient jamais cessé de croître au fil des années.

Lorsque Suzanne apprit le décès de son aïeul, elle vécut l'intense chagrin de perdre un grand-père doublé d'un ami. En prière près du cercueil, Suzanne acceptait difficilement que le corps rigide exposé devant elle ait fermé son sourire pour toujours.

Dans la nuit précédant les funérailles, alors que l'horloge marquait minuit passé, Suzanne s'éveilla en sursaut. À peine eut-elle le temps d'ouvrir les yeux qu'elle aperçut son grand-père au pied de son lit. Il semblait vêtu des mêmes habits qu'il portait dans son cercueil. Il la regardait avec beaucoup de tendresse. Son sourire traduisait une joie mêlée de tristesse. Suzanne aurait bien voulu lui dire le bonheur qu'elle ressentait de le voir bien vivant dans son état d'Esprit, mais la peur l'empêchait de faire quoi que ce soit. La surprise causée par un tel phénomène qu'elle n'aurait même pas cru possible paralysait jusqu'à sa pensée.

Après quelques instants que Suzanne ne put évaluer, son grand-père se déplaça pour s'approcher lentement tout près d'elle. Dans un mouvement de grande douceur, il monta sur le lit. Suzanne aurait voulu lui crier de partir, mais elle ne pouvait émettre le moindre son. Tout s'étouffait dans sa gorge serrée par l'émotion. La peur de Suzanne vint à son comble lorsqu'elle constata que l'Esprit se couchait sur elle. Suzanne sentit une masse d'une densité nettement physique s'étendre sur son corps. Un poids bien réel se dégageait de la matérialisation. Elle se sentait enfoncée dans le matelas qui ployait sous la lourdeur des corps superposés.

Suzanne, qui craignait terriblement la suite, sentit subitement sa peur paralysante se transformer en colère. Elle parvint à crier à l'entité de partir immédiatement. Elle lui signala la peur effroyable qu'il lui inspirait et lui ordonna de ne plus jamais revenir se montrer ainsi. Suzanne sentit aussitôt l'apparition se dématérialiser. Le matelas reprit sa position initiale à mesure que l'Esprit disparaissait.

Après cet événement, Suzanne pria beaucoup pour son grand-père dont elle était maintenant assurée de la survie d'après-mort. Chaque fois, elle prit cependant bien soin de lui rappeler qu'elle ne voulait plus jamais revivre une pareille expérience. Sans doute comprit-il la consigne, car il ne se manifesta jamais plus par la suite.

Son amour pour sa petite-fille et le chagrin qu'elle ressentait l'avaient ramené vers elle. La confusion que provoque souvent la mort pendant les premiers jours l'avait empêché d'évaluer la mesure qu'il devait donner à la façon de se manifester. Encore très proche des sensations physiques, il avait simplement voulu serrer sa petite fille dans ses bras. La maladresse de son approche n'avait malheureusement causé que de la peur stérilisante qui avait fermé définitivement une canalisation de contact peut-être fort prometteuse.

UN PÈRE INSISTANT

Je participais au salon du livre de ma région. En soirée, j'y reçus la visite d'une femme qui tenait absolument à me parler. Son père décédé depuis quelques mois se manifestait dans sa demeure et elle cherchait à comprendre le sens de tout cela.

Nous étions debout devant le stand de mon éditeur et, après une dizaine de minutes de conversation, ses traits devinrent ceux d'un homme dans la cinquantaine avancée. De grands favoris apparurent le long de ses joues et des lunettes masculines se matérialisèrent sur son nez.

Je pensai immédiatement qu'il pouvait s'agir de l'Esprit de son père. Comme elle ne semblait pas se rendre compte de ce qui se passait, je lui demandai calmement si la description de son père correspondait aux traits que je lui décrivis le plus précisément possible. Comme tout concordait avec le visage manifesté devant moi, je lui annonçai que je voyais le visage de son père superposé sur le sien. Je m'empressai de la rassurer, lui affirmant qu'il n'y avait aucun danger et qu'elle devait demeurer calme. Je reçus alors beaucoup d'informations de son père que je pus transmettre à sa fille. Lorsque l'image du défunt disparut, j'aperçus des larmes de joie qui coulaient sur les joues de la pauvre femme.

Après son départ, je m'adressai à mon éditeur qui s'était tenu discrètement à quelques mètres de distance pendant tout notre échange. Comme il aurait pu facilement voir le phénomène dont j'avais été témoin, je lui demandai s'il n'avait rien remarqué de particulier. Il me regarda d'un air un peu surpris par une telle question et me répondit par la négative.

ELLE VOIT SON DÉFUNT PÈRE

Mariette désirait entrer en contact avec son père décédé depuis quelques années. Lorsqu'elle communiqua avec moi, je soumis sa demande à mes interlocuteurs de l'invisible. Comme celle-ci fut acceptée par le Guide de l'au-delà, je lui fixai son rendez-vous un premier samedi du mois comme j'avais coutume de le faire à cette époque pour ceux et celles qui présentaient de telles demandes.

Comme convenu, Mariette arriva accompagnée de son époux. Nous prîmes place tous les quatre autour de la table, ma femme étant toujours présente à titre de secrétaire à chacune de mes séances semi-publiques.

Après la préparation spirituelle d'usage, je procédai à l'invocation de l'Esprit. Je tenais mon crayon et j'attendais que ma main se mette en mouvement lorsqu'une indéfinissable impression m'envahit subitement. Je ne comprenais pas ce qui se passait, mais je sentais qu'un phénomène inhabituel se préparait.

Mariette, qui se tenait encore en position de prière, ouvrit les yeux et tourna son regard vers moi. Une véritable frayeur s'empara d'elle. Elle poussa un cri de panique, puis se cacha la tête dans les mains. Son cri nous prit tous par surprise. Je sentis une énergie s'extirper de mon intérieur, ce qui me fit ressentir un sérieux malaise. Vite ressaisi, je fis appel à mon Esprit guide qui m'aida à rétablir le calme. Mariette pleurait. Après quelques instants, nous pûmes enfin lui demander ce qui s'était passé.

Au moment où j'avais invité son père à me faire écrire, Mariette m'avait regardé en attente des premiers mots. À cet instant, elle avait vu les traits de son père prendre forme sur mon visage. Il était comme dans ses derniers moments, même ses lunettes y étaient. Il la regardait fixement. Or, cette apparition inattendue avait provoqué une grande peur chez Mariette, aucunement habituée à ce genre de phénomène. Mon Esprit guide nous expliqua par la suite que son père, ayant perçu la possibilité de se manifester de cette façon, avait décidé de procéder ainsi sans demander l'avis de personne.

Or, comme nous ne nous étions nullement préparés à ce genre d'expérience, l'Esprit invoqué avait provoqué maladroitement beaucoup plus de malaise qu'autre chose.

Le même soir, l'entité put quand même se manifester par l'écriture et livrer, en plus de ses excuses, des messages pour ceux et celles qu'il avait laissés en notre monde.

La superposition ectoplasmique est fort simple pour l'Esprit qui se manifeste de cette façon. Tout d'abord, il superpose son propre visage sur celui du médium, un peu comme s'il reculait sa tête dans celle du médium. Ensuite, il puise du fluide animalisé dans le périsprit de ce dernier. Il utilise ce matériau en le combinant à son propre périsprit. C'est ce qui lui permet de densifier temporairement les traits de son visage. La manifestation peut durer tout au plus le temps que l'Esprit prend à épuiser le fluide animalisé emprunté au médium.

Ces mourants qui nous font signe

Il m'apparaît pertinent de prendre quelques instants pour souligner un type particulier de manifestation: celui où une personne qui est en train de mourir vient en avertir ses proches. Nous aurions pu classifier ces manifestations sous le thème précédent, mais leur nature particulière leur fait mériter d'en parler de façon distincte.

Au début du présent siècle, quelques chercheurs, dont un des plus illustres est sans doute Camille Flammarion, se sont penchés sur un grand nombre de manifestations de cet ordre que plusieurs témoins rapportaient d'un peu partout. Malheureusement, ces chercheurs limitèrent leur réflexion à la description objective des faits retenus comme valables. Bien que fort prometteuses au point de départ, ces recherches n'apportèrent pas beaucoup de lumière sur l'aspect le plus important de leur teneur: la compréhension des causes reliées aux effets observés. Maintenant, avec les connaissances apportées par l'au-delà, tous les éléments y trouvent un sens logique et sensé.

Nous parlons de recherches datant du début du siècle, mais, si d'autres explorateurs du spirituel avaient pris la relève, les mêmes résultats seraient constamment revenus jusqu'à nous. Prenons comme exemple ces trois témoignages de manifestations tout à fait contemporaines qui nous en livrent tous les mêmes éléments. Nous y voyons des Esprits vivant le processus de la mort qui profitent des derniers instants précédant la rupture de la corde d'argent pour signifier leur départ à leurs survivants.

SON PÈRE VIENT LE SALUER

François habitait Montréal depuis deux ans. Il avait dû s'exiler de sa région natale pour poursuivre ses études universitaires. Ses pauvres moyens financiers limitaient malheureusement les visites qu'il pouvait rendre à ses parents malades. Ceux-ci vivaient seuls dans leur grande maison et l'arrivée de leur fils constituait chaque fois un véritable cadeau du ciel. François leur était très attaché. C'est après une longue hésitation qu'il avait finalement décidé de s'éloigner d'eux pendant les trois années de formation qui s'avéraient nécessaires pour l'accession à un poste qu'il convoitait.

Il habitait une garçonnière qu'il partageait avec un ami originaire de sa région. C'est par ce dernier que je pus recevoir l'information sur ce qu'il avait vécu. Un dimanche avant-midi, Éric, son colocataire, s'affairait à la préparation de son dîner. François relisait ses notes de cours dans le salon en vue de son examen du lendemain. Éric entendit soudain un véritable cri d'horreur venant du salon. Le temps d'y accourir, il y trouva François les yeux écarquillés et le teint très pâle. Il répétait avec beaucoup d'émotion: « Papa! Papa! » François lui raconta d'une voix tremblante ce qui venait de se passer. Il lisait ses notes bien tranquillement. En levant les yeux pour mieux mémoriser, il vit son père matérialisé devant lui. Il le regardait d'un air très calme et lui souriait. Pris par surprise, François avait crié sa peur et l'apparition avait disparu sur-le-champ.

Fortement ébranlé par le phénomène, François téléphona immédiatement à ses parents. Bien qu'il n'eût jamais beaucoup cru à ces choses, son inquiétude le poussait à s'assurer que tout allait bien pour eux. Comme personne ne répondait, il appela un de leurs voisins. Celui-ci lui annonça qu'une ambulance était venue chercher son père une heure plus tôt. Quand François reçut l'annonce de sa mort, il apprit que l'heure du décès correspondait exactement à celle où il avait vu l'apparition dans son salon.

Son père était venu saluer son fils bien-aimé une dernière fois avant de quitter notre monde d'incarnation.

SA SŒUR TIENT PAROLE

Claudine a toujours été une fidèle pratiquante de sa religion catholique romaine. Satisfaite de l'enseignement reçu, il ne lui vint jamais à l'idée de s'intéresser aux manifestations d'outre-tombe de nos défunts bien-aimés.

L'horizon de ses croyances devait cependant s'élargir au décès de sa sœur aînée.

Cette dernière, beaucoup plus hardie, ne pouvait de son vivant se satisfaire des limites que les ministres du culte imposaient à leurs fidèles. Elle se disait convaincue de la possibilité de se manifester aux vivants après la mort charnelle. Rejetant la thèse que seul Lucifer pouvait nous contacter, elle exprimait bien ouvertement son intention bien arrêtée d'en faire la preuve dès son arrivée dans l'après-mort.

Claudine dormait dans sa chambre. Le ronronnement du poêle à bois dans la pièce d'à côté rendait son sommeil encore plus confortable. Bien emmitouflée dans ses couvertures, Claudine ne se doutait pas encore de ce que lui réservait le jour.

Un mouvement sec fit subitement déplacer l'édredon recouvrant les pieds de Claudine. Celle-ci s'éveilla en sursaut. À moitié endormie, ne comprenant pas exactement ce qui s'était passé, Claudine crut avoir rêvé que quelqu'un avait touché à son lit. Elle regarda l'heure sur son réveille-matin. Les aiguilles marquaient cinq heures vingt. Comme elle ne devait se lever qu'à six heures trente, elle se réinstalla dans la chaleur de sa couchette pour bien profiter de l'heure de repos qui lui restait.

À peine les yeux fermés, Claudine sentit à nouveau bouger ses couvertures. Regardant avec beaucoup d'hésitation, elle vit les draps se déplacer sous ses yeux sans qu'aucune main visible puisse expliquer le phénomène.

Claudine éprouva une grande peur et se leva aussitôt. Sortant rapidement de sa chambre, elle réveilla les siens pour leur rapporter ce qu'elle venait de vivre. Après plusieurs signes de la croix, ils prièrent Dieu de les protéger.

Claudine songea subitement à sa sœur aînée. Rien ne laissait présager qu'il lui était arrivé quelque chose, mais elle pensa à sa promesse et s'inquiéta pour elle.

Malgré l'heure matinale, Claudine lui téléphona. Elle n'eut aucune réponse. En raccrochant le récepteur, Claudine comprit que quelque chose n'allait pas. Quelques minutes plus tard, une de ses nièces lui téléphona pour lui annoncer le décès de sa sœur aînée. Elle était morte très rapidement. Un grand malaise à la poitrine l'avait éveillée en pleine nuit et, vu la persistance des douleurs, ses enfants l'avaient amenée à l'hôpital. Elle devait décéder quelques instants plus tard, à cinq heures vingt exactement, soit au moment même où Claudine était sortie de son sommeil.

SA DERNIÈRE MESSE

Blanche et son époux sont de fidèles pratiquants. Depuis de nombreuses années, ils perpétuent leur habitude d'assister chaque semaine à la cérémonie eucharistique du samedi soir. La sœur de Blanche, Pierrette, et son beau-frère, Hector, suivent scrupuleusement la même coutume. Leur rencontre en ce lieu fait donc partie des événements hebdomadaires routiniers. Depuis tout ce temps, les deux couples occupent toujours les deux mêmes bancs distancés obliquement de quelques sièges.

Ce samedi-là, Blanche fait remarquer à son conjoint que sa sœur et son beau-frère ne sont pas encore arrivés. Vers le milieu de la cérémonie, ils aperçoivent Hector enfin assis à sa place habituelle, mais non accompagné de son épouse. Blanche dit alors à son compagnon: «Je crois qu'il est arrivé quelque chose à Pierrette. C'est la première fois qu'elle ne vient pas à sa messe du samedi soir.» Son mari lui répond de ne pas s'en faire, qu'elle doit être grippée. Il ajoute qu'ils le sauront bien après la messe, en parlant à Hector.

Ne pouvant se concentrer sur ses prières, Blanche jette à nouveau un coup d'œil vers son beau-frère, mais elle constate qu'il n'est plus là. Elle demande à son époux s'il a vu Hector sortir de l'église, mais celui-ci reste aussi surpris qu'elle. Ni l'un ni l'autre ne l'ont vu quitter les lieux.

Après la cérémonie religieuse, Blanche, devenue inquiète, demande à son époux de se rendre chez sa sœur Pierrette. En arrivant sur le stationnement de la maison, ils aperçoivent cette dernière à la grande fenêtre du salon. Elle tient un mouchoir à la main et semble pleurer. Blanche dit alors: «Je savais bien que Pierrette était malade! J'espère que ce n'est pas grave.»

En entrant dans la maison, ils trouvent leur nièce en pleurs, se préparant à reconduire sa mère à l'hôpital. Blanche demande ce qu'il y a et, à sa grande surprise, elle apprend qu'Hector vient tout juste de partir en ambulance. Celui-ci a subi un infarctus. Il se préparait comme à son habitude en vue de la messe du soir, lorsqu'il s'est effondré sur le plancher de la salle de bains. Après un long massage cardiaque, les ambulanciers l'ont amené à l'urgence en laissant peu d'espoir qu'il puisse revenir à la vie. Blanche rapporte qu'ils ont vu Hector à l'église pendant la messe. Stupéfaite, Pierrette leur réplique que cela est impossible, puisque celui-ci était inconscient à ce moment-là. Blanche et son époux ne répondent pas, mais ils savent qu'ils n'ont pas rêvé tout éveillés. Ils ont bel et bien vu leur beau-frère à sa place habituelle, apparaissant et disparaissant subrepticement.

À son arrivée à l'hôpital, Pierrette reçut la confirmation du décès d'Hector. Il était venu accompagner une dernière fois ses deux compagnons de route au moment même où il devait les quitter.

De simples visiteurs

Il m'arrive à l'occasion de recevoir la visite de certains Esprits de l'au-delà qui semblent simplement vouloir me saluer. Les manifestations de ce type sont toujours brèves. Parfois, il peut s'agir d'un Esprit que je ne connais pas du tout en tant qu'incarné ou de personnes décédées à peine connues. Par contre, d'autres fois, ce peut être quelqu'un de très proche.

Ces visites peuvent présenter un caractère de pure courtoisie, alors que dans d'autres occasions elles constituent de véritables témoignages d'amitié d'outre-tombe. J'en reçus également dont je ne pouvais saisir le motif. Voyons quelques exemples qui furent vécus par moi et par d'autres médiums.

UNE BRÈVE SALUTATION

Il est sept heures vingt et je viens à peine de m'éveiller. En ouvrant les yeux, je constate que mon épouse dort à poings fermés. Je baisse mes paupières pour prier un peu. Quelques secondes s'écoulent, puis ma fille, dont la chambre est adjacente à la nôtre, échappe sa brosse à cheveux sur sa coiffeuse. Le bruit sec que l'impact produit dans le calme du matin me fait sursauter. J'ouvre immédiatement les yeux et je vois devant moi le visage plusieurs fois agrandi d'un peintre régional décédé depuis quelque temps. L'apparition dure environ cinq secondes. L'Esprit me regarde sans expression particulière. Ses traits sont lumineux. Il dégage une impression de bonheur et de paix. Je l'observe sans dire un mot, me demandant intérieurement la raison de sa présence. Il disparaît ensuite sans autre cérémonie. Sa visite ressemblait curieusement à une salutation d'amitié. Il est vrai que, comme pour la plupart des gens, ce personnage m'était sympathique, mais il reste quand même que je n'avais parlé à cet homme qu'une seule fois dans ma vie, et ce, plusieurs années auparavant. J'étais alors accompagné de mon père et je me souviens avoir été surpris de voir les deux hommes se reconnaître et s'accueillir comme de vieux copains. En fait, j'avais appris ce jour-là qu'ils étaient des amis d'enfance que les circonstances de la vie avaient éloignés.

Peut-être l'Esprit a-t-il simplement voulu que je transmette ses salutations à celui qui fut jadis son ami? Quoi qu'il en soit, je n'eus jamais d'autre contact avec lui par la suite, ni ne sus la raison exacte de cette visite inattendue.

VENU ME RASSURER

Je fis la connaissance du père Alfred en juin 1973. Membre d'une communauté œuvrant au Québec, il consacrait une grande partie de ses énergies à faire reconnaître par son Église la sainteté d'un des leurs à qui on attribuait certains miracles. La vénération qu'il vouait à ce personnage était très grande. Il ne passait jamais une seule journée sans se rendre prier près du tombeau où reposent ses restes.

Dès notre première rencontre, une sympathie réciproque s'établit entre nous. J'aimais la profondeur de ses propos, que lui inspirait sa riche culture personnelle. Homme droit et intègre, il dégageait une bienveillance qui donnait l'impression à tous ceux qui l'approchaient de côtoyer un émissaire de lumière venu d'en haut. Tous les étés, je lui rendais visite à son monastère avec mon épouse et mes enfants. Chaque fois, je parcourais les trois cents kilomètres qui nous séparaient avec l'impression de revivre les pèlerinages de mon enfance.

La dernière fois que nous nous rencontrâmes, il me serra dans ses bras en me disant que nous faisions partie de la même famille spirituelle.

Lorsque j'appris son décès, je ressentis le chagrin de la perte d'un ami. J'étais par contre bien heureux pour lui, car je savais qu'il était accueilli à bras ouverts dans l'au-delà, enfin libéré de son vieux corps de souffrance. Pendant plusieurs semaines, j'entretins un certain souci sur les liens qui pouvaient alors nous unir, vu ses convictions catholiques n'allant pas toujours de pair avec ce que mes recherches m'avaient fait découvrir. Je craignais qu'il ne puisse reconnaître tout de suite que c'était bien vrai que nous faisions partie de la même famille spirituelle. Car, de son vivant, je n'avais pu entrer en contact en profondeur avec lui sur mes recherches médiumniques, celles-ci ayant commencé pendant les dernières années de sa vie qui avait été physiquement très éprouvantes pour lui. J'avais préféré miser sur sa lucidité d'après-mort pour qu'il comprenne alors ce qu'il aurait sans doute rejeté sous le voile de ses convictions bien arrêtées.

J'obtins la réponse à mes interrogations quelques mois plus tard. C'était un samedi après-midi. L'hiver commençait à pointer le bout de son nez. Une forte grippe me prenait beaucoup de mes énergies. Je m'étais installé au bout de la table de la cuisine pour parachever certains travaux d'écriture. Les rayons du soleil arrivaient sur moi. Ils me réchauffaient comme s'ils voulaient stimuler mon corps à reprendre sa vigueur coutumière.

Après une heure de travail, je posai ma tête sur mon bras gauche. Je pensai alors au doux temps de mon enfance où il m'arrivait parfois de faire cela, dégustant la tiède chaleur de l'astre du jour se faisant trop rare dans nos courtes journées d'hiver.

À peine avais-je fermé les yeux que je me rendis compte que je pouvais percevoir la fenêtre derrière moi comme si je voyais par l'arrière de ma tête. Je vis alors deux personnages se présenter à moi. Il s'agissait de deux hommes vêtus d'une soutane noire. Le premier était d'une assez grande taille. Celui qui le suivait de près semblait beaucoup plus petit. Ce dernier attira particulièrement mon attention. Il avait la même apparence physionomique que le père Alfred.

Dans un premier temps, je ne pus percevoir son visage, mais une lumière dont je ne pouvais situer la provenance l'éclaira soudainement. Je reconnus alors le bon père Alfred, mon ami spirituel qui venait me rendre visite. Ses traits se dessinèrent d'abord en lumière argentée, puis ils prirent une consistance plus opaque. Il arborait un large sourire. Ses yeux pétillaient de bonheur. Il me salua de sa main, puis sembla devoir se retirer.

À cet instant, ma femme, qui croyait que j'étais en train de m'endormir, me toucha le bras en me suggérant d'aller me coucher quelques instants. La vision disparut aussitôt et je ne vis à nouveau que ce que mes yeux de chair pouvaient percevoir.

Le père Alfred était venu me rassurer. Il voulait que je sache qu'il s'était dégagé des limites dogmatiques de sa religion terrestre. Il me démontrait la qualité de son état et, par son attitude, me confirmait la justesse de mes découvertes spirituelles.

UNE BRÈVE VISITE

Je m'éveille en pleine nuit. Je regarde l'heure : il est quatre heures quarante-quatre. Je referme les yeux et je tente vainement de me rendormir. Après plusieurs minutes, j'entends les cloches d'une église battre à la volée. Le son est très net. Je crois d'abord que c'est le signe que je vais retourner dans le monde des rêves, mais un personnage se forme devant moi. C'est un homme. Ses traits deviennent de plus en plus précis. Je reconnais mon grand-père maternel qui me regarde d'un air très sérieux. Dans un premier temps, il se montre assis sur un muret qui semble de pierre. Puis, après une brève disparition, il se montre debout. Il ne prononce aucun mot. Son visage n'exprime aucune émotion particulière si ce n'est le grand sérieux de son regard. Mais comme il en était ainsi de son vivant, je n'y accorde pas d'importance particulière. L'apparition s'évanouit après une dizaine de secondes.

Dans les semaines qui suivirent, je m'inquiète un peu de la signification du message non verbal qu'il est venu me livrer. C'est plus tard que je compris le sens de sa visite, lorsque mes parents eurent quelques ennuis de santé. Mon grand-père était venu me rassurer à l'avance, pour que je sache qu'il veillait sur nous dans la mesure de ses moyens.

UN ENSEIGNANT DE MON ENFANCE

Je ferme mes yeux pour me préparer à la prière. Dès que mes paupières se rejoignent, je vois apparaître de façon tout à fait inattendue le visage d'un religieux qui m'enseigna lorsque j'étais adolescent. Il est exactement comme je l'ai connu plus de trente ans auparavant. Il me regarde avec la même bonté dont j'avais gardé le souvenir. Il semble très calme. Il me sourit avec douceur.

Surpris de le voir m'apparaître, je prononce son nom avec un ton à la fois exclamatif et interrogatif. Il disparaît aussitôt sans fournir aucune indication sur le but de sa visite.

Ce même religieux était parmi ceux que je vis lors d'un autre contact que je rapporte dans mon premier ouvrage. C'est là que j'avais appris qu'il était décédé depuis déjà plusieurs années. De son vivant, il a été pour tous ceux de son entourage un modèle constant de patience et de bonté. Il présentait plusieurs traits que l'on retrouve chez les Esprits qui achèvent ou ont terminé leurs pèlerinages terrestres.

Jusqu'à maintenant, je n'eus pas d'autres visites de sa part. Je me limite donc à interpréter cette apparition comme une simple mais fort agréable salutation d'une entité qui a sans doute conservé d'aussi bons souvenirs que les miens de notre relation maître-élève.

UN HOMME AUX PAS LÉGERS

Les enfants encore tout jeunes à cette époque viennent de s'endormir. Un grand calme règne dans la maison.

Je parle au téléphone lorsque j'aperçois par la fenêtre la silhouette d'un homme s'approchant de la maison. Mon chien, qui a la désagréable habitude d'invectiver d'aboiements toute personne étrangère s'approchant de ma demeure, se précipite à la fenêtre. Il jappe contre l'inconnu que je croyais presque arrivé à la porte d'entrée. Je demande donc à mon interlocuteur de m'excuser quelques instants pour répondre à mon visiteur et surtout calmer mon chien qui en est rendu au stade du grognement. J'ouvre la porte et, à ma grande surprise, je n'y trouve personne. Déduisant qu'il a rebroussé chemin, je vérifie, pour m'en assurer, les traces de pas sur la neige fraîche qui tombe sans cesse. Or, comble de la surprise, je ne trouve aucune trace de la venue de cet homme dont j'avais pourtant bien perçu la silhouette et que mon chien avait si bien senti.

J'interromps ma communication téléphonique et je sors pour y voir de plus près. L'entrée où je l'avais vu marcher est recouverte d'au moins dix centimètres de neige et aucune piste n'y apparaît.

LE VISAGE D'UN INCONNU

Sophia était demeurée à la maison pour terminer un travail de recherche universitaire qu'elle devait remettre à son professeur dans les jours suivants.

Assise au bout de la table, tenant son crayon, elle attendait l'inspiration devant la grande page qui semblait attendre à son tour les précieux mots. Ses pensées couraient en tous sens. Sophia ne parvenait pas à centrer l'idée qu'elle cherchait. Subitement, son regard devint fixe. Une forte envie de dessiner l'amena à tracer le visage d'un inconnu. Les détails venaient d'eux-mêmes. Après quelques secondes, Sophia se trouva devant l'esquisse d'un portrait sur lequel elle ne pouvait placer de nom. En regardant les traits du personnage, des images très nettes lui vinrent à l'esprit. Elle vit une maison, puis son intérieur. Elle perçut une cuisine où se trouvait un homme. Ensuite, elle reçut la vision d'un accident où l'homme de la cuisinette perdait la vie.

Quand les siens revinrent chez elle, Sophia leur raconta ce qui lui était arrivé. Elle leur montra le dessin qu'elle avait tracé de façon presque mécanique. Intrigués, ils ne purent situer personne pouvant y ressembler.

Deux jours plus tard, en lisant le journal, Sophia eut un véritable choc en y voyant la photographie d'un homme qui avait été trouvé mort. Il s'agissait de celui qu'elle avait dessiné. Stimulée par une indescriptible curiosité, elle fit certaines démarches pour en savoir davantage sur cet inconnu. Sophia y trouva la confirmation de tout ce qu'elle avait reçu. Non seulement le dessin présentait une ressemblance frappante avec la victime, mais encore les images perçues concordaient en tout point avec le lieu où il habitait. Même les circonstances accidentelles de sa mort furent confirmées.

Ces manifestations nous démontrent encore une fois comme nous faisons l'objet de sollicitude et de sympathie de la part de plusieurs entités de l'au-delà, même si nous n'en comprenons pas toujours le sens. Imaginons maintenant la joie que nous procurent les retrouvailles avec un ami que la mort a rendu invisible. À notre décès, plusieurs d'entre nous entreront dans un cercle d'amour très agrandi dont nous ne pouvons soupçonner les réelles dimensions. Il prendra pour chacun d'entre nous le diamètre que nos actes bienveillants auront tracé au fil des nombreuses incarnations successives.

Utilisation de la pseudo-matière dans les manifestations de l'au-delà

Nous parlions un peu plus haut de la pseudo-matière et de l'utilisation que nous en faisons déjà dans nos périodes de sommeil. Cette énergie malléable à laquelle les Esprits donnent la forme qu'ils désirent peut être utilisée lors de certaines manifestations où elle s'avère nécessaire. Pour ce faire, l'Esprit doit appliquer le même processus de matérialisation que celui qui lui permet de densifier son propre périsprit. L'Esprit doit combiner, dans la structure moléculaire de la création pseudo-matérielle, une certaine quantité de fluide animalisé puisé chez un médium.

L'objet recherché se matérialise alors dans une densité qui peut varier entre le simple effet lumineux et l'opacité la plus complète avec presque toutes les caractéristiques de la masse matérielle conventionnelle.

Heureusement pour nous, cette manipulation de la pseudo-matière dans notre monde d'incarnation est régie par des lois divines immuables, car les Esprits malveillants y trouveraient tous les matériaux dont ils auraient besoin pour s'en prendre à nous physiquement. Ils pourraient alors nous infliger des dommages que nous pouvons à peine imaginer.

Au point de départ, il faut bien comprendre que tout Esprit qui se montre à un incarné utilise la pseudo-matière, car les vêtements qu'il porte dans ses apparitions sont constitués de cette énergie malléable. S'il en était autrement, les Esprits ne pourraient se présenter que dans une tenue d'Adam et Ève, ce qui en mettrait plusieurs mal à l'aise. Mais certains vont beaucoup plus loin et c'est de ceux-là dont je parle ici.

Cette matérialisation de la pseudo-matière dans notre monde physique poursuit le plus souvent des buts bienveillants, du moins dénudés de mauvaises intentions.

UN ARBRE DANS MA CHAMBRE

Il est deux heures de la nuit. Au moment où je m'apprête

à sortir du sommeil, je rêve que deux hommes marchent côte à côte. Éveillé, j'ouvre les yeux et je perçois les deux comparses de mon rêve debout dans ma chambre. Un très gros arbre dont les branches se perdent à travers le plafond apparaît à gauche de la scène, tout près de mon épouse qui dort profondément. Un banc comme ceux que l'on voit dans les jardins publics complète le décor. Les deux hommes marchent lentement dans la chambre. Le plus grand porte une veste à carreaux et l'autre, qui se tient à sa gauche, un coupe-vent de teinte pâle. Ils disparaissent ensuite derrière le mur qu'ils traversent sans effort.

À cet instant, l'arbre et le banc semblent se dissoudre et disparaissent à leur tour. Je me lève, me rends à la salle de bains et retourne me coucher. En me rendormant, je me demande si tout cela n'est pas le fruit de mon imagination.

Deux heures plus tard, le même rêve recommence. Je sors à nouveau de mon sommeil et je revois la même scène. Je m'assois dans mon lit et me frotte les yeux pour être bien certain que je suis bien éveillé. Je remarque qu'une clôture d'à peine soixante centimètres de haut s'est rajoutée à l'ensemble matérialisé. À nouveau, les deux hommes marchent côte à côte et, comme si de rien n'était, passent à travers le mur derrière, d'où ils ne reviennent pas. L'arbre, le banc et la clôture disparaissent ensuite comme en se désagrégeant. Leur consistance m'est apparue semi-matérielle. Une lueur blanchâtre s'en dégageait, légèrement accentuée de reflets argentés. Lorsque les deux hommes marchaient, ils semblaient se parler, mais je n'ai perçu aucun son. Ces deux apparitions ne m'ont inspiré aucune crainte. Au contraire, je me suis senti très à l'aise, même que je me suis vu déçu de ne pouvoir leur parler.

UNE TOMBE FRAÎCHEMENT CREUSÉE

Il est quatre heures du matin. Je sors de mon sommeil avec la curieuse impression d'être partiellement demeuré dans l'au-delà. En ouvrant les yeux, je constate un curieux décor au fond de ma chambre. Le mur semble avoir disparu et, bien que toujours couché dans mon lit, je me retrouve dans un cimetière inconnu. C'est comme si un cimetière s'était installé au cœur de la pièce. Plusieurs épitaphes apparaissent un peu partout. Au pied du lit, là où se trouve une commode, je vois une tombe creusée profondément dans le sol. Le trou est très net. Même le jeu d'ombres en fait ressortir les trois dimensions. Un amas de terre repose à gauche de la tombe lugubre. Devant elle, j'aperçois une croix blanche d'environ un mètre de haut qui semble plantée bien solidement.

La texture de tout le paysage me semble semi-matérielle. Outre le blanc très opaque de la croix, seule une couleur blanchâtre argentée s'en dégage. La vision demeure présente pendant une grosse minute, puis tout semble se désagréger. Je retrouve alors le décor coutumier de ma chambre à coucher. Je me lève ensuite pour vérifier s'il n'en reste pas de trace, mais absolument rien ne peut laisser supposer qu'un tel phénomène ait pu exister.

AUX DEUX RENDEZ-VOUS

Les stationnements étaient bondés. Je dus garer ma voiture assez loin de mon lieu de rendez-vous. Deux heures plus tard, en retournant vers mon véhicule, que j'apercevais très bien de l'édifice d'où je sortais, je constatai la présence d'une automobile blanche stationnée à quelques centimètres de mon pare-chocs arrière. En marchant vers mon auto, je pensai à la manœuvre particulière que je devrais effectuer pour reprendre la route. Il ne me restait qu'une centaine de mètres à parcourir lorsque l'automobile blanche qui bloquait la voie arrière disparut subitement. J'écarquillai les yeux pour m'assurer de ce que je venais de voir et j'accélérai mes pas.

Rendu sur place, je n'aperçus aucune trace de pneus sur la chaussée humide. Le véhicule, ou du moins ce que j'en avais vu, s'était littéralement volatilisé. Pressé par le temps, je me rendis à mon deuxième lieu de rencontre.

En route, je me questionnai sur la raison d'un pareil phénomène. Je songeai à un échange que j'avais eu le matin et qui portait sur l'assistance réelle que l'au-delà pouvait m'apporter dans mes recherches. Je pensai qu'on voulait peut-être me montrer ainsi qu'on m'accompagnait même dans mon quotidien. Mais ma raison me suggéra qu'il pouvait aussi s'agir d'une simple illusion d'optique, bien que des plus extraordinaires, alors. En quittant mon deuxième lieu de rendez-vous, un autre phénomène de même nature se reproduisit.

Je m'apprêtais à descendre les premières marches d'un large escalier donnant sur la sortie lorsque j'aperçus vaguement quelqu'un ouvrir la grande porte de verre. Levant les yeux pour voir qui entrait, je constatai avec une grande surprise que celui-ci s'était volatilisé. La porte transparente se referma lentement devant moi, sans que rien de visible puisse expliquer son mouvement.

Je fis immédiatement le rapprochement avec ce que j'avais vu quelques heures plus tôt et je reconnus la confirmation du message qu'on m'envoyait.

UN MINI FEU D'ARTIFICE

Je sortis brusquement de mon sommeil. Je regardai l'heure; il était une heure quarante-sept. Je fermai les yeux pour tenter de me rendormir.

À peine assoupi, un bruit d'explosion retentit dans la chambre. La détonation était semblable à celle que produirait le contact de deux fils électriques à haute tension.

Le bruit d'une forte intensité semblait provenir de la porte. J'ouvris immédiatement les yeux pour voir ce qui se passait. J'aperçus des étincelles blanc argenté qui scintillaient dans l'embrasure de la porte. On aurait dit qu'une véritable pièce pyrotechnique venait d'éclater. Je m'assis dans mon lit et j'observai avec beaucoup d'étonnement le curieux phénomène.

Ma femme, qui ne dormait pas, me demanda pourquoi je me tenais ainsi. Je lui dis de regarder ce qui se passait. Elle scruta en direction de la porte, mais elle ne vit rien de particulier. Les lumières clignotantes brillèrent encore quelques secondes et disparurent progressivement comme l'auraient fait des feux d'artifice.

Je demandai à mon épouse si elle était éveillée depuis longtemps. Elle me répondit qu'elle tentait de se rendormir depuis un bon quart d'heure. Je lui parlai donc du grand bruit sec qui m'avait sorti du sommeil, mais elle m'affirma n'avoir rien entendu.

Je me levai pour vérifier si les étincelles n'avaient pas laissé des traces, mais je ne trouvai rien d'anormal. Le calme régnait dans toute la maison. Seul le tic-tac de mon réveille-matin rompait le silence. Nous parlâmes du phénomène pendant quelques jours, puis, avec la routine quotidienne, nous l'oubliâmes progressivement. Il ne demeura présent que dans les annales de mes notes personnelles.

Il refit surface dans nos conversations lorsque, un mois plus tard, un ami qui est médium me fit part d'un phénomène semblable.

Tout s'était passé également en pleine nuit. Une lueur argentée provenant de la fenêtre de sa chambre l'avait réveillé brusquement. Sa toile était abaissée, mais la lumière avait jailli par les côtés. Il s'était levé et était allé vérifier ce qui se passait. En levant la toile, il avait vu des étincelles blanc argenté scintillant entre les vitres des deux fermetures juxtaposées. La lumière reflétait dans toute la pièce. C'était comme si un feu d'artifice miniature avait explosé dans la fenêtre. Les brillants lumineux étaient demeurés visibles pendant plusieurs secondes puis s'étaient éteints progressivement un à un.

Mais l'utilisation de la pseudo-matière dans les manifestations de l'au-delà n'est malheureusement pas toujours bienveillante. Il arrive en effet que des retardataires du bas astral bafouent les lois en en faisant mauvais usage.

UN FUSIL MENAÇANT

Ludger essuyait l'assaut d'Esprits malveillants depuis déjà plusieurs semaines. Bruits insolites d'une intensité pouvant parfois faire redresser les cheveux sur la tête, apparition d'inconnus n'hésitant pas à perturber son sommeil, voix étrangères l'appelant par son nom sont les formes qu'avaient prises jusque-là les indésirables manifestations. Une nuit où le repos semblait enfin paisible, Ludger sort brusquement de son sommeil. En ouvrant les yeux, il voit un fusil à double canon pointé à quelques centimètres de son visage. La surprise est telle que son cœur emballé par l'émotion lui fait mal dans la poitrine. Le temps pourtant bref qui s'écoule avant qu'il puisse réagir lui semble sans fin. Reprenant son sang-froid, il constate que l'arme est tenue par des bras d'un noir très opaque sortant du mur qui longe son lit. Il comprend alors qu'il s'agit encore d'une manifestation d'Esprits sans scrupules. À cet instant, l'arme menaçante semble fondre sous ses yeux et disparaît sans laisser de traces. Des sueurs froides lui recouvrent tout le corps. Il réveille nerveusement sa femme qui sommeille. Ni l'un ni l'autre ne se rendort du reste de la nuit. C'est le lendemain que Ludger me met au courant de ces événements.

L'Esprit ne se manifesta jamais en ma présence, mais de

nombreuses prières furent nécessaires pour calmer la fougue de cet être au cœur noirci par la haine et le désarroi.

Les morts qui invoquent les vivants

Lorsque nous parlons d'échanges médiumniques avec l'au-delà, nous nous référons immédiatement à l'image traditionnelle d'un incarné qui consulte les morts. Or, dans la réalité, il arrive bien souvent que ce soit l'inverse qui se produise, c'est-à-dire que ce soit un Esprit de l'au-delà qui veuille établir un contact médiumnique avec le monde des incarnés.

Il y a même des spécialistes d'outre-tombe sur la question. Comme nous le disions plus haut, nous conservons notre pleine personnalité après notre mort. Il ne faut donc pas s'étonner de voir qu'un chercheur qui a tenté pendant sa vie terrestre d'établir des liens directs avec l'autre monde veuille les entretenir inversement en habitant l'au-delà. De plus, il y a tous ceux qui sont demeurés attachés au monde physique avec lequel ils voudraient prolonger des liens positifs ou négatifs. Il y a enfin tous les autres qui désirent simplement confirmer ou compléter certaines sympathies d'amour avec nous.

Des Esprits familiers et protecteurs comme ceux que nous avons vus précédemment peuvent également vouloir établir des contacts avec les vivants. Même certains Esprits guides le font parfois dans des circonstances particulières.

Parmi ceux qui invoquent les incarnés, nous pouvons parfois retrouver des Esprits plus ou moins dégrossis qui ne se soucient guère des règles du protocole et de la politesse. Même si ces derniers peuvent malgré tout avoir de bonnes intentions, il faut bien retenir qu'une grande prudence est toujours de mise chez tous ceux qui participent à ce type d'échanges.

UN IMPORTUN QUI VOULAIT ÉCRIRE

Ce midi-là, un photographe s'amène chez moi pour prendre quelques photographies. Celles-ci doivent accompagner un article qu'un journal veut publier sur mon livre.

À la demande du photographe, je prends quelques poses typiques aux expériences médiumniques que j'avais vécues. Pendant l'une d'elles, je tiens un crayon démontrant la position d'un médium transcrivant des messages par psychographie. C'est alors que de fortes secousses se font ressentir dans mon bras droit. Un Esprit peu respectueux des règles de la politesse tente de se manifester sans plus de bienséance. Je résiste et prie intérieurement mon Guide d'éloigner l'importun communicateur. Comme le photographe ne me semble pas très préparé à ce genre de phénomène, je n'en parle pas et tente plutôt de faire en sorte qu'il ne puisse s'apercevoir de rien.

Après le départ du photographe, je range dans mon porte-plume le crayon que j'ai utilisé. Ce porte-crayon est constitué de deux aimants éloignés de dix centimètres. L'un est placé dans le pied du porte-plume et l'autre dans la partie supérieure. Le crayon muni de pièces métalliques tient en équilibre sur sa pointe, retenu verticalement par la force d'attraction exercée par les deux aimants opposés.

Dès que le crayon est posé sur sa pointe, il se met à tournoyer dans un doux mouvement régulier rappelant celui d'une toupie d'enfant. J'immobilise le crayon, mais il recommence de plus belle. J'ai beau l'arrêter, le mouvement reprend à chaque fois. Le manège dure une bonne trentaine de minutes, soit jusqu'à l'heure de mon départ. Une fois sorti de la maison, le crayon retrouve son immobilité coutumière. L'entité avait compris qu'il n'était pas question pour lui d'écrire par ma main. Le phénomène ne s'est jamais reproduit par la suite.

BESOIN DE PRIÈRES

Pendant plusieurs semaines, Mireille dut essuyer l'assaut de plusieurs manifestations plus impressionnantes les unes que les autres. Le tout commença quelques semaines après le décès de son époux. Ce dernier s'était laissé dominer par l'alcool pendant toute sa vie. Cette emprise s'était manifestée jusqu'à son dernier souffle.

L'Esprit de cet homme commença à montrer sa présence par la production de bruits très forts qui éveillaient tous les gens du logement ciblé. Les pauvres victimes croyaient chaque fois qu'un lourd camion venait d'enfoncer les murs de la maison. Fait à souligner, les gens des trois autres logements du même immeuble n'entendaient jamais rien, même s'ils étaient encore bien éveillés à l'heure des désobligeants fracas sonores.

Ensuite, les déplacements d'objets accompagnèrent les bruits insolites. Le plus souvent, une statuette représentant sainte Anne glissait lentement sur la table de chevet de Mireille. Elle se déplaçait tout près du bord, comme si l'Esprit voulait la rapprocher le plus possible de Mireille.

Quelques nuits plus tard, les bruits de fardier enfonçant la maison se turent, mais ils furent remplacés par d'autres qui n'étaient pas plus rassurants. Un crucifix placé face au lit de Mireille se mit à valser sur son point de fixation. Il frappa ensuite le mur avec force et insistance. Le phénomène qui pouvait durer une bonne minute se répéta plusieurs soirs d'affilée.

Lorsque je me rendis sur les lieux, je pus constater les traces profondes que l'impact du crucifix avait laissées sur le mur de bois.

En ma présence, la statuette demeura immobile et aucun bruit bizarre ne se fit entendre.

Mon Guide me communiqua que l'Esprit qui se manifestait ainsi voulait faire comprendre à Mireille qu'elle devait prier pour l'aider à se dégager de sa douloureuse position. Son attachement envers le liquide de l'ivresse incrusté dans son périsprit le faisait grandement souffrir. Comme il avait compris le soulagement que la prière des incarnés pouvait lui procurer, il tentait de le faire savoir à celle qu'il avait laissée sur Terre.

En voyant que Mireille n'était pas très convaincue de l'utilité de prier, nous procédâmes, sans même lui en parler, à certaines prières pour le défunt.

Le calme revint après quelques jours.

Mais parlons plutôt des Esprits qui démontrent beaucoup de respect pour le médium qu'ils empruntent et pour ceux à qui ils s'adressent. Ceux-ci peuvent procéder par voie médiumnique interposée, mais ils peuvent également agir directement par la voie de la communication astrale.

UNE DÉFUNTE BIEN INQUIÈTE

Nous procédions à une séance du premier samedi du mois. Mon Esprit guide venait tout juste de terminer sa phrase lorsqu'un Esprit inconnu vint se manifester. L'entité se présenta avec beaucoup d'émotion. Elle nous fit part de ses désirs de parler à sa fille à qui elle avait d'importantes informations à livrer.

Après avoir contrôlé la valeur de tout ceci auprès de mon Esprit guide, je lui promis de faire mon possible pour qu'elle puisse contacter sa fille.

Deux jours plus tard, celle-ci frappa à la porte de mon bureau. Elle tentait de rejoindre un confrère de travail. D'abord surpris de la voir ainsi placée sur ma route, je l'invitai à s'asseoir quelques instants. N'ayant pas le temps de me demander comment lui annoncer que sa défunte mère voulait lui parler, j'attaquai directement le vif du sujet. À mon grand soulagement, sa réaction démontra une grande ouverture. Je pus donc l'inviter à venir chez moi à l'heure et à la date qui avaient été convenues avec sa mère et mon Esprit guide.

La séance donna lieu à bien des émotions. D'abord la joie des retrouvailles, mais aussi le malaise que m'inspiraient les informations fort intimes et particulières dont j'étais le témoin bien malgré moi.

Une lettre que je reçus plus tard me fit voir comme cette communication était cruciale pour l'orientation matérielle et spirituelle de la vie de cette jeune fille. Quant à sa mère défunte, elle se sentit soulagée d'un poids lourd qui l'empêchait de s'adapter à l'au-delà malgré plusieurs années écoulées depuis son décès.

Les derniers mots qu'elle me fit écrire furent un beau « merci » tracé en lettres géantes.

UN VIEUX PROJET

Je fis la connaissance de monsieur Victorin lors d'une journée spécialement organisée pour les membres d'un important regroupement de personnes du troisième âge.

Plusieurs activités leur étaient offertes dont un atelier de peinture. Or, monsieur Victorin s'adonnait à la peinture depuis de nombreuses années. Sa performance à cet atelier attira donc l'attention de deux animateurs qui vinrent me présenter son œuvre.

En voyant le tableau, je perçus certains éléments de la vie personnelle de son auteur, que je livrai avec circonspection. Je vis entre autres qu'il venait de perdre un ami très cher. Sceptique devant cette révélation, un des animateurs alla chercher monsieur Victorin, me le présenta et me demanda de lui répéter ce que j'avais perçu pour en vérifier la valeur. Comme j'avais reçu beaucoup d'autres images, je pus lui dire certaines choses qu'il me confirma, dont le décès de son ami. Lorsque je touchai un point sensible de sa vie, monsieur

Victorin nia ce que je lui décrivais. L'information était pourtant nette, mais je dus malheureusement me résigner à me plier à ses dires. Tout ceci m'apparaissait pourtant bien anodin, n'ayant livré aucune information vraiment intime.

L'année suivante, je rencontrai à nouveau monsieur Victorin que je n'avais pas revu depuis cette fameuse journée. Il m'exprima toute sa joie de me reparler. Il m'avoua alors qu'il avait nié mes propos du fait que cela pouvait trahir un secret dont il voulait conserver les scellés. Son épouse vint nous rejoindre et nous échangeâmes pendant deux bonnes heures sur cet ami très cher qu'ils avaient perdu.

Pendant notre conversation, mon Guide me livra des images de cet ami vivant maintenant dans l'au-delà. Je le vis assis au volant d'un tracteur bleu. Il souriait et semblait heureux. Derrière lui, une ferme splendide donnait l'impression d'une grande richesse. Lorsque je décrivis tout ceci, monsieur Victorin me répondit que c'était précisément le projet qu'ils caressaient tous les deux. Ils avaient planifié d'acquérir une ferme, de s'y installer avec leur épouse et d'y finir tranquillement leurs jours. Malheureusement, la mort était venue empêcher la réalisation de leur rêve.

Son ami avait voulu leur signifier, en passant par moi, que leur rêve demeurait possible dans le monde pseudo-matériel de l'au-delà et qu'il les attendait pour en partager la joie.

ELLE VOULAIT ME REMERCIER

Un dimanche matin, en lisant les avis nécrologiques, j'apprends le décès d'une jeune fille âgée d'à peine dix-sept ans. Les faits divers rapportent qu'elle a été victime d'un grave accident.

En début d'après-midi, France, la mère de la jeune fille, me téléphone. Sa peine est très vive et elle m'exprime le fervent désir de me rencontrer le plus tôt possible. Nous convenons d'un rendez-vous pour le soir même.

Pendant toute la rencontre, France me fait part de ses inquiétudes pour sa fille. Elle craint pour son sort dans l'au-delà. Elle me demande comment faire pour avoir de ses nouvelles. Je lui explique l'état de confusion tout à fait normal que peut vivre une personne décédée d'une façon aussi subite et la durée que cela peut prendre chez certains. Nous faisons quand même une prière pour demander à Dieu de permettre à France d'avoir un contact avec l'Esprit de sa fille, soit par rencontre consciente dans l'astral, soit simplement par la voie des rêves.

Je procède à une lecture de photographie pour tenter d'en savoir davantage, mais je n'obtiens rien qui soit de nature à nous éclairer dans le sens de ce que nous cherchons. Tout ce qu'on me fait voir se limite à une de ses vies antérieures où je la perçois vivant au Japon. Lorsque je lui décris ce que je vois, France me confirme que sa fille aimait les décors nippons et que souvent elle dessinait des gens en kimono ou des paysages asiatiques.

La nuit suivante, contrairement à mes attentes, l'Esprit de la jeune fille se manifeste à moi plutôt qu'à sa mère : je la vois exactement comme sur les photos que France m'a montrées, sauf sa coiffure qu'elle a modifiée.

Elle semble resplendissante de santé. Son visage bien maquillé donne une impression de vigueur. Elle porte un vêtement de nuit semi-transparent qui laisse deviner la beauté que son véhicule charnel, devenu cadavre, a imprégnée dans la mémoire de son périsprit.

Elle me fait part de son inquiétude à se retrouver dans sa situation. Elle me montre le lieu où elle se trouve et me demande de l'aider à se dénicher un coin qui lui conviendrait mieux.

J'accepte de l'assister et nous partons tous les deux dans le monde pseudo-matériel de l'au-delà. Elle semble ne pas avoir encore compris la facilité de se déplacer en Esprit, car nous utilisons une automobile. Nous nous retrouvons sur le bord d'un fleuve qui coule au pied d'une grosse ville de style asiatique. J'y vois un important port de mer et nous nous en approchons. Elle me raconte que, de son vivant, elle avait toujours désiré demeurer au Japon. Nous trouvons enfin une maison qui lui convient et qu'elle pourra habiter pendant le temps qu'elle désirera.

Bien qu'il soit difficile d'évaluer la durée temporelle dans l'au-delà, il me sembla être demeuré en sa compagnie pendant une bonne heure et demie. Avant que nous nous quittions, elle me fit voir des symboles oniriques comme ceux que l'on retrouve dans les rêves interprétables. Ces symboles me signifiaient un danger de tromperie qui m'attendait. On aurait dit qu'elle voulait ainsi me remercier d'avoir accepté de l'aider.

Deux jours plus tard, une recherchiste peu scrupuleuse me téléphona pour me demander de commenter sur les ondes radiophoniques la nouvelle d'une manifestation qu'elle avait sournoisement inventée. Elle espérait ainsi pouvoir ridiculiser publiquement l'objet de mes recherches spirituelles. Je ne fis pas tout de suite le lien avec l'avertissement reçu en astral, mais, le lendemain, lorsque cela me vint à l'idée, je trouvai assez particulier qu'un Esprit si fraîchement décédé et d'une façon si subite ait pu percevoir avec tant de précision un événement qui m'attendait sur ma route.

COMME SI C'ÉTAIT À MOI

Ma sœur Denise procéda à une véritable invocation inversée lorsque je donnai un exemplaire de mon premier livre à un ami gravement malade dont l'histoire ressemblait à la sienne.

Cet après-midi-là, en sortant la copie de ma boîte de rangement, je me sentis envahir par l'Esprit de ma sœur. J'avais la nette impression qu'elle avait pénétré en moi et qu'elle s'était comme confondue avec mon être. Je sentis ses émotions qui se mélangeaient aux miennes. Elle me dit alors: « Fais comme si c'était à moi que tu le donnais! »

J'écrivis donc en dédicace ce que j'aurais aimé donner à Denise de son vivant. Mon ami la reçut comme un vêtement taillé à sa mesure. Denise m'avait ainsi permis de lui dire ce qui répondait vraiment à sa soif spirituelle. À partir de ce jour, Denise resta en contact direct avec cet ami qui devint un véritable frère spirituel.

Le souci autant que le besoin d'établir des contacts entre le monde de l'incarnation et celui de l'erraticité est donc présent d'un côté comme de l'autre. Ce qui laisse l'impression du contraire au commun des mortels, c'est d'abord l'application des lois divines qui en limitent les possibilités, mais surtout, du moins pour les contacts spontanés qui sont permis, c'est l'aveuglement matérialiste qui empêche de les reconnaître.

Les Esprits de l'au-delà peuvent-ils connaître l'avenir?

La plus malsaine des attentes que nous pouvons entretenir

dans nos échanges avec les Esprits de l'au-delà est celle de se faire dévoiler notre avenir. Dans sa grande sagesse, Dieu a voulu qu'un voile nous fasse temporairement oublier autant notre vécu antérieur que le futur qui nous attend. Grâce à cet oubli, nous pouvons travailler à notre avancement sans être tiraillés par notre lointain passé ni angoissés par notre avenir qui n'est pas nécessairement rose dans un lieu d'incarnation du niveau de notre planète. Dès qu'un Esprit a atteint un degré d'évolution le baignant de lumière, il comprend que cette limite est nécessaire et il se fait un constant devoir de la respecter.

Les Esprits qui n'hésitent pas à répondre à notre curiosité sur l'avenir en formulant des prédictions de toutes sortes sont donc suspects dès le départ. Il s'agira souvent d'Esprits légers cherchant à s'amuser à nos dépens ou, pire encore, d'Esprits malveillants voulant nous nuire par leurs mensonges bien calculés. Personnellement, j'ai déjà reçu la visite de ces Esprits menteurs aux supposés pouvoirs prémonitoires. Ce sont toujours des entités bien au fait de nos désirs les plus chers qu'ils tentent d'exploiter par des détours parfois fort habiles. Heureusement, ils ne peuvent avoir d'emprise que sur ceux qui les écoutent et leur portent foi.

En fait, les Esprits qui s'amusent à prédire l'avenir sont le plus souvent ceux-là mêmes qui le perçoivent le moins, car l'infériorité spirituelle bloque l'accès à la vision extratemporelle. Ces derniers ne possèdent donc guère plus d'informations concernant l'avenir que le plus commun des mortels.

Mais est-ce à dire qu'aucun Esprit de l'au-delà ne peut connaître l'avenir? En fait, cela dépend du degré d'évolution de l'Esprit qui se manifeste, car plus nous montons dans l'échelle de progression spirituelle et plus nous nous approchons des vibrations divines, plus notre vision temporelle s'élargit et échappe aux bornes qui la limitent.

En d'autres mots, plus l'Esprit de l'au-delà est épuré, plus il peut percevoir l'avenir. Mais, dans ce cas, il ne dévoilera que les informations susceptibles de favoriser l'évolution spirituelle de l'incarné. Il ne se prêtera jamais à un exercice de pure curiosité ne visant qu'à satisfaire l'étourderie des Esprits légers incarnés. Cette même règle s'applique d'ailleurs aux vivants qui possèdent la même faculté.

Nous verrons dans le deuxième volet comment ces derniers, malgré les limites que nous impose le voile de l'incarnation, peuvent percevoir des éléments fort précis de l'avenir qui nous attend. Nous prendrons connaissance de plusieurs faits vécus qui démontrent de façon très évidente que certains incarnés doués à cette fin peuvent capter un véritable écho du futur, un peu comme si ce dernier était aussi existant que le passé et aussi vivant que le présent. Il nous sera alors plus facile, par simple déduction, de nous faire une idée des possibilités prémonitoires que peut offrir l'état d'erraticité dans des phases de spiritualité encore plus avancées.

Dans les nombreux contacts que j'ai pu entretenir avec l'au-delà, il m'est souvent arrivé d'obtenir des informations concernant le futur. Mais il faut bien comprendre ici que ce ne fut jamais à la suite d'intérêt personnel, ni pour satisfaire ma curiosité. Je laissais mon Esprit guide déterminer lui-même quel dévoilement pouvait m'aider dans mon cheminement spirituel. Car ce dernier ne constitue-t-il pas la seule raison de notre présence sur cette Terre?

Normalement, les informations me parvenaient pendant mes échanges médiumniques, mais parfois, elles m'apparaissaient spontanément, dans le déroulement de mon quotidien.

COMBINAISON GAGNANTE

Au cours des longues années que dura sa maladie, il arrivait que ma sœur Denise soit hospitalisée pendant plusieurs mois d'affilée. Comme c'était à plus de deux cent cinquante kilomètres de chez moi, nous ne pouvions lui rendre visite aussi souvent que je l'aurais souhaité.

Chaque fois qu'elle n'en pouvait plus de souffrir loin des siens, elle m'appelait pour me demander de passer un jour ou deux avec elle à l'hôpital. Or, à deux reprises, cela arriva dans une période où mon budget me limitait dans mes possibilités de le faire. Comme je ne pouvais refuser, j'acceptais quand même sur-le-champ pour ne pas accroître son malaise. À chacune de ces deux fois, l'au-delà intervint pour que j'obtienne l'argent nécessaire.

À cette époque, une loterie offrait la possibilité de gagner des lots chaque semaine. Je misais rarement à ces jeux, mais ce fut le moyen qu'on utilisa pour me faciliter la tâche. J'entendis nettement dans mon oreille droite quatre chiffres que je m'empressai de noter. À ces deux reprises, je gagnai ainsi le montant exact qu'il me fallait pour défrayer les coûts du transport, du gîte et des repas que mes visites à Denise m'imposaient. Je n'eus par la suite jamais d'autres inspirations de ce genre.

L'ANNÉE DE PARUTION

Je commençai le manuscrit de *Messages de l'au-delà* en janvier 1987. Pendant les deux années de travail que nécessita l'ouvrage, il m'arriva souvent de voir apparaître en chiffres blanc argenté le nombre 90. Au début, je ne pouvais interpréter avec certitude le sens de cette vision, mais je pensais bien qu'on m'indiquait ainsi l'année de la parution de mon livre.

Quand je l'eus terminé, je pris presque une année de réflexion avant de décider si je le publiais tout de suite ou si j'attendais que les enfants soient plus âgés. La nature du sujet me rendait prudent, craignant pour d'éventuelles conséquences que je ne voulais pas voir assumer par les miens. C'est après en avoir longuement discuté que nous décidâmes tous ensemble de le rendre public, décision que nous n'avons d'ailleurs jamais regrettée. Les nombreux suicides évités par la lecture du livre et les belles naissances qui devinrent possibles, grâce à la lumière ainsi propagée, ont très largement suffi à nous féliciter d'avoir misé sur la collaboration de Dieu et de ses Esprits de lumière.

Je soumis donc le manuscrit à mon éditeur en juillet 1989 et les premières copies ne purent sortir qu'en octobre 1990, ce qui concordait avec l'année qu'on m'avait si souvent indiquée.

UNE HORLOGE PRÉMONITOIRE

Mon horloge grand-père nouvellement acquise cadençait les secondes depuis moins d'un an lorsqu'elle manifesta un caractère assez particulier.

En nous levant un matin, nous constatons que le balancier bouge à peine. Il se balance toujours, mais pas suffisamment pour que le mécanisme reçoive la poussée nécessaire à son fonctionnement. Les aiguilles indiquent 0 heure, 47 minutes et 47 secondes. À cet instant, nous croyons tous à une simple défectuosité mécanique. Sans trop savoir pourquoi, je note la date de l'événement et la position des aiguilles. Je règle l'heure et relance le mouvement en espérant qu'il ne sera pas nécessaire de faire appel à un horloger. Les jours passent et tout semble rentré dans l'ordre.

Trois mois plus tard, nous apprenons la mort d'un de mes oncles. Bien avant que mon horloge fasse des siennes, ce dernier avait subi une importante intervention chirurgicale. Malgré une difficile convalescence, sa guérison s'avérait un succès qui réjouissait tous ses proches. Or, quelques semaines avant son décès, la maladie avait repris de plus belle pour s'étendre rapidement aux organes vitaux.

Lorsque j'annonçai la triste nouvelle à ma femme et à mes enfants, je reçus l'inspiration de vérifier les notes que j'avais prises trois mois plus tôt. J'eus l'idée de compter le nombre de jours écoulés entre l'arrêt de l'horloge et le décès de mon oncle. J'obtins le nombre 94, soit le total des chiffres qu'indiquaient l'aiguille des minutes et celle des secondes (47+47=94).

Bien que la coïncidence fût frappante et que les circonstances se voulussent assez particulières, nous laissâmes une bonne part de tout cela au doute raisonnable, n'y trouvant pas nécessairement une manifestation directement reliée à la mort de mon oncle. Ce doute se transforma en sérieuse interrogation lorsque le même phénomène se répéta plus tard. L'horloge s'était à nouveau arrêtée. Nous avions presque cessé de nous demander s'il s'agissait de l'annonce d'un nouveau décès lorsque nous en reçûmes la confirmation. Au moment où j'écris ces lignes, nous avons reçu à trois reprises cette forme d'avertissement. Chaque fois, il s'agissait d'un proche ou d'une connaissance qui allait quitter notre monde.

VISION D'UN CERCUEIL

Un samedi de janvier, je passais l'après-midi à la maison en l'agréable compagnie de ma femme et de mes enfants. Nous syntonisions un poste de radio où l'on diffusait de la musique des années soixante.

Lorsque j'entendis une chanson qui faisait fureur du temps de ma jeunesse, j'invitai mon épouse à danser. Nos enfants se mettant de la partie, une ambiance rieuse s'installa rapidement. À la fin de la danse, en regardant au fond du salon, je vis un cercueil fermé. Vous comprendrez que je revins vite au sérieux. La perte subite de mon entrain fit comprendre aux miens qu'on venait de me montrer quelque chose de triste.

On oublia finalement l'incident et ce n'est qu'en avril suivant, au salon funéraire, que je pus reconnaître l'objet de ma vision. Le cercueil était exactement le même. Comme celui que j'avais perçu, il était fermé, en conformité avec les dernières volontés du défunt.

DEUX BÉBÉS INCONNUS

À dix jours d'intervalle, une amie médium et moi reçûmes une curieuse vision dont la signification réelle ne fut élucidée que beaucoup plus tard. Je fus le premier à la recevoir. Je regardais danser les flammes dans l'âtre de mon foyer. Mes pensées vagabondaient au gré des crépitements et les fatigues du jour agonisaient dans ce doux moment de détente.

Je sentis soudain mes yeux chauffer légèrement. J'y portai ma main et massai lentement mes globes oculaires. À cet instant, je reçus l'image d'un bébé naissant tout emmailloté. Il dormait tout doucement dans un petit lit de verre comme ceux qu'on retrouve dans les pouponnières d'hôpitaux. L'image demeura assez longtemps pour me permettre de bien observer les traits de l'enfant. Dix jours plus tard, mon amie médium me téléphona pour me faire part d'une vision semblable. Elle tardait à s'endormir et priait son Esprit guide comme elle a l'habitude de le faire chaque soir. Elle avait vu alors un bébé naissant tout emmailloté, couché dans un lit de verre, puis un deuxième qui était apparu à ses côtés. Les deux petits dormaient paisiblement. La scène lui avait inspiré beaucoup d'amour et de paix. Deux naissances eurent lieu par la suite dans notre entourage, mais il s'agissait de gens plutôt éloignés. Rien ne nous permettait d'établir un lien significatif entre ces deux visions et l'arrivée de ces nouveaux-nés. Ce n'est que deux ans plus tard que l'on m'informa qu'il s'agissait de deux entités avec qui j'avais eu des échanges pendant leur préparation dans l'au-delà. Elles étaient venues signifier à mon conscient la confirmation de leur future réincarnation.

En d'autres circonstances, les informations m'étaient fournies pendant que des incarnés faisaient appel à mon aide spirituelle, mais je devais alors appliquer certaines règles déontologiques que nous verrons plus en détail un peu plus loin dans cet écrit.

Voyons quelques exemples.

PRÉDICTIONS CONFIRMÉES

Sonny se trouvait à un moment décisif de son plan de vie. Elle m'avait demandé de l'éclairer par les informations que je pouvais obtenir de son Esprit guide.

Les conseils que l'on me demanda de lui prodiguer la forçaient à s'imposer une douloureuse coupure dans sa vie amoureuse. Pour appuyer la pertinence de ce qui lui était livré, on me fit voir des éléments précis de son avenir qu'on m'autorisa à lui décrire. J'étais très hésitant à le faire, car révéler l'avenir comporte toujours pour celui qui le dévoile le danger de contracter des dettes karmiques.

Les informations que je donnai parurent tout à fait invraisemblables aux yeux de Sonny. Le déroulement de sa vie allait en parfait désaccord avec ce que je lui annonçais et, après mon départ, elle préféra se moquer de moi plutôt que de songer à ce qui lui avait été conseillé.

Trois mois plus tard, je reçus un appel interurbain provenant d'une ville éloignée. Je pris quelques secondes avant de reconnaître la voix de Sonny. Celle-ci me téléphonait pour s'excuser à mon endroit. Elle m'avoua n'avoir aucunement cru les propos que je lui avais tenus. Elle me confia qu'elle était tout à fait abasourdie de constater que l'on puisse percevoir l'avenir à ce point. Je lui fis remarquer que je n'avais aucun mérite dans tout cela, n'ayant servi que de simple intermédiaire à nos frères de l'invisible.

Sonny m'apprit donc qu'elle venait de vivre ce qui lui avait paru tout à fait impensable encore quelques semaines plus tôt.

La précision des détails vécus tels que prédits l'avait finalement convaincue de la valeur des conseils prodigués. Elle s'apprêtait maintenant à appliquer ce qu'elle n'avait jamais cru pouvoir faire auparavant.

Grâce à cette prise en main, Sonny put s'éviter bien des ennuis. Son Esprit guide avait joué de finesse avec elle. Sachant très bien par quelle approche il pouvait la sauver, il avait tenu compte autant de la faiblesse de sa foi que de la force de son caractère.

ELLE NE ME CROYAIT PAS

Lorsque Geneviève vint me rencontrer, elle se sentait bien désemparée. Séparée de son époux depuis près d'un an, elle vivait en concubinage avec un homme dont elle attendait un enfant. Elle avait pris connaissance de mon premier ouvrage et ce qu'elle y avait découvert l'incitait à remettre en question l'étourderie dont elle avait si généreusement garni son cheminement de vie.

Pendant notre échange, bien des informations me parvinrent par voie médiumnique et j'évaluai au gré de ses propos ce qu'elle était en mesure de connaître. La photographie de son époux me fit voir les belles qualités spirituelles de cet homme qui n'avait pas reçu le retour d'amour qu'il me semblait mériter. La lecture de photo me permit de voir qu'il serait bientôt de retour auprès de Geneviève. Je vis également que celle-ci perdrait son enfant, ce qui déclencherait à la fois le départ de son concubin et le rapprochement de son mari.

Je lui cachai l'aboutissement malheureux de sa grossesse, mais lui annonçai que son conjoint légitime reviendrait bientôt près d'elle. Geneviève mit directement en doute les informations que je recevais. Elle se ferma à tout ce que je rajoutai et nous nous quittâmes sur une note de pure politesse.

Pour elle, seul un imbécile pouvait songer qu'elle puisse reprendre la vie commune avec son mari. Comme la consultation était tout à fait gratuite, je demeurai bien à l'aise et priai Dieu et son Guide de l'assister dans son épreuve.

Un mois plus tard, Geneviève me téléphona. Elle se confondait en mille excuses pour l'attitude fermée dont elle avait fait preuve. Elle m'annonça qu'elle avait fait une fausse couche et qu'à la suite de cela son concubin l'avait quittée après lui avoir avoué qu'il n'était resté que pour l'enfant. Quant à son mari, il était accouru près d'elle dès qu'il avait appris l'épreuve qu'elle subissait. Comme je l'avais vu sur la photographie, celui-ci pouvait faire preuve de beaucoup de générosité et son attitude ne me surprit guère.

Maintenant que Geneviève pouvait voir la valeur des informations que nos Guides peuvent nous inspirer, elle voulut en connaître davantage. Malheureusement, elle avait laissé passer sa chance et je dus me limiter à quelques conseils qu'on voulut bien m'inspirer.

UNE DAME RECONNAISSANTE

J'accompagnais un ami à l'hôpital. Nous étions assis

dans la salle d'attente depuis un bon moment. Une femme pénétra dans la pièce et s'assit à quelques mètres de nous. Elle me regarda avec beaucoup d'insistance, puis, comme si elle se décidait à vaincre son hésitation, elle se leva et vint directement vers moi. Elle me tendit la main et me remercia chaleureusement pour les conseils que je lui avais prodigués plus d'un an auparavant.

Comme je ne la reconnus pas tout de suite, elle me rappela que nous nous étions rencontrés lors d'une conférence que j'avais donnée. La dame en question y avait exposé publiquement sa situation.

Mon Guide m'avait alors inspiré des informations qui lui avaient rendu un service immense ainsi qu'à sa jeune fille de treize ans. La dame reconnaissante voulait me remercier pour l'aide que mes paroles lui avaient apportée. Ses yeux brillaient de bonheur. Elle me confirma que tout ce que je lui avais annoncé devant toute l'assistance s'était produit à la lettre. Le problème qui la touchait directement s'était réglé de la manière décrite et dans les délais annoncés. Mais le plus important, la fillette qui avait révélé ses intentions par la suite avait renoncé au suicide en prenant connaissance de ce que sa mère lui avait rapporté. Cette dernière avait jugé que son enfant était en mesure de comprendre les données spirituelles qu'elle possédait et, pour appuyer son espérance auprès d'elle, avait misé sur ce que je lui avais prédit sous inspiration directe de mes amis de l'au-delà.

La dame à la foi lumineuse avait vu juste. Pressentant que la situation pouvait être pire qu'elle le paraissait, elle avait activement cherché les outils que les Invisibles pouvaient placer entre ses mains. Sa foi avait été récompensée. Il aurait été si facile de craindre le ridicule et de simplement maudire le sort et son Auteur.

Je ne m'étendrai pas davantage sur des exemples de prédictions puisque nous en rencontrerons d'autres encore plus précis en poursuivant notre réflexion dans le second volet. Ce qu'il est important de bien comprendre ici, c'est qu'il est indéniable pour celui qui sait voir et entendre que l'avenir peut réellement être perçu avant sa réalisation.

Mais alors, dans quelle mesure pouvons-nous porter foi à tout ce qui nous est prédit?

Tout d'abord, il faut bien établir ici que les meilleures performances en prédiction d'avenir atteignent un taux de justesse dans environ 80 % de l'ensemble de ce qui est prédit. Il y a donc une constante possibilité d'environ 20 % des probabilités que ce qui est annoncé ne se réalise pas. Cet écart est dû à la marge du libre arbitre qui est elle-même relative à toutes nos antériorités d'incarnation. Dans notre plan de vie, un grand nombre de possibilités de choix apparaît tout au long de son tracé, un peu comme des fourches qui nous permettent de quitter momentanément la route principale, mais qui finissent toujours par y aboutir à nouveau.

De plus, comme nous le disions précédemment, il faut constamment se rappeler que le bas astral de la Terre pullule d'Esprits aux couleurs sombres qui n'hésitent pas à mettre dans l'erreur ceux qu'ils peuvent contacter. Certains se font un malin plaisir de tromper les curieux qui les écoutent sans se soucier des conséquences parfois très graves qui peuvent se répercuter sur leur santé physique ou mentale.

Chercher à connaître bêtement son avenir par simple curiosité, c'est leur ouvrir toute grande la porte d'entrée, tandis que vouloir simplement comprendre les éléments du plan de vie qui nous mènera vers Dieu, c'est s'attirer la sympathie des Esprits de lumière dont la seule présence peut faire fuir les Trompeurs les plus acharnés.

Lorsque nous consultons l'au-delà, il ne faut pas chercher à découvrir ce que notre futur nous réserve, mais laisser à la discrétion de Dieu et de notre Guide le soin de juger ce qui peut utilement nous en être dévoilé. Faire le contraire ne peut que nous attirer tout au mieux de décevants mensonges et de désagréables fourberies.

CURIOSITÉ BIEN TROMPÉE

Peu après la publication de mon premier livre, je reçus un appel téléphonique d'un médium qui avait recueilli plusieurs centaines de pages d'informations concernant l'avenir de sa région. Malgré les sept longues heures de route qui le séparaient de chez moi, il me demanda l'autorisation de venir me rencontrer. Il franchit ma porte la semaine suivante, en tout début d'après-midi. Dans la soixantaine avancée, il donnait l'impression de porter beaucoup de fatigue. Il tenait à la main un vieux porte-document qu'il ouvrit sur la table. Il en sortit une grosse pile de feuilles qui contenaient des échanges avec des entités de l'au-delà.

Ces dernières lui annonçaient que de gros météorites allaient tomber sur plusieurs maisons de son patelin. En plus, on lui prescrivait des modifications que tous devraient apporter à leur maison pour se protéger.

Les explications étaient abondantes et les détails apportés semblaient relativement vraisemblables. La date de l'impact destructeur avait été fixée à juillet 1992. Le pire, dans tout cela, c'est que les entités voulaient que le médium en avertisse les médias pour répandre la nouvelle.

Après une bonne heure de discussion, je demandai à mon visiteur d'entrer en contact médiumnique avec les Esprits qui lui donnaient toutes ces informations. Je le laissai procéder comme il avait l'habitude de le faire. Sans aucune prière, il entra directement en relation avec le premier Esprit qui se pointa.

Les premières lignes se voulaient fort flatteuses à mon égard. Y voyant anguille sous roche, je procédai à mon invocation personnelle et demandai à mon Esprit guide de jeter de la lumière sur tout cela. Ce dernier nous signifia clairement qu'il s'agissait d'Esprits trompeurs qui cherchaient à discréditer de fort valables avertissements que des Esprits fourniraient dans un avenir plus ou moins rapproché face à des dangers qui sont réellement prévus pour la Terre. Ces Esprits sans scrupules cherchaient ainsi à jeter le doute dans la population qui, à force d'être trompée, ne porterait aucun crédit aux véritables conseils qui surviendront en temps opportun.

Mon visiteur médium se montra plutôt froid face aux propos de mon Guide et surtout à mes conseils de détruire tout cela. Déçu d'avoir fait tant de route pour se faire dire que tout ce qu'il obtenait depuis de longs mois était sans valeur, il me quitta en préférant se replonger dans ses croyances intimes.

Un peu plus tard, je lus dans les journaux que des gens de cette région vendaient leur maison à bas prix pour se réfugier ailleurs, à la suite des prédictions de certains médiums. Heureusement, cela ne concernait que quelques personnes tout au plus. Évidemment, lorsque juillet 92 arriva, il ne se passa rien du tout. Mon visiteur dut bien se rendre compte qu'il avait été berné. À moins que, dans leur habileté d'hypocrites, les Trompeurs aient réussi à lui faire avaler une explication aux allures fort bien calculées.

Quoi qu'il en soit, je ne reçus jamais plus de nouvelles de lui par la suite.

Nous voyons donc ici comme la prudence est de mise lorsque nous contactons l'au-delà. Elle le sera encore bien davantage dans les temps à venir, car les menteurs de l'au-delà augmenteront progressivement la fréquence de leurs tromperies pour semer un doute profond dans l'esprit des incarnés. Ils espéreront ainsi discréditer les véritables révélations qui seront permises par Dieu pour éclairer les hommes.

J'en eus un autre exemple lorsqu'une autre médium me consulta sur des prédictions de cataclysme qu'elle avait reçues et qui annonçaient de grands dégâts pour mars 93. Évidemment, il ne se passa rien et tous ceux et celles qui s'étaient mobilisés pour parer à cette éventualité furent très soulagés par la non-réalisation de ce qu'ils croyaient vrai, quoique fort déçus de s'être fait berner par des entités sans scrupules.

Nous voyons comme les prières de préparation sont très importantes; l'application des règles de prudence s'avère essentielle. Le médium doit continuellement s'efforcer de s'améliorer dans sa vie d'incarné pour s'attirer la sympathie vibratoire des Esprits plus avancés qui, eux, ne mentent jamais. Il doit également tenir compte du niveau de ceux qui le consultent et de leurs Familiers qui souvent les accompagnent.

Révélations sur l'avenir de la Terre

Dans *Messages de l'au-delà*, je vous révélais que nos frères d'outre-tombe m'avaient confié que la Terre était actuellement en instance de régénération fluidique. Je vous mentionnais alors que cela amènerait les Terriens à connaître bientôt de grands bouleversements aux visages catastrophiques. Nous avons également vu que cela constituait une phase tout à fait normale de la vie de notre planète, que cette dernière doit subir périodiquement pour assurer la viabilité de sa surface.

Depuis ce temps, plusieurs personnes m'ont questionné sur des prédictions de toutes sortes concernant l'avenir de la Terre. Certaines étaient fort valables, mais d'autres se classaient parmi les plus loufoques.

Pour vous aider à vous faire une opinion plus précise sur la question, je vous livre ici quelques visions que j'ai moi-même reçues ou que d'autres médiums m'ont rapportées.

Les premières images sur des événements majeurs qui attendent la Terre me parvinrent en 1975. J'étais en sortie astrale spontanée lorsque je me trouvai en pleine exosphère terrestre. La Terre flottait silencieusement devant moi. Je me trouvais éloigné de plusieurs milliers de kilomètres, peut-être à mi-chemin entre la Lune et la Terre.

Soudain, je perçus un bruit me rappelant l'étirement des cordages d'un bateau, comme ceux que l'on entend sur les gros voiliers. Je vis alors la Terre glisser sur son axe de rotation dans un mouvement demi-circulaire. C'était comme si l'axe de la Terre avait suivi le tracé d'une toupie interne dont la pointe aurait été fixée au centre de ses entrailles. Ce mouvement déplaça l'angle de déclinaison du Soleil beaucoup plus vers le nord. Malgré la distance qui me séparait de la Terre, je vis que ce glissement axial provoquait de grandes perturbations dans le parcours des courants atmosphériques ceinturant la planète. Je vis ensuite que toutes les mers du monde avaient été sérieusement agitées. Par le déplacement de la masse des eaux, le littoral des pays côtiers était fortement touché.

Les secondes images me parvinrent en 1982. J'étais couché et je cherchais le sommeil. Je fus subitement projeté dans l'astral sans que je l'aie aucunement recherché. Je vis alors une rue qui m'était inconnue, bien qu'elle me semblât de chez nous. Des centaines de gens couraient dans un grand désordre. La panique semblait s'être emparée d'eux. Chacun semblait se sauver d'un danger que je ne pus identifier. Des cris humains retentissaient dans l'air, accentuant le caractère morbide de la vision qui dura à peine quelques secondes.

Je reçus d'autres images par la suite. Parmi celles-ci, une vision retint particulièrement mon attention, car deux autres médiums me rapportèrent les leurs qui concordaient parfaitement avec ce que j'avais vu.

L'EAU MONTE

Jean et Lyna visionnèrent, dans des circonstances et des temps différents, des images leur montrant le niveau des mers se situant plusieurs mètres au-dessus de sa hauteur normale.

Lyna avait reçu des séquences provenant d'un port de mer du Québec. Elle avait vu celui-ci complètement inondé. Les maisons sises tout près avaient toutes leur solage entouré d'eau, laquelle avait monté jusqu'à leur véranda. La scène dégageait de la tristesse et du désarroi.

Jean avait reçu également des images du même secteur. Les quais disparaissaient complètement sous les eaux.

Personnellement, je vis une scène qui me rapportait des images semblables. Il ventait beaucoup. L'eau était grise et des vagues menaçantes se formaient à la surface de la mer qui semblait déchaînée. Le quai que je percevais était complètement recouvert d'eau.

Bien que je n'en visse pas davantage, j'eus alors l'impression que la marée descendante ferait réapparaître les secteurs inondés. Comme Jean et Lyna, je ne pus situer l'époque de ces événements. Nous pouvons quand même présumer que, si tout cela devait arriver, les infrastructures perçues dans ces visions devraient encore exister. Certes, nous pouvons toujours douter de ces visions de l'avenir et devons même être prudents dans leur message, mais, ce qui m'amène à m'y attarder davantage, c'est que les trois visions perçues séparément fournissent les mêmes données sur la nature et l'ampleur de l'événement annoncé.

D'autant plus qu'un an plus tard, une autre médium me rapporta l'expérience décrite ci-après.

DES CHOSES TRÈS GRAVES

À son réveil, Janique avait gardé le souvenir d'une importante séquence de son vécu de sommeil. Elle tenait à me le confier le plus tôt possible, de peur d'en oublier les détails.

Janique se souvenait clairement m'avoir vu dans le monde des Esprits. J'étais entouré d'entités regroupées tout autour de moi. Elles étaient environ une vingtaine. Je leur expliquais des enseignements que Janique ne put situer avant de s'approcher suffisamment.

Rendue à proximité, elle constata que je terminais mes dernières informations, plusieurs devant retourner dans leur corps de chair. Avant que les Esprits ne me quittent, je leur dis: « Souvenez-vous de ceci: des choses très graves se préparent pour certains coins du Québec. » Et comme si je voulais insister sur l'importance du message, je répétai: «Il va arriver des choses très graves!» Janique me vit ensuite répéter la même phrase à plusieurs reprises, comme si je voulais que tous en gardent une bonne intuition en retournant sous le voile qui fait oublier.

Pour Janique, il était bien clair que je parlais à des Esprits incarnés en phase de sommeil. Il lui sembla que c'était des gens qui auraient un rôle à jouer dans le support qui devra être apporté aux personnes touchées.

Mais le Québec s'en sortirait relativement bien, du moins du point de vue géologique. La richesse de l'énergie tellurique de son sol, si nécessaire à l'existence des peuples forts, en ferait une terre privilégiée pour servir de creuset à une future humanité. À plus long terme, celle-ci repeuplerait progressivement notre planète au visage bien différent de celui d'aujourd'hui.

D'autres témoignages de visions médiumniques me furent confiés, mais aucune ne se voulait plus rose l'une que l'autre. Ces visions se rapportaient toujours à des désordres géologiques ou humains qui annoncent des périodes difficiles pour l'avenir que nous ne pouvons malheureusement situer avec précision.

En voici deux autres exemples.

LES TOITURES COUVERTES DE TERRE

Après avoir fait la connaissance d'un médium par incorporation, Georgette put enfin entrer en contact avec son Esprit guide. La nature des propos que Georgette me rapporta de son échange avec lui me confirma qu'il s'agissait bien de son Ange gardien.

Il lui avait apporté d'abord un éclairage particulier sur les événements vécus jusqu'à maintenant dans son plan de vie. Ensuite, lorsqu'elle l'avait amené à toucher à l'orientation à donner à son incarnation pour mieux réussir le reste du chemin à parcourir, il lui avait fourni des réponses dont certaines parties dévoilent d'inquiétantes informations concernant l'avenir de notre planète. Il l'avait fait parce que Georgette aurait à souffrir de certains aspects de l'existence terrestre qui, selon ses propos, se verra grandement affectée.

Son Esprit guide avait parlé d'abord d'une transformation de certaines composantes de notre atmosphère qui seront modifiées à la suite des effets de la pollution humaine actuelle se combinant à ceux engendrés par des phénomènes géologiques naturels.

Cette transformation provoquerait l'apparition de nouvelles formes d'allergies engendrant à leur tour des maladies respiratoires. De nouveaux virus pourraient même voir le jour. De plus, la couche d'ozone s'amincirait de façon accélérée et les Esprits chargés de l'équilibre des forces vitales de la Terre ne parviendraient plus à suffire à la tâche. Ceux-ci auraient alors besoin de décharges électriques provenant de cellules orageuses fortement répandues qui éclateraient sans répit sur presque toute la surface affectée. Ils ne parviendraient cependant qu'à réparer le minimum nécessaire à la viabilité de la Terre.

Non seulement l'exposition directe au soleil deviendrait extrêmement nocive, mais même nos habitations actuelles devraient être modifiées pour maintenir leur habitabilité. D'après ses propos, les ingénieurs et les architectes devront concevoir des plans de toitures pour que celles-ci puissent retenir une certaine épaisseur de terre, seul matériau pouvant freiner l'effet dévastateur des rayons solaires. Plus tard, ils mettraient au point un bardeau composé de 60 % de terre. Cet effet destructeur atteindrait son maximum pendant la saison estivale.

Comme il arrive généralement lorsque des entités de lumière nous dévoilent certains coins de l'avenir qui nous sont réservés, aucune date ni période n'avaient été précisées. Nous savons cependant que cela se passerait pendant l'incarnation actuelle de Georgette, âgée de vingt-deux ans au moment où j'écris ces lignes.

Malheureusement, Georgette n'eut pas l'idée de lui demander le degré d'inéluctabilité de ces événements ni comment les incarnés pourraient les contrer ou du moins en amoindrir l'intensité.

LA TERRE CHANGE SON AXE DE ROTATION

C'est dans un état second qualifié d'extase par Louisette que celle-ci reçut pendant plus de quatre heures des visions sur l'avenir de notre planète.

Avant que les premières images lui parviennent, Louisette vit son Esprit guide. Il se tenait debout devant elle, légèrement à sa droite. Il la regardait avec beaucoup d'amour, et sa présence réconfortante calmait toutes les craintes que l'expérience lui inspirait. Son Guide ne lui adressa aucun mot, mais son état d'être suffisait largement à faire comprendre qu'il était un dévoué Protecteur ne désirant que le bien. Son corps périsprital émettait une belle lumière blanche formant un halo tout autour de lui.

Ensuite, tout près de son Esprit guide, Louisette aperçut un Esprit de grande taille. Il devait mesurer tout près de trois mètres. Son éclat lumineux lui conférait un haut degré d'élévation spirituelle. Dès le premier regard, Louisette comprit intuitivement qu'elle était en présence d'un instructeur de l'au-delà, chargé de voir à la bonne marche des préparatifs en vue des événements à venir. Il la regardait sans parler ni émettre aucun message par la pensée. Malgré son air sérieux, il ne donnait pas l'impression de la sévérité. Son regard faisait cependant clairement comprendre qu'il avait dépassé l'étape de la légèreté. Vers sa gauche, Louisette perçut un troisième Esprit qui lui sembla familier. Il s'approcha lentement et Louisette reconnut son père depuis longtemps décédé. Une vive émotion fit couler quelques larmes sur ses joues. Son père était lui aussi entouré d'une belle lumière blanche d'où émanaient des rayons dorés et argentés. Un grand bonheur se lisait sur son visage, mais ses yeux trahissaient une certaine inquiétude qu'il ne semblait pas vouloir cacher. D'autres Esprits que Louisette ne connaissait pas se rajoutèrent successivement, l'entourant lentement de tous côtés.

L'Esprit géant prit la parole. Il rassura d'abord Louisette en lui confirmant l'absence de tout danger pour elle. Il lui annonça ensuite qu'il lui avait été accordé de connaître certains éléments de l'avenir de la Terre pour qu'elle puisse en informer ceux et celles qu'on placerait sur sa route. Il lui dit que ces éléments de connaissance étaient importants pour nous aider à nous préparer et qu'elle constituait un des maillons de la chaîne de leur diffusion.

Comme dans un film projeté sur écran géant, Louisette aperçut la Terre devant elle. La planète tournait lentement sur elle-même de façon presque imperceptible, juste suffisamment pour comprendre qu'il ne s'agissait pas d'une image fixe.

Tout à coup, la position de la Terre par rapport à son axe se modifia légèrement, puis de façon plus accentuée. C'était comme si le pôle Nord descendait vers le sud et que le pôle Sud montait vers le nord, dans un mouvement d'environ quinze degrés.

Suite à ce déplacement des pôles, Louisette vit la Terre arrêter subitement de tourner. Ce phénomène provoqua des cataclysmes épouvantables qui déchirèrent le visage de notre planète.

Lorsque la Terre arrêta sa rotation, la masse des eaux continua son mouvement inondant toutes les terres se trouvant sur son passage. La côte ouest des deux Amériques fut littéralement anéantie par la course folle du Pacifique venant s'échouer à l'intérieur des terres. Toutes les villes côtières disparurent, se transformant subitement en cités englouties.

Sous l'impact de la masse liquide de plusieurs milliards de tonnes, Louisette vit le Nicaragua, le Costa Rica, le Panama et d'autres contrées de cette région de l'Amérique centrale disparaître à tout jamais, séparant nettement les deux Amériques.

Il en était de même pour l'Europe côtière et l'ouest de l'Afrique. Plusieurs pays insulaires comme l'Australie et la Nouvelle-Zélande subissaient également de lourds dommages.

Quand les eaux se furent retirées, Louisette vit comme de véritables déserts de boues recouvrir une importante partie de notre planète. Ailleurs, de curieuses tempêtes de sable rendaient l'air irrespirable. Louisette vit ensuite une grande noirceur envelopper notre pauvre Terre.

Le déplacement aller-retour des océans déclencha un mouvement ondulatoire de la croûte terrestre. Celle-ci semblait bouger en vagues successives sur le magma, provoquant un bruit épouvantable qui provenait du cœur de ses entrailles. Cette ondulation de la surface terrestre provoqua des déchirements formant d'impressionnantes crevasses d'où sortaient une lave en fusion et beaucoup de fumée. C'était comme si toute la planète s'entrouvrait.

Dans toute cette scène cauchemardesque, Louisette voyait des gens comme devenus fous se jetant dans les cratères à ciel ouvert, s'engouffrant mortellement dans les flammes incandescentes. Des cris, des pleurs et des hurlements de souffrance fusaient de toutes parts.

Une chose est certaine, la violence sous toutes ses formes qui se répand chez presque tous les peuples de la Terre n'augure rien de très rassurant. Elle indique qu'un grand nombre d'Esprits retardataires se sont incarnés pour vivre des événements éprouvants de nature à accélérer leur prise en main spirituelle. C'est pour cela qu'il y a tant de haine, d'orgueil et d'égoïsme sur la Terre actuelle.

Mais après les grands événements qui devraient selon moi s'échelonner sur plusieurs années, un avènement de paix et de bonheur viendra transformer la face de notre planète pour une période de dix siècles. Mais un grand nombre parmi nous ne pourra profiter de ce millénaire, car seuls les Esprits du quatrième niveau d'évolution pourront y séjourner. L'astral de la planète sera libéré de tous les Esprits errants retardataires. Ceux-ci seront dirigés vers une autre planète d'incarnation du niveau actuel de la Terre. Plusieurs des incarnés de notre globe devront également partir. Guerres, famine et maladies en emporteront un grand nombre. Les autres partiront de force au cours de trois jours de noirceur consécutifs qui marqueront la fin de notre époque.

Pour limiter la venue inutile d'Esprits qui devraient repartir avant de naître, Dieu interdira, plusieurs mois avant cet aboutissement, les réincarnations sur notre planète. Chaque femme en âge d'enfanter deviendra alors stérile, malgré toutes les conditions biologiques favorables. C'est là que plusieurs hommes actuellement aveuglés par leur science comprendront que la vie humaine n'est pas le fruit d'un banal processus biologique.

Le frère David Lopez O.S.F. reçut à Medjugorje, le 15 août 1987, un message d'une entité bienveillante qu'il identifia sous le nom de la Vierge, en référence à ses conceptions religieuses. Il n'entendit que sa voix. Il la décrivit comme « la douce voix d'une Dame sage et pleine de compassion ».

L'Esprit qui se manifesta lui parla de trois jours de noirceur qui viendront sur la Terre. Il lui apprit que l'arrivée de ces trois jours sera annoncée à l'humanité par l'apparition dans le ciel d'une croix rouge vide en son centre que tous pourront voir pendant une journée. Selon ses dires, il y fera ensuite si noir qu'il sera impossible à quiconque de voir ses propres mains. Aucune lumière naturelle ou artificielle, aucune chaleur ni aucune énergie électrique ne pourront être émises.

Les Esprits incarnés retardataires qui resteront encore sur

Terre y mourront de frayeur ou de démence. Il sera primordial de demeurer à l'intérieur de nos demeures, car tous ceux qui seront à l'extérieur trépasseront. La noirceur durera exactement soixante-douze heures. Après, ce sera comme le printemps. Tout sera vert et propre. Toute l'eau de la planète sera décontaminée. Elle sera claire comme du cristal.

Les survivants, qui seront tous des Esprits bons, vivront dans l'amour inconditionnel.

D'après les informations recueillies, il s'agirait d'un véritable triage qui se ferait autant parmi les vivants que parmi les morts. En fait, tout se passerait dans le sens des explications que je vous ai déjà transmises dans *Messages de l'au-delà* portant sur la signification réelle que nous devons donner à l'expression «jugement dernier».

La Terre vivrait de grands changements qui provoqueraient de nouvelles conditions d'existence propices aux plans de vie plus avancés que ceux que nous connaissons actuellement. Mais comme je vous le disais, si ces choses devaient arriver, il ne faudrait surtout pas y voir une action vengeresse de Dieu. Ces jugements derniers peuvent revenir plusieurs fois dans la vie d'une même planète et notre Terre ne ferait qu'en ajouter un autre de plus à son curriculum vitæ.

J'ai retenu cette information médiumnique, car je crois qu'elle comporte beaucoup d'éléments prédicatifs valables. Dix ans avant le contact du frère Lopez, un autre médium mondialement connu pour ses visions prémonitoires, le docteur Alex Tanous de l'American Society for Psychical Research de New York, avait lui aussi décrit trois jours de noirceur que connaîtrait la Terre.

Personnellement, les images que je reçus me montraient le Soleil se couvrant progressivement de taches sombres. Une ombre géante s'approchait ensuite de notre planète comme pour l'envelopper d'une cape opaque. C'est ainsi que débuterait l'ère des mille ans de paix mondiale.

Lorsque nous regardons les progrès de la science médicale actuelle, nous y voyons un signe que ces temps se rapprochent de plus en plus, car une planète de notre niveau terrestre qui reçoit des entités d'un échelon supérieur doit permettre des incarnations dépourvues des souffrances que nous connaissons actuellement. Or, les chercheurs découvrent et découvriront encore de plus en plus de remèdes définitifs à de plus en plus de maladies. Ceci vise à permettre d'adapter nos corps terrestres à des plans de vie plus élevés.

En fait, la science médicale élimine actuellement les maladies déclenchées par les causes physiques dont nous avons parlé dans mon premier livre. Quant aux causes reliées au périsprit et à la circulation du fluide vital, elles vont complètement disparaître d'elles-mêmes, puisque les degrés d'évolution supérieurs au nôtre n'en comportent intrinsèquement aucune.

Ces découvertes ne visent donc, à plus ou moins long terme, qu'à servir ceux qui survivront au changement de niveau vibratoire de la Terre. Quant aux autres, comme nous le disions tout à l'heure, ils iront continuer leurs pèlerinages d'évolution ailleurs, en se réincarnant dans des corps génétiquement adaptés à d'autres planètes semblables à notre sphère actuelle.

Ce que je viens de vous décrire peut sembler quelque peu impressionnant, mais sachez bien que toute personne qui s'applique sincèrement à monter vers Dieu n'a rien à craindre de ce qui l'attend. Si nous nous référons aux lois spirituelles et à leurs principes tels qu'ils nous furent rapportés, nous savons fort bien que les seuls qui seront directement touchés sont ceux qui l'auront prévu dans leur plan initial d'incarnation. Nous sommes donc tout à fait assurés que rien ne sera au-dessus de nos forces.

Il m'apparaît presque impossible de déterminer une date précise où ces événements se produiraient, mais si je regarde tout ce qui doit arriver auparavant, je crois que nous avons amplement le temps de terminer notre incarnation actuelle avant d'y arriver.

À moins que les choses ne se précipitent…

Ce qui pourrait nous faire envisager cette possibilité, c'est l'arrivée dans les parages de notre planète d'un important contingent d'Esprits à haut niveau vibratoire venus accueillir leurs semblables qui, il y a plusieurs siècles, ont accepté de poursuivre leurs pèlerinages d'incarnation sur notre Terre. Leur bienveillance les avait poussés à venir parmi nous pour assister leurs frères terriens moins avancés tout en continuant leur propre évolution par des plans de vie appropriés. Plusieurs d'entre eux figurent parmi les incarnés qui se sont démarqués au cours de l'histoire par leurs connaissances scientifiques particulières, leurs conceptions philosophiques à haute teneur spirituelle ou leur vie exemplaire. Certaines religions se les sont même accaparés pour en faire des saints ou des demi-dieux qu'elles donnent en modèles pour appuyer leur doctrine maison.

Ces entités qui sont venues d'un monde d'incarnation très éloigné désignent les leurs sous le nom de « Nés des Étoiles ». Ces entités auraient actuellement terminé le travail de soutien que Dieu leur avait autorisé pour aider les Esprits incarnés et errants de notre globe.

Leur rassemblement s'échelonnera sur plusieurs années, laissant à chacun le temps nécessaire pour reprendre son niveau de conscience initial. C'est en se dépouillant des illusions de temps, d'espace et de matière, dont est constituée notre dimension terrestre, qu'ils y parviendront d'ici le jour du départ.

Or, ce qu'il y a de particulier ici, c'est qu'en quittant notre planète ils pourraient permettre à celle-ci l'incroyable possibilité d'élever son niveau vibratoire de plusieurs octaves, ce qui la rendrait apte à devenir une sphère d'incarnation pour des Esprits du quatrième degré d'évolution.

L'avènement de ces Esprits est-il un autre signe qui nous annonce l'imminent début des mille ans de paix? Nous le saurons peut-être bientôt, car, d'après les communications reçues par plusieurs médiums répartis à travers le monde, le jour de leur départ serait fixé au 31 décembre 2011. Ce qui me pousse à accorder de la crédibilité à ces informations, c'est l'ensemble du contexte qui entoure leur provenance. Voyons-en les grandes lignes et vous évaluerez par vous-mêmes.

LES ESPRITS DU 11.11

C'est en novembre 1991 que je reçus l'information que des entités de lumière d'un niveau vibratoire particulièrement avancé viendraient et qu'ils pourraient assister les incarnés de la Terre en vue d'un grand changement que s'apprête à vivre notre planète.

J'appris qu'ils feraient leur tentative de connexion vibratoire le 11 janvier suivant. Le processus devait s'appliquer sur une période de vingt-quatre heures où, condition essentielle, des personnes en prière devaient harmoniser leurs pensées avec celles des Esprits de lumière.

On appela ces entités « les Esprits du 11.11 », du fait que le point de repère pour enclencher le processus était 11 heures et 11 minutes pour chacun des vingt-quatre méridiens de notre globe. Je formai un petit groupe de prière pour se joindre aux dizaines de milliers d'autres parsemés sur la surface de la Terre. Or, cette initiative ne sembla pas plaire à tout le monde dans l'au-delà.

Sept jours avant la date fixée, Raymond, un membre de notre petit groupe, reçut la visite d'un Esprit du bas astral cherchant à empêcher notre travail spirituel. L'entité lui apparut alors qu'il effectuait les prières préparatoires que nous avions convenu de faire individuellement. Raymond venait tout juste de commencer à prier lorsque le visage d'un homme très laid se matérialisa devant lui. Il avait l'apparence des vampires traditionnels des films d'horreur : yeux cernés, teint blanchâtre, canines très longues venant s'appuyer sur la lèvre inférieure, bref tous les traits d'un maquillage bien réussi.

Sensibilisé à ce genre de manifestation, Raymond continua sa prière malgré la présence de l'importun venu d'un autre monde. Voyant son insistance, L'Esprit malveillant émit un grognement rappelant celui d'un chien. Raymond lui ordonna alors de partir en lui précisant qu'il ne l'empêcherait pas de prier. L'Esprit se précipita sur Raymond et lui mordit une jambe. Ce dernier ressentit un vif pincement. Voyant la fougue rageuse de son agresseur, Raymond cria à son Esprit guide de venir l'assister. L'entité furieuse disparut immédiatement. Ce ne fut pas la seule manifestation à subvenir autour de l'avènement des Esprits du 11.11. Heureusement pour nous, les autres furent plus positives. Dans la nuit du 10 au 11 janvier 1992, un autre membre du petit groupe de prière reçut des visiteurs de l'au-delà.

Audie s'éveilla brusquement. En ouvrant les yeux, elle trouva curieux de ne plus ressentir aucun besoin de dormir. Elle se sentait éveillée comme en plein jour. Deux entités prirent forme devant son lit. Une lumière blanche fluorescente entourait l'apparition. Les deux Esprits semblaient arriver de loin. Rendus plus près, elle me reconnut comme étant l'un d'eux. J'étais accompagné d'un Esprit géant devant mesurer dans les trois mètres de hauteur. Nous nous approchâmes d'Audie et, rendus à moins d'un mètre, l'Esprit géant se déplaça entre elle et moi. Tout son être dégageait une belle lumière blanc argenté où se mêlaient de beaux rayons dorés. Il posa une main sur mon épaule et l'autre sur l'épaule d'Audie. Il tapota amicalement nos épaules et se retira. Je regardai Audie quelques instants en lui souriant et je partis à mon tour.

Lorsque Audie me rapporta son expérience, aucun souvenir conscient ne vint à mon esprit. Nous interprétâmes cette apparition comme étant une confirmation de la réelle collaboration qui s'était établie entre certains membres de notre petit groupe de prière et les entités de lumière qui participaient au même effort que nous.

La manifestation la plus frappante qui suivit eut lieu chez Audie pendant la journée du 11 janvier à 11 heures et 11 minutes :

Nous étions en prière. Huit personnes étaient présentes. Nous étions debout au centre du salon et formions un cercle en nous tenant par la main. Le moment était crucial pour nous, car la connexion vibratoire passait sur notre méridien.

Nous étions conscients que des milliers d'autres priaient comme nous dans une volonté commune de favoriser la réussite du balayage énergétique. Ce dernier devait se compléter sur toute la surface de la Terre, telle une clé devant faire un tour complet dans sa serrure pour déverrouiller la porte.

Je dirigeais la prière à haute voix. Nous avions tous les yeux fermés. Quatre d'entre nous reçurent la vision d'un trou s'ouvrant devant nous. Chacun perçut la même couleur en son centre : un mauve légèrement insistant. Trois autres perçurent des lumières balayant un ciel rempli d'étoiles brillantes. Audie se vit sortir au-dessus de nous. Elle perçut très nettement nos colonnes d'énergie sortant du dessus de nos têtes. Les colonnes individuelles s'unissaient à une certaine hauteur pour n'en former qu'une seule.

C'est lorsque Audie fut retournée dans son corps que nous entendîmes bien clairement des battements d'ailes dans la pièce où nous étions. Nous eûmes tous le réflexe d'ouvrir les yeux pour voir quel oiseau se trouvait dans la maison. C'était des battements comme ceux d'une colombe prenant son envol. Le lendemain, alors que nous faisions une prière de remerciement, l'un de nous vit un cercle se tenant à sa droite. L'intérieur du cercle était bleu turquoise. Une colombe apparut ensuite à sa gauche et pénétra dans le cercle. L'apparition se dissipa après le passage de la colombe.

La vision d'une colombe revint souvent après le 11 janvier 92. Certains de ceux qui participèrent à cette journée de prière me le rapportent encore aujourd'hui. En ce qui me concerne, la dernière fois où j'en perçus l'image, du moins au moment où j'écris ces lignes, je me trouvais assis devant un feu de bois. Je fermai les yeux et je vis une belle colombe voler devant moi.

Je considère ce signe de la colombe comme un rappel que les Esprits venus nous assister sont maintenant aux côtés de l'humanité et que nous ne devons surtout pas l'oublier.

La présence particulière de ce signe, symbole d'espérance et de paix, apparut quelques mois avant le jour du 11.11 dans mes expériences médiumniques.

LA COLOMBE

Cela se passa à l'été 1991. Ma petite famille et moi avions profité de la belle soirée que nous offrait l'été pour échanger autour d'un feu dans la cour arrière de notre maison. Nous dégustions ensemble ces précieux moments de vacances si propices au roucoulement des cœurs de ceux qui s'aiment.

Vers une heure du matin, la fatigue de la journée s'allia à l'heure tardive pour nous inviter à rentrer nous coucher. Comme les flammes dansaient encore de bon gré, je décidai d'attendre un peu avant d'éteindre le foyer. Seule ma fille aînée resta avec moi.

En jetant un coup d'œil vers les étoiles, nous observâmes des aurores boréales qui semblaient en grande activité. Les milliards de petits points lumineux dansaient dans un roulement continu, donnant l'illusion d'un voile vaporeux agité tout doucement par des mains célestes.

Devant la beauté du spectacle, ma fille et moi nous levâmes pour avoir une vision plus large de l'ensemble.

C'est à ce moment qu'un amas de poussières solaires sembla vouloir se regrouper au-dessus de nous. Dans un mouvement tout en douceur, l'aurore boréale demeurée stationnaire prit progressivement la forme d'une colombe géante. Son corps, sa tête, ses ailes, puis son plumage devinrent extrêmement précis.

Les proportions étaient parfaites. On aurait dit un immense oiseau blanc se tenant dans le ciel. Comme la forme demeurait constante, ma fille prit peur. Elle me demanda si je comprenais la raison d'un pareil phénomène. Je lui répondis sans même réfléchir que c'était peut-être un signe de nos frères de l'au-delà.

À ce moment précis, l'oiseau de lumière sembla prendre vie. Il bougea légèrement ses ailes comme pour maintenir sa position. Son plumage obéissait comme s'il s'était agi d'un véritable volatile.

Sa tête s'abaissa ensuite vers nous dans un doux mouvement. On aurait dit que la colombe géante voulait nous regarder. Ma fille eut alors vraiment peur et elle s'approcha très près de moi. La colombe lumineuse demeura fixée sur nous pendant dix bonnes secondes, puis la forme s'évanouit, rejoignant les autres aurores boréales dans leurs allures de course folle.

Le phénomène demeura profondément marqué dans ma mémoire. J'en cherchai le sens véritable jusqu'au jour où j'entendis parler des Esprits du 11.11. J'en conclus alors qu'il y avait sûrement un lien avec eux. D'autant plus que la colombe fut l'image qu'ils employèrent pour nous figurer le processus de connexion vibratoire qu'ils durent mettre en branle le 11 janvier 1992.

D'autres manifestations eurent lieu pendant toute la semaine qui suivit. Elles s'adressaient à certains d'entre nous qui avaient fait partie du petit groupe. Les deux plus significatives que je pourrais vous citer eurent lieu les 14 et 15 janvier suivants.

La première fut vécue par Diane. Elle faisait sa prière du midi. Elle se sentit subitement sortir de son corps. Flottant au-dessus de ce dernier, elle sentit de grands courants d'énergie arrivant du cosmos et se dirigeant vers la Terre. Elle avait l'impression d'être balayée par des millions de particules de lumière qui venaient de toutes parts.

Le lendemain, c'est Rose qui, les yeux fermés en position de prière, vit des Esprits blancs se tenant la main et priant avec elle. Ils étaient tous brillants. Vêtus d'aubes blanches, ils ressemblaient à des moines. Leur pensée semblait étroitement harmonisée avec la sienne. Elle avait la nette impression qu'ils servaient d'amplificateur à ses prières.

Le seul élément qui vint jeter une certaine réserve sur ce que je vous rapporte ici concerne la date avancée. Cet élément apparut le 12 décembre 1991.

LA VOIX FAMILIÈRE

Le soleil allumait les premières lueurs du jour. Je sortais lentement de mon sommeil. Alors que j'entrais à peine dans mon corps de chair, une voix féminine très douce se fit entendre dans mon oreille droite. C'était une voix que je reconnus dès les premières intonations. Elle s'était déjà manifestée à moi à quelques reprises. Chaque fois, c'était pour me livrer des consignes à suivre par rapport à certains événements prévus sur ma route et qu'on m'annonçait.

La voix familière de l'au-delà me dit: « Lorsque la porte du 11.11 sera ouverte, un tel poète (que je ne peux nommer ici) nous quittera pour rejoindre ceux qui sont appelés à mener la destinée des peuples. » Je répétai immédiatement la phrase pour m'assurer de ne rien oublier et je me rendormis dans un sommeil las que je comparerais à la douceur du duvet.

Dès que je m'éveillai, je m'empressai de noter sur papier le message que l'on m'avait livré.

Pendant les trente jours qui suivirent, ceux que j'avais mis au courant et moi-même craignîmes pour la vie de cette vedette de chez nous. Mais le 11 janvier 1992, le jour de l'ouverture de la porte du 11.11, il ne se passa rien de particulier ni pour lui ni pour sa famille.

En un sens, nous fûmes soulagés, mais je m'interrogeai beaucoup par la suite, car la voix en question, dont je suis certain de l'identité, ne m'a jamais trompé. Comme elle m'avait parlé de la porte du 11.11, termes que nous utilisions pour désigner l'arrivée des Esprits de lumière venus d'ailleurs, je conclus que l'événement était sûrement accepté comme réel. Par contre, du fait que le point de repère n'avait pas fonctionné, je pensai, comme encore aujourd'hui, que leur harmonisation vibratoire avec notre Terre ne s'était pas réalisée comme ils l'auraient souhaitée. Si mon interprétation est juste, cela impliquerait qu'ils devraient reprendre certaines phases du processus, ce qui compromettrait peut-être l'échéancier qu'ils ont annoncé.

Comme je craignais d'attirer les Esprits trompeurs en tentant d'en recevoir une confirmation, je ne questionnai jamais l'au-delà pour en savoir davantage. En voyant que mon Guide ne me donnait aucun élément de réponse de lui-même, je compris qu'à ses yeux, cela n'avait pas beaucoup d'importance. Et à bien y penser, je crois qu'il a fort raison.

Car après tout, l'essentiel n'est-il pas de vivre notre quotidien du mieux que nous le pouvons pour être prêts si ce temps doit venir dans l'écoulement de notre plan?

Entités venues d'ailleurs

Nous venons de définir les Esprits du 11.11 comme des entités venues d'ailleurs. Cela m'amène à vous signaler certains contacts médiumniques que des Esprits vivant dans de lointaines sphères d'incarnation peuvent établir avec certains médiums de notre planète. Je vous en souligne l'existence, car il me semble plausible que ce type de contact s'amplifie dans les années à venir.

La plupart des expériences qu'on porta à ma connaissance furent vécues dans une relative bienveillance, mais il y eut malheureusement des exceptions où une évidente hostilité fut exprimée à l'égard des médiums.

Voyons d'abord trois témoignages qui vous donneront une bonne idée du genre d'échanges le plus souvent rapportés.

ESPRITS AUX ALLURES PEU COUTUMIÈRES

Judith me rapporta son expérience alors qu'elle en cherchait encore la pleine signification. Presque une habituée, bien malgré elle, des sorties astrales spontanées, Judith était entrée en contact avec des entités dont l'apparence l'intriguait énormément.

Elle venait tout juste de se mettre au lit lorsque son Esprit fut littéralement projeté hors de son corps charnel. Son arrivée dans le monde de l'au-delà la mit en présence d'Esprits aux allures peu coutumières. Bien que d'apparence humanoïde, leur taille était celle de géants. Selon Judith, ils mesuraient plus de deux mètres et demi. Un voile camouflait leur visage, mais Judith sentait que c'était pour ne pas l'effrayer. Leurs vêtements de couleur aluminium semblaient de consistance synthétique. La lumière s'y reflétait comme sur une surface métallique.

L'un d'entre eux lui adressa la parole, mais Judith ne put en garder aucun souvenir, comme si cela n'avait pas été permis.

Judith rejoignit son corps après un temps qu'elle n'aurait pu évaluer sans l'aide de son réveille-matin. Elle reprit l'articulation de son enveloppe physique avec beaucoup de difficulté. Pendant les sept jours qui suivirent, Judith ressentit d'incessantes nausées qui l'indisposèrent désagréablement dans ses obligations quotidiennes. Malgré la curiosité que l'expérience lui inspirait, Judith fut heureuse de ne plus revoir les géants par la suite.

France, une autre médium échangeant consciemment avec le monde astral, me rapporta une expérience semblable.

Les Esprits humanoïdes avec qui elle échangea présentaient par contre une taille plutôt réduite d'à peine un mètre de hauteur. Leurs costumes rappelaient étrangement ceux de nos cosmonautes. France ne put me décrire avec précision leur visage, mais elle se souvenait vaguement qu'ils se rapprochaient des traits caractéristiques des Asiatiques. Ils démontraient beaucoup de bienveillance à son égard. France ne se sentit jamais menacée. Lorsqu'elle eut la pensée de ceux qu'elle aimait, elle s'en inquiéta. Les entités de petite taille les lui firent alors voir sur un genre d'écran rappelant nos téléviseurs. Ils semblaient en rapport avec ses proches.

Revenue dans son corps, France ne garda aucun souvenir de leur échange. Seul demeurait ce que je viens de vous décrire.

Nicolette me rapporta également ce genre de communication avec des entités de l'au-delà ne semblant pas venir de notre Terre.

La première fois qu'elle rencontra un de ces êtres du monde astral, elle en ressentit une grande peur. Elle vit d'abord un triangle géant qui semblait suspendu dans l'espace. Ensuite, elle vit apparaître, sur la base du triangle retenu par la pointe du sommet, un être humanoïde qui ne semblait cependant pas du tout terrien. Grand et mince, il portait un vêtement fait tout d'une pièce. La couleur grisonnante de la peau du visage contrastait à peine avec le gris aluminium du costume recouvrant tout le reste du corps.

Les oreilles semblaient inexistantes, du moins dans leur partie externe. Les yeux démesurément grands semblaient conçus pour voir dans la noirceur. Le nez ressortait à peine du visage ovoïde. Nicolette ne put se souvenir de la forme de sa bouche ni même si elle existait.

L'Esprit se tenait assis sur la base du triangle, les jambes pendantes. Il regardait Nicolette sans rien dire. Celle-ci avait la curieuse impression qu'il la connaissait bien. Il demeura ainsi pendant plusieurs secondes avant de disparaître.

Lorsqu'elle revint dans son corps, Nicolette conserva une désagréable impression s'apparentant beaucoup à la peur. Ce sentiment dura d'ailleurs toute la journée.

Le soir suivant, Nicolette fut à nouveau projetée en présence du grand triangle suspendu. Ses angles semblaient les mêmes que ceux des pyramides égyptiennes.

L'entité de la veille apparut de nouveau. Elle s'assit sur la base, à l'extrême gauche de la forme géométrique. Elle regardait Nicolette sans rien dire. Soudain, un autre Esprit apparut à la droite. Il se tenait debout dans le triangle. Son apparence ressemblait beaucoup à celle du premier: grands yeux en amande, nez presque plat. Seules les oreilles différaient, avec une forme extérieure bien évidente. La vision demeura quelques secondes puis disparut.

Ces trois témoignages présentent un intéressant point commun: ils nous rapportent la possibilité de rencontrer dans le monde de l'au-delà des Esprits se réincarnant dans d'autres systèmes solaires que le nôtre.

Comme nous l'avons vu dans *Messages de l'au-delà*, les planètes d'incarnation sont innombrables dans le cosmos éternel. Les conditions biophysiques de l'existence de leurs habitants peuvent conférer à leur périsprit certaines caractéristiques différentes des nôtres, mais tous sont d'apparence humanoïde. Leurs rapports avec nous pendant nos heures de sommeil sont beaucoup plus fréquents qu'on pourrait le croire.

Il faut bien retenir ici qu'une grande prudence est de mise pour ceux et celles qui peuvent entrer en rapport médiumnique avec ces entités. Il ne faut jamais oublier que les échelons de l'évolution spirituelle s'appliquent à l'ensemble des mondes habités et que, de ce fait, tout médium est susceptible de rencontrer des êtres aussi maléfiques que certains de notre Terre. Il faut également se rappeler que l'évolution de l'intelligence ne suppose pas nécessairement l'avancement moral et la progression spirituelle. Voyons deux témoignages qui nous le démontrent de façon évidente.

PRISONNIÈRES EN ASTRAL

Ces témoignages nous décrivent deux événements semblables vécus par deux jeunes femmes ne se connaissant aucunement. Comme vous le constaterez, les deux expériences présentent de troublantes similitudes entre elles, traduisant une manifeste hostilité que certains de ces Êtres aux allures étranges peuvent exprimer à notre égard.

Lili s'éveilla au beau milieu de la nuit. Ouvrant les yeux, elle se sentit éprise d'une nervosité inexplicable. Comme cette impression n'avait pas sa raison d'être, elle la mit sur le compte d'un cauchemar dont elle venait sans doute de sortir.

Reprenant lentement son calme, elle tenta de retrouver le sommeil. À peine à demi endormie, elle fut littéralement projetée en astral sans qu'elle ne puisse rien contrôler.

Les premières images qui lui parvinrent furent celles d'un astronef pseudo-matériel ayant la forme des traditionnelles soucoupes volantes des films de science-fiction. L'appareil lui semblait bien réel. Le reflet de la lumière sur la paroi métallique lui conférait une opacité d'allure nettement matérielle.

Sans qu'elle sache trop comment, elle se retrouva subitement à l'intérieur de la soucoupe pseudo-matérielle. Malgré la noirceur des lieux, Lili remarqua la présence d'une table ayant l'apparence du marbre massif. La table avait la forme d'une pyramide inversée tenant sur la pointe. Lili se souvient qu'elle s'était demandé comment la pyramide pouvait tenir dans cette position qui contredisait les lois physiques les plus élémentaires. À cet instant, elle se sentit transportée vers la table de pierre, puis s'y retrouva couchée, complètement immobilisée. Une peur indescriptible alliée à l'impuissance la tenaillait de toutes parts. Comme tout était sombre, Lili pouvait à peine distinguer l'ensemble de la pièce. Elle avait la curieuse impression que sa présence était attendue.

Après quelques instants, des êtres humanoïdes s'approchèrent tout près d'elle. Lili ne se souvient pas de leur allure exacte, mais elle sait qu'ils effectuèrent sur son corps périsprital un certain travail dont elle ignore la nature. Lili se sentait tout à fait incapable de résister à ces êtres qui la subordonnaient. Elle perdit ensuite connaissance de ce qui lui arrivait et s'éveilla dans son corps charnel couché dans son lit.

Une grande fatigue réduisit son habituel train de vie

pendant plusieurs mois, sans qu'aucun médecin puisse déceler de causes physiques à ses malaises.

Comme Lili, Martine se retrouva en astral dans un genre d'astronef qu'elle associa également aux traditionnelles soucoupes volantes. Cependant, dès les premiers instants, Martine se sentit nettement prisonnière d'êtres maléfiques lui voulant du mal. Elle se retrouva également couchée sur une table de pierre, mais elle ne put en percevoir la forme exacte. Des êtres aux allures terrifiantes l'entouraient.

Bien que d'apparence humanoïde, ils avaient la physionomie de fourmis bipèdes géantes. Leur impressionnante tête leur donnait une expression de malveillance et de cruauté. Lorsque Martine leur parla, ils lui répondirent par la transmission de pensée. Martine tenta de se convaincre qu'il ne s'agissait que d'un mauvais rêve, mais elle dut constater qu'elle était véritablement prisonnière d'entités étranges qui lui voulaient du mal.

L'un d'eux, qui tenait un glaive dans ses mains osseuses, se plaça à ses pieds. Dans un élan de grande précision, il la frappa de l'arme tranchante, lui transperçant le chakra ombilical. Martine se sentit littéralement vidée de son énergie, puis perdit connaissance.

Lorsqu'elle s'éveilla, elle avait retrouvé son corps charnel demeuré inerte dans sa chambre à coucher.

Le soir suivant, exténuée, Martine entra nerveusement dans son sommeil. À son grand effroi, les agresseurs du bas astral revinrent la chercher. Elle fut à nouveau amenée dans la même pièce sombre où on l'avait fait souffrir. Encore là, on lui fit endurer des sévices, s'attaquant à des points d'énergie de son périsprit.

Martine se remit très péniblement de cette lugubre expérience. Cela fut d'autant plus difficile que, par la suite, des manifestations malveillantes vinrent sérieusement perturber la quiétude de sa demeure.

D'autres témoignages d'un autre type de contact me furent rapportés où des entités aux allures étranges se matérialisaient exactement comme le font nos Esprits errants au périsprit lourd. Leur opacité donnait une apparence fort matérielle à leur périsprit. Un néophyte des manifestations spirites les aurait facilement pris pour des visiteurs extraterrestres en chair et en os, mais il ne s'agissait toujours que d'un simple phénomène de matérialisation nécessitant l'apport fluidique d'un médium. Il faut donc grandement se méfier de ce genre de contact qui se fait en dehors du champ astral, car il offre aux Trompeurs malveillants de notre Terre le contexte idéal pour nous faire du tort sous de fausses représentations.

Les hantises

Comme nous l'avons vu dans mon premier ouvrage, les Esprits incarnés qui s'adonnent à leurs passions pendant leur vie terrestre continuent de subir leur esclavage après leur mort. Prisonniers de la courte vue qui s'est incrustée dans leur périsprit, ils prolongent leurs souffrances d'incarnation en nourrissant les mêmes tiraillements qui les déchirent pourtant sans cesse.

Repoussant l'assistance qui leur est généreusement offerte, ils refusent la lumière, préférant se vautrer dans leur épineux aveuglement.

Lieux hantés

Cette attitude stérile dont nous venons de parler les pousse souvent à s'accrocher à des lieux physiques particuliers. Les remords, la haine, l'égoïsme, l'avarice, l'envie ne sont que quelques exemples de ce qui peut les porter à hanter des lieux qu'ils ont déjà habités ou qu'ils auraient aimé habiter, cherchant bêtement à prolonger leur ancienne situation d'incarnés plutôt que de se prendre en main dans leurs nouvelles possibilités d'existence.

Ces Esprits sont toujours d'un ordre inférieur. L'orgueil et l'égoïsme sont leurs plus grandes faiblesses. J'ai retenu quelques cas qui vous permettront de mieux les connaître.

IL N'AIMAIT PAS LES VISITEURS

À l'été 1985, Christiane, alors âgée de treize ans, va passer un mois de vacances à la campagne chez une tante qui vient d'y acquérir une nouvelle maison. Il s'agit d'une construction plus que centenaire et qui a très souvent changé de propriétaires. Son prix était très avantageux, incluant même plusieurs meubles antiques ayant appartenu aux premiers occupants de la propriété.

La chambre qui est désignée à Christiane se situe à l'étage. En y mettant ses affaires, Christiane remarque que la porte de la chambre voisine est condamnée. Deux cadenas et deux chaînes en interdisent curieusement l'entrée. Lorsqu'elle demande la raison de tout ce dispositif, on lui répond simplement que personne ne doit entrer dans cette chambre.

Le premier soir, quelque peu assombrie par ce contexte bizarre, Christiane s'endort avec une certaine crainte.

En plein cœur de la nuit, le grincement d'une vieille chaise berçante placée près de la fenêtre la sort brusquement de son sommeil. Cette chaise avait justement fait partie du lot des antiquités incluses dans la vente de la maison.

Elle ouvre les yeux et voit que la chaise berce toute seule, faisant craquer le plancher dans son va-et-vient. À sa grande peur, elle voit ensuite un vieillard au crâne dénudé se matérialiser dans la chaise en mouvement. Il regarde Christiane fixement. Ne pouvant supporter cette vision, elle se cache sous ses couvertures et hurle à sa tante de monter à son secours. Arrivée à sa chambre, celle-ci la rassure en tentant de la convaincre qu'elle a fait un mauvais rêve. Le lendemain, Christiane veut changer de chambre, mais sa tante la raisonne en lui faisant admettre qu'il est stupide de craindre un simple rêve. Doutant ainsi de ce qu'elle avait pu voir, elle finit par se résigner à retourner dormir dans la chambre du haut.

La même apparition se reproduit pendant la deuxième nuit, mais cette fois Christiane n'entend pas le craquement de la chaise berçante. Sortie de son sommeil, elle ouvre les yeux et aperçoit le vieillard qui la fixe froidement. Elle ne prend pas le temps de le regarder vraiment. Elle se lève et sort de la chambre à toutes jambes. Elle sort tellement vite qu'on réussit encore une fois à lui faire croire qu'elle s'est fait jouer un tour par son imagination, influencée par son mauvais rêve de la veille.

Le troisième soir, avant de se coucher, Christiane prend soin de bien ouvrir la porte de la chambre pour fuir au plus vite si l'apparition revient. Elle s'endort ainsi du mieux qu'elle le peut, espérant ne s'éveiller qu'au lever du jour. Vers deux heures, elle sort brusquement de son sommeil. Elle regarde tout de suite vers la chaise berçante et, à son grand soulagement, celle-ci ne bouge pas. Son cœur bat très fort dans sa poitrine. En se retournant, elle perçoit avec horreur le fantôme se tenant dans l'embrasure de la porte comme s'il voulait lui barrer la route. Il la regarde d'un air glacial, fumant tranquillement une pipe éteinte. Christiane hurle de toutes ses forces. Sa tante monte en toute hâte et, dès son arrivée, le visiteur disparaît.

Presque morte de peur, elle demande de retourner chez elle et quitte dès le matin.

Une recherche sur l'histoire de la maison révéla qu'une mort fort suspecte avait eu lieu du temps de son premier propriétaire dans la chambre cadenassée. Ceux qui avaient vendu la maison à la tante de Christiane avaient condamné cette pièce pour faire cesser de bruyantes manifestations qui y prenaient leur origine. Ces manifestations ne poursuivaient qu'un seul but: faire déguerpir tout nouvel occupant. L'Esprit du vieillard hantait cette maison depuis de nombreuses années. Trop épris par le remords de son acte criminel, il ne pouvait se détacher de ce lieu. La présence des vivants qu'accompagnent toujours les Anges gardiens et les Protecteurs le plaçait dans une situation intenable pour son orgueil mis à découvert. Il refusait la lumière, préférant se limiter à souffrir de sa faiblesse dans les lieux mêmes qui avaient été témoins de sa stagnation spirituelle.

Finalement, une modification du tracé routier mit fin à l'existence de cette maison. On dut la démolir, son style de construction ne permettant pas un déplacement à des coûts raisonnables.

MORDU À UNE FESSE

Lisette emménage dans un logement sur lequel des rumeurs de hantise ont déjà couru. D'anciens locataires racontent qu'il leur arrivait souvent de se sentir épiés par une présence invisible qui semblait les suivre avec insistance. Un autre affirme avoir souvent entendu des craquements dans une chaise de rotin placée dans sa chambre. La chaise réagissait comme si quelqu'un d'assez lourd s'y assoyait. Il avait réussi à mettre tout cela sur le compte de son imagination jusqu'au jour où, couché dans son lit, il avait senti, bien éveillé, des mains invisibles lui toucher les deux bras.

Lisette, d'un scepticisme avancé, se moque bien de tous ces témoignages qu'elle perçoit comme des signes évidents de désordre mental. C'est donc sans aucune hésitation qu'elle signe son bail, que les dires de ces illuminés ont avantageusement fait bonifier.

Elle sera cependant fort ébranlée lorsqu'une nuit, son jeune fils se lève en pleurant et court à toutes jambes la retrouver. Exprimant une grande peur, le garçonnet affirme avoir été mordu à une fesse par une personne invisible. Lisette ne veut pas le croire, mais la réaction de l'enfant la convainc qu'il s'est passé quelque chose. Lisette demeurera dans le logement encore un certain temps, mais son fils ne voudra plus jamais dormir seul, et surtout pas dans cette chambre.

IL S'EN PREND À SON BÉBÉ

Rosanne avait emménagé dans son nouveau logement depuis à peine quelques mois. La naissance de son premier bébé l'avait obligée à quitter son petit trois et demi qui ne pouvait plus répondre à ses besoins. Elle aimait bien sa nouvelle résidence. L'environnement était paisible et Rosanne trouvait que le quartier convenait bien pour l'éducation d'un jeune enfant.

Ce n'est que plus tard qu'elle comprit pourquoi ce logement ne gardait pas les mêmes locataires bien longtemps.

Tant que le bébé fut tout petit, Rosanne le garda près d'elle dans sa chambre. Cet accommodement lui évitait d'inutiles déplacements lorsqu'elle devait y voir pendant la nuit. Quand la période de l'allaitement fut terminée, Rosanne aménagea la deuxième chambre qui jusque-là avait surtout servi de pièce de rangement.

Pendant tout le temps qu'elle travailla à décorer la chambre, un malaise inexplicable l'envahit curieusement. Cette désagréable impression apparaissait dès qu'elle y entrait et prenait même de plus en plus d'ampleur. Elle se sentait épiée par des yeux invisibles. Elle se considérait un peu sotte de penser une telle chose, mais elle sentait une présence qui ne lui inspirait rien de bien agréable.

Dès la première nuit passée dans sa nouvelle chambre, le petit s'éveilla à plusieurs reprises, pleurant toujours à grands cris. Rosanne crut que ce n'était qu'une simple question d'adaptation et n'y vit, malgré tout, rien de bien alarmant.

La deuxième nuit, le même manège se répéta. L'enfant se

réveillait brusquement et refusait de se rendormir. Voyant que le petit s'était souillé, Rosanne le changea de couche. Après l'avoir déshabillé, elle remarqua, à sa grande stupéfaction, des marques très nettes sur les cuisses de son bébé. On aurait dit des traces laissées par des pincements de doigts. Mettant encore tout cela sur le compte de son imagination, qu'elle croyait trop fertile, elle rendormit son enfant qui ne s'éveilla qu'au matin.

La troisième nuit, les pleurs la sortirent encore de son sommeil. En entrant dans la chambre, elle vit que le petit semblait voir quelque chose ou quelqu'un qui lui inspirait de la peur. En prenant le bébé dans ses bras, elle constata avec effroi que les cadres suspendus aux murs avaient tous changé de position. Elle décida sur-le-champ de coucher son enfant avec elle, dans son lit, pour le reste de la nuit. Le lendemain matin, Rosanne accrocha une image encadrée de Jésus à un des murs de la chambre. Elle pria ensuite, demandant la protection pour elle et son petit. Comme d'habitude, le calme régna pendant toute la journée.

Le soir venu, elle décida de coucher l'enfant avec elle comme la nuit précédente. Vers deux heures du matin, un bruit fort impressionnant la réveilla brusquement. Cela semblait venir de la fameuse chambre. Rosanne se leva craintivement et se rendit vérifier ce qui s'y passait.

En entrant dans la pièce, elle trouva l'image de Jésus face contre terre. Elle en fut d'autant plus impressionnée qu'il était impossible de décrocher le cadre sans une manœuvre particulière. Elle vérifia donc le crochet fixé au mur et le support du cadre, mais tout était intact.

Rosanne retourna aussitôt à sa chambre pour voir à son bébé qui y dormait paisiblement. Elle entendit nettement une forte respiration puis des rires gras qui semblaient se moquer de sa peur.

Sur ce fait, Rosanne prit rapidement ses affaires et son petit, puis quitta au plus vite ce logement qu'elle croyait maudit.

Lorsque Rosanne me consulta, elle avait déjà déménagé d'endroit sans se soucier de ce que d'autres locataires pourraient y vivre à leur tour. Des prières furent quand même dites pour aider l'Esprit malveillant à se dégager de l'emprise de son ignorance. Je ne pus cependant apporter un support plus soutenu, ni vérifier le degré d'efficacité de l'intervention qui fut faite.

L'ANCIEN PROPRIÉTAIRE DES LIEUX

La petite Annie accompagnait ses parents en promenade chez des amis pour quelques jours. Ces derniers habitaient un magnifique coin de campagne en bordure d'un grand lac balayé par d'agréables vents s'engouffrant entre de hautes montagnes.

La nuit passée loin de l'air pollué de la ville avait apporté à tout le monde un repos confortable et bienveillant. Annie, alors âgée de neuf ans, s'était réveillée dès les premiers rayons du soleil matinal. Comme ses parents dormaient encore, elle se leva sans faire de bruit. Elle sortit sur la véranda pour admirer les milliers d'étincelles que le soleil allumait sur la surface de l'eau légèrement ridée par une douce brise du sud.

Attirée par le sable invitant de la plage chaude, Annie descendit pour y faire quelques pas. À peine arrivée, elle aperçut un homme semblant être venu de nulle part. Elle décrivit ses vêtements comme ceux qu'elle voyait dans les films relatant le début du siècle. Chemise à carreaux, pantalons bouffants, il rappelait les fermiers du Québec d'autrefois. Il portait des bottes de bûcheron avec lesquelles il marchait lourdement. Ses traits laissaient supposer un âge se rapprochant de la cinquantaine avancée.

L'homme semblait ne pas se rendre compte de sa présence. Son regard était froid et indifférent. Après quelques pas vers le lac, il se dirigea vers la maison, puis, à la grande stupeur de l'enfant, il disparut devant ses yeux. Lorsque Annie raconta son aventure à ses parents, leur hôte Gérald en demeura stupéfait. La description que donnait l'enfant correspondait à celle de l'ancien propriétaire des lieux décédé plusieurs années plus tôt. Des gens avaient longtemps rapporté après son décès qu'il hantait son ancienne propriété.

Gérald en avait d'ailleurs été personnellement témoin en compagnie de trois de ses amis. C'était pendant l'hiver qui avait suivi l'enterrement du défunt. Les quatre hommes s'étaient rendus sur place pour voir de plus près ce qu'il en retournait de toutes ces histoires.

La neige fraîchement tombée rendait le paysage féerique.

Les branches des conifères pliaient sous les cristaux accumulés, comme rompues par la fatigue d'un effort trop prolongé. La beauté des lieux leur faisait presque oublier l'objet de leur curiosité.

Ils engagèrent lentement la conversation sur le propriétaire décédé, se remémorant quelques anecdotes le concernant. Ils jetèrent un coup d'œil à gauche et à droite et, juste au moment où ils s'apprêtaient à ridiculiser les allégations des racontars, ils eurent la surprise de leur vie.

Des traces de pas invisibles s'imprégnèrent très distinctement devant leurs yeux, compactant la neige fraîche comme le ferait un homme assez corpulent. Les empreintes apparaissaient successivement l'une devant l'autre, marquant chaque pas de l'entité. Le bruit de ceux-ci était net, la neige crissant sous chacun d'eux. Il ne manquait que les pieds visibles du marcheur. Tout s'arrêta après quelques pas, comme si son auteur s'était envolé.

Voulant montrer leur bravoure, aucun n'osa manifester le moindre signe de peur, mais tous étaient intérieurement fort impressionnés. Les quatre hommes associèrent la manifestation au défunt propriétaire qui semblait hanter les lieux de sa dernière incarnation.

DES PAS LOURDS

Lorsque Caroline me téléphona, elle venait tout juste de vivre une expérience qui aurait pu sérieusement la traumatiser, n'eût été de sa forte spiritualité et du soutien dont elle put bénéficier.

Elle venait de coucher les enfants. Elle s'était confortablement installée dans un bon fauteuil pour terminer la lecture de son roman à l'eau de rose. Seuls les chuchotements des enfants faisant maladroitement semblant de dormir venaient briser le silence, si doux à ses oreilles éprouvées par les cris rieurs de la journée.

Des bruits insolites retentirent sèchement au sous-sol. Caroline alla jeter un bref coup d'œil à l'escalier, mais, n'entendant plus rien, elle mit cela sur le compte de quelques objets mal rangés qui se seraient déplacés.

À peine réinstallée dans son fauteuil, elle entendit d'autres bruits, mais qui, cette fois, ne laissaient aucune équivoque sur leur nature. Des bruits de pas lourds retentissaient sur chaque marche de l'escalier, comme si un être imposant les montait une à une. Caroline accourut à l'escalier, regarda du mieux qu'elle put, mais ne vit rien. Seuls les bruits de pas trahissaient la présence d'une entité bien réelle cherchant à se faire connaître.

Une grande peur lui donna la chair de poule sur tout le corps. Fervente croyante, Caroline se mit à prier, invoquant l'aide de Dieu. Ses mains tremblaient. L'inconnu auquel elle faisait face lui laissait craindre tout ce que la panique pouvait lui suggérer.

Caroline continua à prier et les bruits cessèrent. Le rire des enfants qui ne dormaient pas encore la rassura un peu. Elle était heureuse de constater qu'ils n'avaient rien entendu, mais elle était surtout réconfortée de ne pas se sentir toute seule.

Elle alla les voir pour leur rappeler malgré tout qu'ils devaient se taire et s'endormir.

Pendant qu'elle se préparait un café, Caroline se demanda bien sérieusement si elle n'avait pas imaginé tout cela. Préférant cette sécurisante version, elle tenta de se convaincre qu'il ne pouvait en être autrement.

Bien que mal à l'aise, Caroline reprit son fauteuil pour continuer sa lecture.

Une heure venait de passer. Les enfants dormaient et le calme enveloppait toute la maison. Caroline ressentait un malaise. Elle se croyait observée. Cette impression se confirma concrètement lorsque les bruits de pas recommencèrent. Caroline bondit de son siège. Cette fois, elle entendit l'intrus invisible marcher distinctement dans la cuisine. Il se déplaçait en tous sens. L'impact de ses pas laissait supposer une grande lourdeur.

Caroline recommença à prier et les bruits cessèrent. C'est là qu'elle chercha mon numéro et qu'elle m'appela.

Nous fîmes appel aux Esprits policiers de l'au-delà, mais leur intervention n'amena d'abord qu'un calme temporaire. La paix définitive ne vint que quelques mois plus tard, pendant lesquels l'entité négative se manifesta sporadiquement et toujours en présence de Caroline.

LA SOIRÉE S'ANNONÇAIT CALME

Jeune fille pieuse, Yvonette entretient d'étroites relations avec son Esprit guide depuis son tout jeune âge. Médium fort prometteur, elle vit d'intimes expériences avec le monde spirituel. Je pus moi-même être témoin d'événements où elle fut en contact avec de bienveillants Esprits de lumière.

Jusqu'à maintenant, Yvonette n'avait jamais connu de contacts vraiment traumatisants avec l'au-delà, mais, ce soir-là, il lui arriva de subir les premiers assauts d'un Esprit malveillant du bas astral.

Yvonette avait accepté d'aller garder un enfant de quatre ans. Lorsque les parents quittèrent la maison, elle s'occupa du garçonnet qui s'adapta rapidement à sa présence. La soirée s'annonçait donc calme et agréable. Yvonette amusait le petit avec ses jouets. Elle l'accompagnait dans son imaginaire, se faisant complice des scénarios qu'il inventait dans sa créativité enfantine.

En levant les yeux, Yvonette perçut la silhouette d'un Esprit noir qui la regardait. Dès qu'il se rendit compte qu'elle pouvait le voir, il se cacha derrière une cloison du salon. Yvonette, qui savait de quel genre d'Esprit il pouvait s'agir, pria son Guide de la protéger. L'Esprit au périsprit sombre et très opaque continua à épier Yvonette. Il se sortait brièvement la tête de derrière le coin du mur et se cachait rapidement, comme s'il craignait de se faire prendre en flagrant délit.

Comme l'entité se tenait à distance, Yvonette décida de ne pas s'en occuper. Elle continua à amuser le jeune garçon, jetant parfois un bref coup d'œil vers le voyeur qui sursautait à chaque fois. Quand vint l'heure de toiletter l'enfant, elle fit couler l'eau du bain et prépara ses affaires. Pendant qu'elle lavait le petit, elle vit l'Esprit noir s'approcher de la pièce. Il s'avança jusqu'à la porte qu'elle avait laissée entrouverte. Il s'arrêta sur le seuil et y resta immobile, regardant Yvonette. Celle-ci, qui l'observait du coin de l'œil, ne pouvait distinguer aucun de ses traits tellement son périsprit était sombre. Aucune lumière n'émanait de sa silhouette imposante. Seule se dégageait une impression de haine.

Yvonette tourna la tête bien en face de lui pour lui signifier de partir, mais, dès qu'il se rendit compte encore une fois que sa présence était dévoilée, il se cacha à la droite de l'embrasure.

Commençant à avoir peur, Yvonette ferma la porte de la salle de bains, espérant couper l'accès à l'intrus. À cet instant, sans doute offusquée par ce geste, l'entité fit brusquement tourner et retourner la poignée de la porte. Yvonette se sentit presque paralysée par la peur. Bien qu'il n'ait rien vu de tout cela, le petit se mit à pleurer, puis à crier. L'Esprit cessa alors de faire bouger la poignée et alla s'en prendre au téléviseur. Il ouvrit le volume à son maximum. Le son de l'appareil volait à tue-tête dans la maison. Yvonette sortit l'enfant du bain et l'enveloppa d'une grande serviette. Elle l'amena avec elle pour aller baisser le son du téléviseur. Lorsqu'elle arriva à moins d'un mètre du bouton de commande, le volume revint de lui-même à la normale. Yvonette sécha l'enfant et l'aida à mettre son pyjama. L'enfant se calma. L'entité ne donnait plus signe de vie. Après un certain moment de répit, un grand bruit sourd retentit dans toutes les pièces. Craignant le pire, Yvonette songea à me téléphoner. Nous fîmes des prières et tout rentra dans l'ordre. Je rassurai Yvonette sur les possibilités d'action que l'Esprit avait contre elle. Je lui livrai également certains commentaires personnels sur les agissements sournois de ces Esprits hypocrites. Elle sentit alors la grande frustration que cela provoquait chez l'entité. Elle crut même qu'il allait éclater de rage, mais elle sentit une force bienveillante s'approcher et la présence négative s'estompa peu à peu.

Après le téléphone, je priai Dieu d'autoriser les Esprits de lumière à porter secours à cet Esprit ignorant, en l'amenant vers la lumière où il pourrait enfin soulager le déchirement que provoquait chez lui son ignorance. L'Esprit ne se manifesta plus jamais en présence d'Yvonette qui retourna dans la même maison à quelques reprises par la suite.

Il existe des cas de lieux hantés encore plus particuliers. Ils découlent de l'application d'un mécanisme automatique de cause à effet qui est appliqué à certains Esprits trop retardataires pour comprendre par leur propre raisonnement. Ce sont les prisons astrales. Nous les appelons ainsi parce que les Esprits qui s'y trouvent sont confinés aux limites de leur demeure. Ils ne peuvent jamais en sortir, tant que le repentir véritable ne surgit pas dans leur cœur. Souvent, cette prison astrale sera le lieu même où l'entité se sera rendue coupable de graves méfaits, comme le meurtre sous toutes ses formes. Parfois, ce sont des entités coupables des mêmes infractions spirituelles qui y sont regroupées par sympathie vibratoire.

Ces prisons astrales s'enracinent directement dans la pseudo-matière, de sorte que même si la maison physique qui les constitue est détruite ou déplacée, elles demeurent tout à fait inchangées de lieu et de forme dans leur constitution pseudo-matérielle. Les Esprits qui y végètent conservent toujours le même contexte malgré toutes les actions physiques que nous pourrions faire.

Lorsqu'il arrive que ces lieux soient fréquentés par des incarnés, les Esprits en souffrance en deviennent fous de rage. Ils se manifestent alors pour chasser tout intrus de leur enfer.

Ces cas de hantise sont fort difficiles à traiter, car leur situation découle de l'application directe de lois divines. Des prières très intenses sont alors nécessaires, mais, le plus souvent, même cela ne parvient pas à ramener le calme.

Voyons un cas de hantise fort sévère qui vous donnera une idée plus concrète de la réplique pseudo-matérielle des lieux dont je viens de vous parler.

UNE MAISON PSEUDO-MATÉRIELLE

Une dame à la voix très épuisée me téléphone. Elle me demande si je peux résoudre un grave problème de hantise dont elle et sa famille sont victimes depuis quelques années. J'accepte de la rencontrer chez elle, dans les lieux mêmes où se produisent les manifestations.

À l'adresse notée, je stationne mon véhicule devant une petite maison aux allures sombres. La négligence de son entretien accentue l'évidence de son âge respectable. Il s'agit d'une vieille construction qui fut déplacée de plusieurs mètres pour tracer la nouvelle route rurale.

Je frappe à la porte et une dame me reçoit avec beaucoup de bienveillance. Son regard est nerveux. J'entre et, comme pour me protéger, elle me signale que des voix l'ont menacée juste avant mon arrivée. On l'a fermement avertie qu'ils me feraient un mauvais parti et qu'elle regretterait de m'avoir fait venir. Ces voix criaient à leur chef de venir les assister contre moi. Ils l'appelaient « Lucifer » et riaient aux éclats en disant ce qu'ils me feraient.

Je rassure la dame très émue en lui affirmant que moi aussi

je suis accompagné, et par des Esprits de lumière contre qui aucun Esprit malveillant ne peut quoi que ce soit.

Nous prenons place autour de la table de cuisine et la pauvre victime me raconte l'enfer qu'on lui fait vivre.

Lorsque Irma a fait l'acquisition de sa maison, celle-ci était inhabitée depuis un certain temps. Son prix abordable répondait aux impératifs de son budget et elle croyait y trouver un refuge de paix pour elle et ses enfants, trois jeunes adultes qui demeuraient encore avec elle.

Au début, tout était calme. Les premières manifestations commencèrent quelques mois après leur arrivée. Ils entendirent d'abord des voix qui leur ordonnaient de quitter les lieux. Chacun mit cela sur le compte de l'imagination, mais l'insistance des commandements de partir finit par leur faire prendre conscience qu'une force invisible tentait de les intimider.

Les manifestations prirent ensuite un caractère de plus en plus virulent. D'abord, des bruits impressionnants perturbèrent inlassablement le sommeil des occupants, bruits qu'accompagnaient d'horrifiants cris humains. Des déplacements d'objets suivirent ensuite les premiers assauts. Les Esprits malveillants bougeaient des meubles parfois très lourds qu'Irma et les siens avaient beaucoup de peine à replacer.

Irma fit appel à des prêtres, à des exorciseurs, puis à des médiums pour faire cesser les manifestations diaboliques, mais tous les efforts furent vains. Au contraire, les injures retentissaient avec plus de virulence aux oreilles de chacun, leur ordonnant avec encore plus de rage de quitter la maison.

Lassés de cette atmosphère invivable, les deux plus vieux décidèrent de partir. Irma, que son veuvage précoce avait endurcie aux épreuves de la vie, refusa de plier l'échine devant les Invisibles importuns et irrespectueux.

Après leur départ, le plus jeune des fils d'Irma, qui avait choisi de demeurer avec sa mère, devint la principale cible des mauvais Esprits. Sa résistance les fit redoubler d'ardeur. Leur assaut devait même laisser des traces bien concrètes sur le corps du jeune homme. Alors que celui-ci s'était mis en colère contre eux, un fouet invisible mais bien réel le roua de coups aux effets très physiques. Il ressentit toute la douleur que peut provoquer la flagellation, laquelle laissa des plaies bien réelles sur son dos qu'il dut faire soigner. C'est là qu'il décida à son tour de partir.

Très entêtée dans son désir de ne pas s'en laisser imposer, Irma se résigna à demeurer seule dans sa maison.

La première nuit lui fit vivre une expérience astrale qui lui fournit suffisamment d'informations pour comprendre ce qui se passait. Elle vit que, presque juxtaposé à sa propriété, se trouvait un double de sa maison, c'est-à-dire une reconstitution pseudo-matérielle exacte de celle-ci. Elle la vit en tout point semblable. Elle se situait sur l'ancien emplacement.

En y pénétrant, elle vint en contact avec douze Esprits qui l'habitaient. Leur périsprit était très noir. Leur attitude lui fit immédiatement comprendre qu'il s'agissait de ceux qui tentaient de la chasser.

Sauf pour le salon, la division des pièces était semblable à celle de sa maison, mais le mobilier différait beaucoup. Irma y reconnut plusieurs objets comme ceux utilisés dans les cérémonies de magie noire. Des symboles cabalistiques pendaient aux murs. Des genres d'amulettes apparaissaient sur plusieurs petites tables disposées comme dans un magasin. Au plafond, Irma remarqua des genres d'ouvertures. Elle sut intuitivement qu'il s'agissait de passages par lesquels les Esprits communiquaient avec sa maison.

Toujours en sortie astrale, Irma retourna dans sa propre demeure. Elle fut surprise de constater que des objets pseudo-matériels semblables à ceux qu'elle venait de voir se trouvaient également chez elle. Elle percevait bien son propre mobilier, mais voyait que de curieux symboles s'y rajoutaient. Une petite table comme celle où il y avait les amulettes apparaissait le long d'un mur qu'elle n'avait jamais vu.

Le lendemain, Irma redoubla d'ardeur dans ses prières. Elle savait qu'elle faisait face à forte partie, mais sa détermination presque héroïque la poussait à vouloir vaincre ces êtres malveillants.

La nuit suivante, Irma fut à nouveau sortie de son sommeil par des bruits insistants. Priant avec ferveur, elle tenta de se rendormir malgré la peur qui l'assaillait. Des injures fendaient le silence de la nuit. Des mains invisibles lui arrachèrent ses couvertures et les jetèrent sur le sol. Ouvrant les yeux, elle vit se former dans le plafond de sa chambre une ouverture semblable à celles qu'elle avait remarquées dans la maison pseudo-matérielle.

Deux Esprits en descendirent en proférant à son endroit des menaces et des insultes. Leur enveloppe périspritale prit ensuite de plus en plus de densité. Il lui semblait qu'ils étaient devenus palpables. Leurs traits étaient très repoussants. Toute leur apparence lui glaçait froidement le sang dans les veines. Ils s'approchèrent de plus en plus près, puis l'agrippèrent comme pour l'empêcher de bouger. Irma était paralysée par la peur. Ses cris s'étouffaient dans sa gorge. Elle se sentit violentée de toutes parts. Les rires sadiques des agresseurs de l'au-delà accentuaient sa panique. Des mains glacées lui tenaient les jambes écartées et, dans une horreur indescriptible, elle se fit violer par ces êtres chargés d'une haine diabolique. Irma sentit une véritable pénétration.

Les deux Esprits quittèrent sa chambre dans de grands éclats de rire. Ils semblaient très satisfaits de leur basse performance. Irma se retourna meurtrie, seule dans cette maison maudite, acculée aux extrêmes limites de son équilibre mental.

Pendant qu'Irma me raconte péniblement toutes ces horreurs, un calme complet règne autour de nous. C'est comme si tous les Invisibles se cachaient. Un refroidissement progressif de la température de la pièce me fait comprendre qu'ils préparent une manifestation impliquant une grande quantité d'énergie fluidique. Le froid devient tel autour de nous qu'Irma en claque des dents.

Je procède immédiatement à des prières d'invocation faisant appel à l'intervention des Esprits policiers. La chaleur revient rapidement et je sens que les malveillants ne sont plus en mesure de se manifester.

Avant de quitter Irma, je demande à mon Esprit guide pourquoi elle subit tous ces sévices sans que son propre Guide puisse intervenir. Il me répond qu'Irma assume le retour d'actes semblables dont elle s'est déjà rendue coupable des siècles auparavant. On me montre qu'elle l'avait alors fait par vengeance. Depuis ce temps, Irma a grandement évolué en Esprit. Ses réincarnations et ses études dans l'au-delà l'ont amenée à comprendre les lois divines et à les respecter. Mais, comme ce passé limite ses élans, elle a demandé de venir s'en affranchir pour continuer librement son évolution. C'est pour cela qu'elle insiste tant pour demeurer en ces lieux dont il aurait été si facile de se libérer. Quant aux Esprits perturbateurs, ils s'étaient installés dans cette maison et sa reproduction pseudo-matérielle avant même qu'elle ne soit abandonnée et mise en vente. Depuis, ils cherchent à en éloigner tous les incarnés. Ils végètent ainsi dans le bas astral, refusant les efforts qui pourraient les libérer de l'emprise de leurs vices. Quant aux deux violeurs, leurs dettes se sont grandement alourdies. Leurs instincts incrustés dans leur périsprit chargé d'impuretés leur font prendre sadiquement l'énergie même de leur victime pour densifier leur enveloppe périspritale.

Malheureusement pour eux, leur haine profonde leur réserve de douloureux contrecoups qu'ils ne pourront éviter. Comme tous ceux qui n'en sont qu'à leurs premiers pas, ils verront que, même si Dieu est infiniment miséricordieux, ses lois de progression sont tout à fait implacables, chacun récoltant exactement en fonction de ce qu'il a semé.

Je ne pus savoir par la suite si mes conseils avaient porté fruits, car je ne reçus jamais plus de nouvelles de cette dame ni des lieux occupés.

Personnes hantées

Les hantises qui visent les personnes sont généralement plus coriaces que celles des lieux. Elles comportent le plus souvent une intensité beaucoup plus prolongée dans les manifestations. Celles-ci peuvent facilement suivre la victime où qu'elle aille dans ses déplacements.

Le motif classique de ce type de hantise en est un de vengeance. Il peut alors provenir soit de l'incarnation en cours, soit de bien des vies antérieures. Mais il peut également arriver que des Esprits du bas astral choisissent leur victime lors de certaines incursions interdites que des Esprits incarnés peuvent faire pendant leurs périodes de sommeil. L'entité malveillante suit alors son visiteur lorsqu'il doit retourner dans son corps charnel, pour ni plus ni moins lui rendre la politesse, mais en appliquant des règles qui n'ont rien à voir avec la bienséance.

Il peut arriver aussi que certains Esprits criminels ne veuillent qu'assouvir leurs instincts qui les font réellement souffrir. Une rage découlant de leurs frustrations continues accentue leurs penchants qui peuvent les pousser à se jeter sur le premier venu qui semble leur convenir.

Heureusement pour nous que les Esprits guides et les Esprits policiers sont là pour limiter leurs actions. En voici quelques exemples.

UNE VIEILLE RANCUNE

Cette histoire de hantise débuta il y a plusieurs dizaines d'années dans une magnifique maison centenaire ayant pignon sur rue dans une petite ville du Québec.

Les propriétaires légataires actuels de la maison apprirent d'un vieil oncle que les manifestations qui les dérangeaient tant avaient commencé au début du siècle, après l'exposition de la dépouille mortelle d'un de ses premiers habitants. Il leur raconta qu'après l'enterrement, les gens de la maison entendaient régulièrement la récitation de plusieurs chapelets dans la pièce où avait été exposé le corps. La peur du phénomène avait même poussé les occupants à fermer à clé ce grand salon où, de toute façon, personne n'osait plus aller.

Toujours selon leur oncle, malgré la condamnation des lieux, une série de manifestations s'était répandue dans toute la maison. D'abord, des bruits insolites faisaient sursauter les gens dans les moments les plus inappropriés. Ces bruits bizarres donnaient l'impression que toute la construction allait se démolir, alors qu'aucun dommage n'apparaissait nulle part. Ensuite, le piano s'était mis à jouer de lui-même dans une impressionnante cacophonie. Au milieu de certaines nuits, des bruits de quadrilles accompagnés de rires et de cris retentissaient dans le grand salon fermé, donnant l'impression qu'une folle soirée dansante s'y tenait.

Lui-même avait été témoin de ces phénomènes, mais, comme ses frères et sœurs, il n'avait jamais osé en parler en dehors de sa famille, craignant pour sa propre réputation d'homme équilibré.

Les manifestations, qui avaient résisté à toutes les prières et à tous les encens, n'avaient donc jamais cessé depuis, prenant parfois un temps de repos pour recommencer de plus belle par la suite.

Celle qui fit appel à moi avait habité cette maison pendant

plus de trente-cinq ans. Elle y avait entendu plusieurs bruits inexpliqués. Coups dans les murs, bruits de pas invisibles près de son lit, voix graves lui adressant la parole, disparition de vêtements ne sont que quelques exemples qu'elle me décrivit. Elle avait été souvent réveillée par des apparitions malveillantes qui ne cherchaient qu'à la déranger.

Bien que cela se voulût très impressionnant, elle et les siens s'étaient relativement adaptés à cette ambiance que plusieurs auraient qualifiée d'invivable.

À la fin des années soixante-dix, une recrudescence des manifestations qui devenaient de plus en plus violentes les obligea à quitter les lieux. Catherine et sa famille se firent construire une nouvelle maison, croyant y trouver enfin la paix.

En attendant la vente de la vieille demeure, ils risquèrent de la mettre en location. Malheureusement, personne n'y resta plus que quelques semaines et la propriété eut bientôt une réputation éloignant même les plus sceptiques. Les derniers locataires y vécurent des expériences qui auraient pu les traumatiser sérieusement.

D'abord, une magnifique horloge solidement fixée au mur se retrouva sur le plancher en mille morceaux, provoquant un fracas démesuré. Les fixations étaient mystérieusement demeurées intactes.

Ensuite, leur petite fille devint la cible des Esprits malveillants. Des mains ou des pieds invisibles lui faisaient des crocs-en-jambe, la faisant trébucher. Elle ne se faisait jamais mal, mais en était très impressionnée.

Enfin, un matin, les locataires trouvèrent tous les jouets de l'enfant éparpillés un peu partout à l'extérieur de la maison. Tous les verrous étaient pourtant demeurés dans la même position que la veille. Ils ne comprirent jamais comment on avait pu sortir tous ces jouets sans réveiller personne. Cette dernière expérience leur fit comprendre qu'ils devaient quitter cet endroit.

Catherine et sa famille vivaient maintenant loin de ces lieux. Ils connaissaient enfin une vie calme et tranquille, lorsque les manifestations se transférèrent dans leur nouvelle demeure. Des formes humaines apparurent d'abord à leur fils Bob. Ensuite, des bruits inexpliqués retentirent avec la fâcheuse caractéristique de n'être audibles que par Bob et Catherine.

Des bruits de pas montant les escaliers ou marchant dans la maison rappelaient la présence d'êtres malveillants cherchant à semer le trouble.

Après quelques mois de ce régime, le climat familial se détériora sérieusement. Catherine emménagea dans une autre partie de la ville, mais, dès son arrivée, ses indésirables compagnons lui firent réaliser qu'ils la suivraient comme une véritable malédiction. À plusieurs reprises, elle fut brusquement sortie de son sommeil, voyant des gens au-dessus de son lit dès qu'elle ouvrait les yeux. Une masse de forme humaine vint s'étendre près d'elle dans son lit, ne repartant qu'après de ferventes prières.

Même le jour elle entendait des gens invisibles marcher dans sa cuisine et venir près d'elle dans un déplacement d'air glacial. Lorsqu'elle fit appel à moi, nous formâmes une chaîne de prière pour tenter de calmer les importuns visiteurs. Une période d'accalmie permit à Catherine de se reposer, mais les manifestations recommencèrent par la suite. Bien que moins violentes, elles n'en demeurèrent pas moins fort dérangeantes.

De tous les cas semblables où je dus intervenir, celui-ci se classe parmi ceux qui ne donnèrent pas de satisfaction complète. Une communication avec mon Esprit guide nous avait déjà fourni dès le début l'information qu'il s'agissait d'un Esprit vengeur qui poursuivait Catherine et sa famille depuis de nombreuses années. L'apparente inefficacité de nos prières me fit préciser que nous étions devant un effet karmique que Catherine et ses proches devaient achever d'assumer. Malheureusement, dans ces cas, seul Dieu peut autoriser les Guides à chasser définitivement les Esprits malveillants, ces Guides se voyant limités à prodiguer le courage nécessaire à la réussite de l'épreuve et à faire respecter la mesure permise par le plan d'incarnation.

UNE HANTISE INSISTANTE

Les problèmes que connut Francine avec les forces négatives de l'au-delà commencèrent lorsqu'elle rallia les rangs d'une secte soi-disant religieuse. Elle croyait pouvoir y trouver les réponses à ses questions spirituelles.

Les premiers contacts avec cette secte lui parurent d'abord très enrichissants. Francine croyait vraiment avoir découvert la voie qui menait à la réussite de son incarnation. Le recul qu'elle peut prendre aujourd'hui lui fait constater comme elle fut exploitée dans sa naïveté et la fragilité de sa candeur.

Cette secte avait été mise sur pied par un homme orgueilleux et très ambitieux possédant un grand bagage de connaissances ésotériques, mais malheureusement décidé à utiliser son savoir et ses capacités dans des buts égoïstes et matérialistes. Pour ce faire, ce pseudo-chef spirituel choisissait parmi les personnes qui venaient à lui ceux et celles qui présentaient une potentialité médiumnique suffisante pour devenir exploitables à ses fins personnelles. Or, Francine était de ce nombre.

Comme tous ceux qui possédaient les capacités recherchées, Francine eut très tôt droit à un régime particulier. Il s'agissait en fait d'un conditionnement psychologique qui obnubilait son jugement et la rendait plus malléable. Sa sensibilité était exploitée au maximum.

Bien aveuglée, on la convainquit qu'elle avait été choisie pour servir d'ambassadrice de l'humanité auprès des nombreuses civilisations humanoïdes interstellaires. Utilisant ses dons de clairaudiance, des Esprits collaborateurs du bas astral lui dictaient la conduite à suivre et les consignes à exécuter.

Ce manège dura de longs mois. Un bon jour, sans doute protégée par son Esprit guide, Francine retrouva sa lucidité. Il faisait nuit et elle se trouvait seule au bord d'une rivière où on lui avait dit de se rendre. Elle écoutait une voix de l'invisible qui conditionnait sournoisement son Esprit confus. C'est là qu'elle comprit soudainement le non-sens de ce qu'elle vivait. Ce fut un réveil brutal. Redevenant maîtresse de ses pensées, Francine décida par la suite de quitter cette secte perverse vouée aux forces du mal.

Quelque temps plus tard, le calme semblait revenu dans son quotidien. Reprenant progressivement un rythme plus normal dans sa vie familiale, Francine tentait d'oublier peu à peu sa mauvaise expérience.

Quelques mois passèrent et Francine apprit une heureuse nouvelle. Elle attendait un enfant. Cette annonce bien agréable pour elle allait cependant déclencher une série de manifestations perturbant autant ses heures de veille que de sommeil. D'abord, des bruits mystérieux qu'elle seule percevait la réveillèrent en pleine nuit. Puis elle entendit à nouveau la voix qui la subjuguait du temps de la secte. On lui proférait des menaces de toutes sortes. Un peu plus tard, l'entité se matérialisa, montrant ses traits hideux qui trahissaient son infériorité spirituelle.

Ce n'est qu'à la fin de sa grossesse passablement perturbée que cessèrent les manifestations.

Francine mit au monde un garçon qui devait à son tour lui causer bien des soucis. Tôt dans son enfance, le garçonnet manifesta des sautes d'humeur tout à fait inexplicables. Il devenait comme fou de rage, choisissant sa mère comme principale cible.

Il arrivait parfois à Francine de voir l'Esprit hideux penché sur son fils pendant qu'il dormait. Francine adressait alors des prières à Dieu et l'entité disparaissait, mais cela ne suffisait jamais à la faire partir pour de bon. Son fils passa ainsi toute son enfance, causant parfois de sérieux dommages au mobilier de la maison. Lorsque Francine fit appel à moi, cet enfer durait depuis plus de quinze années. Le comportement de son fils était toujours demeuré instable; tantôt doux comme un petit agneau, il pouvait subitement rugir comme une véritable bête féroce. Médecins, psychologues, orthopédagogues et autres spécialistes ne pouvaient venir à bout de son problème.

À quelques reprises, alors que son fils était en pleine crise, Francine vit nettement l'Esprit mauvais le stimuler. Il se tenait agrippé contre son fils. La description qu'elle m'en fit plus tard correspondait exactement à ce qu'on me fit voir en image interne : je vis un Esprit très repoussant. Son périsprit était très noir. Ses traits anguleux exprimaient haine, rage et dégoût. De ses yeux sortait une lueur rouge donnant l'impression d'un feu incandescent. Une grande cape noire semblait accrochée à ses épaules. Il se tenait littéralement à cheval sur le dos du jeune homme. Ses jambes se croisaient sur le ventre du garçon et ses bras s'enlaçaient autour de son cou. Pour transmettre toute l'impulsion négative à l'Esprit de sa victime, il faisait pénétrer sa tête dans celle du garçon comme pour interférer dans ses ondes cérébrales. Un sourire sadique traduisait un véritable enivrement de folie.

Ce n'était pas la première fois que j'observais cette façon de procéder des mauvais Esprits. Souvent, ceux qui sèment le trouble chez les incarnés utilisent cette technique sournoise qui leur permet d'atteindre plus directement les pensées de leurs victimes.

Il y en a même parmi les plus ignorants qui tentent naïvement d'appliquer la même façon d'agir sur nos propres Esprits guides ou encore sur les Esprits protecteurs désirant nous assister.

Pendant plusieurs mois, en collaboration avec Francine, des prières soutenues vinrent finalement à bout de l'agresseur invisible. Encore une fois, nous pûmes constater la force de la prière et l'indispensable collaboration des Esprits de lumière qui, avec la permission de Dieu, ont la pleine autorité pour faire fuir les malotrus de l'au-delà.

UN ESPRIT SANS SCRUPULES

Aline désirait depuis longtemps entrer en contact avec son défunt mari, mais jamais les circonstances de sa vie ne lui en avaient offert la possibilité.

Or, un bon jour, sans même le chercher, elle tombe sur un livre où est expliquée la façon de procéder pour développer la faculté de recevoir des messages des morts par l'écriture automatique.

Croyant avoir enfin trouvé les données qui lui manquaient, elle se mit résolument à la tâche. Aline obtint très rapidement les résultats escomptés. À peine quelques essais lui suffirent pour que des entités de l'au-delà puissent se manifester par le crayon qu'elle tenait dans sa main. Pour Aline, seule la performance psychographique comptait et elle était servie à souhait. Son ignorance spirituelle l'empêchait de comprendre le plus important, à savoir qu'elle s'initiait à un domaine très complexe nécessitant une longue et sérieuse préparation autant spirituelle que psychologique. De plus, elle croyait que les mises en garde sur la nécessité de la prière faisant appel à la protection divine n'étaient qu'une formalité faisant office de formule magique. Son expérience devait malheureusement lui faire comprendre le sérieux des contacts médiumniques et l'extrême prudence dont il faut faire preuve dans ce domaine.

L'entité qui se manifesta dès le début semblait bien préparée. Elle utilisait un langage pouvant satisfaire les attentes de sa victime. Habile manipulateur, l'Esprit tenait compte des faiblesses d'Aline tout en contournant l'obstacle possible de ses forces.

Dès les premières lignes, l'Esprit trompeur se présenta

sous le titre de Jésus-Christ. Il mit sournoisement en valeur les nombreux efforts que la vie avait exigés d'Aline, gonflant ses mérites, oubliant ses faiblesses.

Bien naïve, Aline se crut bien digne de recevoir ainsi des communications du Christ lui-même. Elle entretint ainsi en toute confiance une correspondance qu'on lui ordonna évidemment de bien garder secrète.

Après quelques jours de ce régime emballant, les contacts prirent un visage bien différent. Laissant tomber le canal de l'écriture, l'Esprit trompeur amena Aline avec lui dans le monde astral. Là, il lui fit miroiter des illusions des plus mirobolantes. Aline se retrouva dans l'espace, loin, au-dessus de la planète Terre qu'elle voyait en entier. Le fraudeur de l'au-delà lui annonça alors qu'elle serait l'impératrice de toute l'humanité. Il lui fit voir une armée de plusieurs centaines de milliers de soldats qu'il prétendit à son service personnel. Poussant encore plus loin l'exploitation de son orgueil, il lui fit visualiser une foule innombrable se prosternant devant elle, l'adorant à l'égal de Dieu tout-puissant.

Pendant quelques instants, étourdie par toutes ces visions, aveuglée par son orgueil, Aline entra dans le jeu qu'on lui projetait, mais le retour dans son corps charnel la ramena à une bien cruelle réalité. Revenue dans son petit appartement, Aline se rendit compte qu'elle n'avait plus la maîtrise de son corps physique. À son grand désarroi, l'Esprit s'était emparé du contrôle de son cerveau, lui faisant faire ce qu'il voulait.

Parfois, il entrait dans tout son corps, ce qui donnait à Aline la très désagréable impression de ne plus s'appartenir. Des souffrances autant physiques que morales s'amorcèrent ainsi pour une durée de soixante-douze heures.

Pendant tout ce temps, jusqu'à la toute fin de ce cauchemar bien réel, Aline entendit nettement la voix rauque de son agresseur de l'invisible. Les mots doux des premières lignes par l'écriture n'étaient maintenant plus qu'insultes et propos haineux. L'Esprit proférait à son endroit toutes sortes d'obscénités, la qualifiant des épithètes les plus viles et les plus injurieuses.

L'Esprit la força à des attouchements sexuels de toutes sortes, amplifiant ses sensations par le chakra du cou et du cœur. Il était évident pour Aline que l'Esprit ainsi connecté pouvait alors ressentir tout ce qu'il lui faisait endurer. Ce train d'enfer dura trois jours sans répit. Il lui fit fermer toutes les fenêtres et l'obligea à prendre un bain toutes les deux heures pour mieux se ressourcer en énergie tellurique.

Il fit enlever les couvertures du lit, puis la fit se coucher pour étancher sa soif sexuelle.

Très souvent, l'Esprit menaçait Aline de mort. Des rires gras suivaient chacune de ces menaces.

Il maintint la même cadence effrénée pendant tout ce temps, sans que personne parmi les proches d'Aline ait l'idée de lui téléphoner ou d'aller faire un tour chez elle. Tout se passait comme si on l'avait temporairement isolée du monde de la Terre.

À la fin de la troisième journée, Aline sentit quelque chose sortir de son corps. À son grand soulagement, elle constata qu'elle avait enfin repris le contrôle de son enveloppe charnelle.

Complètement épuisée, elle crut un moment qu'elle allait en mourir, mais ses forces revinrent dans les jours suivants. Aline reprit peu à peu l'équilibre qu'elle aurait bien pu perdre à tout jamais.

Malheureusement, ses peines n'étaient pas encore terminées. Après quelques jours de répit, l'Esprit agresseur recommença sa poursuite, la harcelant par le canal de la clairaudiance. L'Esprit sans scrupules recommença ses insanités verbales, multipliant ses insultes et ses obscénités à toute heure du jour et de la nuit.

Dès qu'elle le put, Aline alerta sa fille Solange, un peu versée dans ce domaine. Celle-ci intervint promptement et put obtenir le contact avec le violeur d'outre-tombe qui lui adressait la parole en utilisant le corps de sa pauvre mère.

Assistée par des Esprits de lumière venus à son secours, Solange put identifier l'Esprit mauvais. Il s'agissait d'une vieille connaissance de la famille, décédée depuis plusieurs années. De son vivant, cet Esprit s'était montré jaloux et très avaricieux. Il avait longtemps désiré Aline et en voulait secrètement à celui qui l'avait épousée, jouant hypocritement à l'ami sincère.

Depuis sa mort, il souffrait énormément et cherchait à faire souffrir tous ceux qui lui semblaient plus heureux que lui.

Il craignait la lumière et fuyait tous ceux qui lui offraient leur aide. Il était prisonnier de ses propres faiblesses spirituelles.

Cet Esprit suivait secrètement Aline depuis son décès.

Lorsqu'il avait vu qu'elle s'intéressait à la médiumnité, il en avait profité pour la contacter et tenter ainsi de soulager ses souffrances. Finalement, comme de son vivant, sa rage et sa haine l'avaient incité à assouvir égoïstement ses passions, solidement incrustées dans son périsprit littéralement putréfié par tant de faiblesses.

Solange et Aline firent appel à d'autres intervenants pour maîtriser les assauts de l'Esprit errant. Le calme ne revint définitivement qu'après quatre mois d'efforts soutenus. Lorsque Aline fit appel à moi, tout était tranquille chez elle, mais elle craignait sans cesse que des phénomènes semblables puissent recommencer. Elle me demanda de procéder à des prières pour la rassurer contre toutes possibilités de récidive.

Elle me téléphona le lendemain de ma visite pour me décrire un phénomène que les Esprits de lumière lui avaient permis de vivre pour lui confirmer leur protection. Elle s'était réveillée au milieu de la nuit et, en ouvrant les yeux, elle avait aperçu une lumière blanc argenté lui recouvrant tout le corps. Des arcs électriques apparaissaient de toutes parts dans cette lumière bienfaitrice. Aline se sentait bien et en sécurité. Ensuite, elle s'était rendormie paisiblement, comme bercée dans un écrin d'amour. Au matin, elle s'était levée, l'esprit tranquille, se sentant libérée d'un poids enfin disparu.

FURIEUX DE LA VOIR PRIER

Marie-Josée avait reçu un appel de son amie Normande. Cette dernière vivait des manifestations dans sa maison. Celles-ci avaient commencé par une subite impression qu'une présence invisible observait tous ses faits et gestes. Ensuite, après avoir mis tout cela sur le compte de son imagination, Normande avait entendu prononcer son nom à certaines heures du jour. Enfin, depuis peu, une main invisible venait caresser ses cheveux, ce qui l'effrayait au plus haut point. Après tous ces événements, vivant seule dans son grand logement, Normande commençait à songer à le partager en colocation, voire à quitter tout bonnement les lieux.

Se souvenant de la force spirituelle de son amie Marie-Josée, elle avait pensé lui demander son avis et voir si elle ne pouvait pas y faire quelque chose.

Il y avait un certain temps que Marie-Josée et Normande

ne s'étaient pas revues, mais leurs liens d'amitié demeuraient toujours intacts. En entrant chez Normande, Marie-Josée avait l'agréable impression de n'avoir jamais cessé de la visiter.

Les deux amies discutaient depuis deux bonnes heures et rien de particulier n'avait détourné leur attention. Normande avait expliqué bien en détail les phénomènes qui l'inquiétaient et Marie-Josée croyait, un peu déçue, devoir partir sans avoir pu observer par elle-même une quelconque manifestation. Elles terminaient leur deuxième tasse de café lorsque Normande sursauta. Elle indiqua sans plus bouger que la fameuse main invisible lui caressait les cheveux. On aurait dit que l'Esprit voulait défier Marie-Josée. Celle-ci sentait nettement la présence de l'entité. L'Esprit exprimait une manifeste intention malveillante.

Fermant les yeux, Marie-Josée se mit à prier pour faire appel à l'assistance des Esprits protecteurs. Elle demanda à Dieu d'autoriser leurs Esprits guides à chasser l'importun de l'au-delà, tout en ayant une pensée d'amour pour ce dernier. Elle invita Normande à se joindre à ses prières. À cet instant, elle sentit une forte poussée sur son épaule gauche. Se tournant rapidement, Marie-Josée ne vit rien, mais on l'avait réellement touchée, cherchant manifestement à la bousculer. Marie-Josée comprit immédiatement que l'entité était furieuse de ses prières et reconnut là la confirmation de leur efficacité. Elle insista donc dans ses invocations, appelant le secours des Esprits de lumière.

Marie-Josée remarqua une certaine fraîcheur dans la pièce, mais le calme revint rapidement, calme que Normande espéra définitif.

Au départ de Marie-Josée, Normande se sentit plus rassurée, mais elle n'était pas tout à fait au bout de ses peines. L'Esprit errant se manifesta à nouveau, bien que de façon beaucoup plus sporadique, pendant encore plusieurs semaines. D'autres prières soutenues vinrent finalement à bout de ses intentions.

ELLE S'ENNUYAIT DE SES VISITEURS

Karine et Jules vivaient dans une crainte continuelle depuis que diverses manifestations retentissaient dans leur maison. Celles-ci avaient fait leur apparition sans raison très évidente à leurs yeux d'incarnés. Karine avait tenté d'en cerner l'élément déclencheur, mais rien de bien précis ne parvenait à couronner son investigation.

Tout avait commencé un soir d'automne. Jules venait d'allumer la cheminée. Il s'apprêtait à regarder les premières parties de hockey à la télévision. En attendant le début de la télédiffusion de son sport favori, il avait aidé Karine à exécuter certains petits travaux.

Ils parlaient tranquillement lorsque des bruits de pas retentirent soudain à l'étage. C'était comme si quelqu'un de corpulent arpentait leur chambre de long en large. Karine et Jules se regardèrent fort surpris, car personne d'autre n'était présent dans la maison.

Craignant la présence d'un voleur, Jules monta à pas feutrés. Les pieds du marcheur frappaient le plancher sans cesse. Lorsque Jules arriva dans l'embrasure de la porte donnant sur la pièce visitée, les bruits cessèrent. Jules ne voyait rien. On aurait dit que l'intrus craignait d'être pris sur le fait malgré son invisibilité. Jules descendit après une vaine inspection.

Le phénomène ne se répéta plus pendant quelques jours. Jules et Karine en étaient à se demander si tout cela n'avait pas été le fruit de leur imagination lorsque l'Esprit envahisseur frappa de nouveau.

Dans un premier temps, les pas recommencèrent à retentir à l'étage, changeant de pièce d'une fois à l'autre, au gré d'un caprice indéfinissable. Ensuite, l'entité s'en prit à divers objets de la maison. Il s'amusait à les faire disparaître de leur place habituelle pour les faire réapparaître dans les endroits les plus insolites.

Finalement, les manifestations atteignirent leur point culminant quelques mois plus tard. Jules venait tout juste de se lever au beau milieu de la nuit. Karine ne dormait pas. Après quelques secondes, elle sentit le matelas s'affaisser et crut que Jules s'était recouché. Comme elle était tournée vers le côté opposé, elle ne pouvait voir ce qui se passait vraiment. Karine entendit distinctement le froissement des couvertures et sentit se coucher à ses côtés celui qu'elle croyait être son mari. La masse corporelle qui se pressait contre elle ne faisant pas l'effet auquel elle était habituée, Karine se tourna brusquement vers son conjoint pour voir ce qui n'allait pas.

Karine se glaça littéralement d'horreur en n'apercevant personne couché près d'elle. Elle cria à Jules qui accourut aussitôt. Dès qu'il entra dans la pièce, la matérialisation invisible se retira.

Fort ébranlés, ils ne purent refermer l'œil de la nuit. Le calme revint ensuite pendant quelques jours, puis l'Esprit sournois se manifesta à nouveau.

Karine dormait profondément, épuisée par tout ce remue-ménage qu'elle ne pouvait contrôler. Cette nuit-là, elle fut sortie de son sommeil par la bizarre impression que quelqu'un lui caressait les sourcils. D'abord à moitié endormie, elle crut à un simple rêve, mais son réveil progressif lui fit bien comprendre qu'elle faisait réellement l'objet d'une indésirable attention. Karine sentait nettement un doigt massif toucher chacun de ses sourcils. Elle ouvrit rapidement les yeux, mais ne vit rien. Le doigt invisible continua son manège insistant pendant un moment qui ne cessa que lorsque Karine bondit hors de son lit et réveilla son mari.

Ce fut le dernier contact direct que Karine vécut avec cette entité, mais sa présence se fit longtemps sentir malgré de nombreuses prières récitées dans la maison.

Lorsqu'on me demanda d'intervenir à mon tour, je crus bien que le problème serait définitivement réglé, mais tout recommença après plusieurs semaines de rémission. C'est une réflexion irréfléchie de Karine qui sembla repartir le bal. Je téléphonais à Karine pour prendre de leurs nouvelles. Au fil de notre conversation, elle mentionna qu'elle s'ennuyait de ses visiteurs, que ça lui faisait curieux de penser qu'ils ne reviendraient plus.

Le soir même, le tambourinage recommençait. Dès lors, il ne cessa jamais. Toutes les interventions qui furent tentées par la suite s'avérèrent toujours vaines.

Je sais que Karine retrouvera un jour le calme d'autrefois, mais je crois que, d'abord, certaines attitudes devront être changées.

À un certain moment, je crus que les Esprits de lumière n'agissaient pas. Je pensai qu'ils n'étaient pas autorisés à intervenir, mais une voix intérieure me répondit que je ne me rendais pas vraiment compte de leur efficacité. On ajouta que, sans eux, la gravité qu'aurait prise la situation aurait été tout à fait insoutenable.

ELLE S'ÉTAIT AMUSÉE AU OUIJA

Une amie vint me consulter au sujet de sa jeune nièce à peine âgée de douze ans. Celle-ci subissait les assauts d'une entité qui se manifestait de plus en plus bruyamment autour d'elle. La jeune fille s'était amusée à faire parler un Ouija en compagnie de ses amies. Dans leur étourderie, elles avaient questionné les Esprits du bas astral dont elles ignoraient tout de la nature. C'est lorsqu'elles voulurent cesser leur dangereux amusement que la petite Gessica commença à se faire tourmenter. L'Esprit sans scrupules avait trouvé en elle une proie rêvée pour ses loisirs personnels.

Comme Gessica craignait de me rencontrer avec tout ce qu'elle vivait, je dus utiliser une photographie pour effectuer le travail qui m'était demandé.

Je dictais ce qu'il fallait faire à mesure que je recevais les informations lorsqu'un visage très laid apparut sur le tapis du salon. Il se tenait près de la tante de Gessica qui écrivait ce que je lui disais. Ses cheveux semblaient graisseux. Ses yeux globuleux exprimaient la hargne et la rage. Sa bouche légèrement croche semblait vouloir me crier des insanités. Ses lèvres épaisses laissaient voir de grosses dents inégales qui se dévoilaient comme celles d'un animal s'apprêtant à mordre.

La vision de l'Esprit malveillant me plut beaucoup. Elle me confirmait que nous visions juste dans les recommandations que suivraient Gessica et ses parents. Je fis une courte prière et l'apparition disparut.

Gessica et sa famille retrouvèrent la paix dans les délais prescrits. Gessica peut encore aujourd'hui se compter chanceuse de s'en être sortie si facilement. N'eût été de l'intervention des Esprits bienveillants qui furent invoqués, elle aurait sans doute connu des expériences beaucoup plus difficiles.

Les personnes qui font l'objet de hantise doivent bien observer leur état physique. Souvent, ces Esprits vont puiser l'énergie dont ils ont besoin pour se manifester dans la propre réserve de leurs victimes. Parmi ces derniers, plusieurs m'ont rapporté avoir vécu la désagréable sensation qu'une longue aiguille leur perçait le dos. Elles sentaient alors un genre de succion tout près des omoplates. C'est de cette façon que les Esprits malveillants volaient leur énergie vitale.

Dès qu'un incarné vit une situation de hantise sur sa personne, il doit centrer ses efforts sur trois importants facteurs.

Premièrement, il doit demander pardon à Dieu, au cas où, dans ses vies antérieures, il se serait rendu coupable d'une semblable infraction aux règles divines. Il doit alors bien signifier la leçon qu'il en a comprise.

Deuxièmement, il doit s'efforcer d'améliorer la qualité spirituelle de son existence. Après avoir bien analysé son genre de vie, ses pensées et ses actions, il devra identifier les faiblesses à surmonter. Il devra ensuite travailler à les maîtriser. Ceci élèvera son niveau vibratoire et favorisera l'assistance des Esprits de lumière.

Troisièmement, il doit prier Dieu d'autoriser son Guide, ses Esprits protecteurs et les policiers de l'au-delà à venir l'aider dans son épreuve. Il devra le faire en étouffant toutes pensées malveillantes à l'égard de l'Esprit errant, sinon il ne fera qu'attiser encore plus son ardeur. Dans l'au-delà, aucune force négative ne peut résister à la bonté véritable. Il demandera également à Dieu de pardonner au fautif et de le guider vers la lumière libératrice.

Les Esprits malveillants du bas astral

En parlant des Esprits malveillants du bas astral, notre pensée songe aux cas de hantise que nous venons de voir. Il est vrai que nous aurions pu classifier ces derniers dans cette catégorie, mais je préfère les distinguer d'une certaine manière, car nous parlons ici des entités qui ne cherchent qu'à assouvir leurs passions souvent bestiales, mais sans hanter véritablement des lieux ou des personnes. Ce sont les défunts criminels de notre monde d'incarnés tels nos violeurs et nos meurtriers.

Esprits du premier degré de l'échelle de progression spirituelle, ils forment la horde des entités aux dimensions morales les moins développées. L'orgueil est très fortement enraciné en eux. Bien que parfois fort intelligents, ils ne parviennent pas à comprendre la route à suivre pour se libérer de leurs souffrances continues. Ces dernières sont souvent engendrées par leurs propres pulsions dont ils sont les esclaves. Comme pour les Esprits coupables de hantise, ils se classent parmi ceux que nous avons appelés les Esprits mauvais dans *Messages de l'au-delà*.

Leur apparence présente toujours la caractéristique suivante : leur périsprit est d'un noir très dense. C'est pour cela que nous les appelons les Esprits noirs. Cette noirceur est due à l'opacité du périsprit dont la constitution est tellement chargée de scories qu'aucune lumière ne peut en jaillir. L'intensité de leur noirceur périspritale est telle qu'ils demeurent visibles même dans l'absence totale de lumière physique.

Leurs mains présentent souvent des déformations particulières. Leurs doigts crochus et osseux portent alors des ongles longs et courbés pouvant ressembler à de véritables griffes animales. Chez plusieurs, une lueur rouge sort de leurs pupilles dans un jet continu.

Laissons les témoignages suivants vous les faire connaître davantage.

VISITEUR INDÉSIRABLE

Gaspard et Francine viennent de coucher les enfants. La vingtième heure sonne dans le calme retrouvé. La nuit est déjà tombée. La fraîcheur humide de plus en plus accentuée les oblige à bien fermer leurs portes, geste qu'ils devront bientôt répéter pendant tout le long hiver à la veille de reprendre sa place.

La soirée s'annonce routinière, mais un visiteur indésirable viendra briser la paix de ces gens pourtant bien tranquilles.

Gaspard se trouve dans la cuisine. Il entend soudainement des bruits répétés provenant de la porte d'entrée. Il se tourne pour vérifier ce qui peut bien causer cela. Gaspard voit la persienne fixée à la fenêtre de la porte bouger continuellement. Il s'approche en demandant à sa femme de venir jeter un coup d'œil sur ce curieux phénomène. Francine a à peine le temps de rejoindre son époux qu'une curieuse masse noire passe à travers la porte. Pendant que cette énergie pénètre dans la maison, la toile se déplace comme si elle subissait la poussée d'un corps physique. Elle reprend ensuite sa position initiale et demeure immobile. La masse qu'ils ont vue passer est sombre et ne présente pas de forme particulière. Elle disparaît dès qu'elle a complété son introduction dans la maison.

Gaspard et Francine ressentent une grande peur. Ils ouvrent rapidement la porte pour vérifier s'il n'y a rien de particulier à l'extérieur, mais tout semble normal. Ils accourent ensuite dans la chambre des enfants. À leur grand soulagement, ceux-ci dorment à poings fermés. Quand ils se couchent quelques heures plus tard, Gaspard et Francine se questionnent encore sur ce qui a bien pu provoquer un pareil phénomène. Ils parviennent enfin à s'endormir jusqu'au matin.

Quelques jours passent et aucun incident ne vient éveiller leurs craintes qui s'estompent peu à peu. Mais après cette courte période d'accalmie, des bruits insolites commencent à les déranger à toute heure du jour et de la nuit. Gaspard et Francine soupçonnent de plus en plus qu'ils sont la cible d'une entité de l'au-delà qui leur cherche querelle. Ils n'osent parler aux autres de leur problème, de peur d'être ridiculisés ou, pire encore, de passer pour des malades mentaux. Ils tentent de prier à leur manière, mais rien de cela ne semble vouloir impressionner leur invisible envahisseur.

Après quelques jours et quelques nuits de tambourinage, l'entité commence à se manifester visuellement.

Francine prend son bain. Elle se sent bizarrement observée, mais préfère mettre cette désagréable impression sur le compte de l'émotion des derniers jours. Elle revoit alors la masse noire qui avait traversé la porte de la cuisine. Des frissons de peur couvrent tout son corps humide. L'apparition prend rapidement la forme d'une ombre humaine. L'Esprit noir se tient debout tout près du bain. Il ne bouge pas, comme s'il la regardait fixement.

Francine, qui se sent incapable de crier, voit l'entité se déplacer vers la porte fermée de la salle de bains et passer lentement au travers. Elle sort rapidement de sa baignoire et appelle son époux. En ouvrant la porte, elle aperçoit l'ombre noire au bout du corridor. Il se dirige vers la chambre des enfants. Francine y accourt, mais l'Esprit disparaît aussitôt.

La nuit suivante, Francine est brusquement sortie de son sommeil. En ouvrant les yeux, elle aperçoit, devant son lit, la partie inférieure d'un corps masculin matérialisé. L'homme est habillé d'un pantalon blanc dont la braguette est grande ouverte. Francine ressent une grande peur. Elle reçoit la nette impression que l'entité lui exprime son désir de la violer. Elle réveille Gaspard dormant près d'elle et l'Esprit disparaît.

L'entité répétera le même stratagème à quelques reprises. Après avoir lu mon premier ouvrage, Francine se décide à me faire part de ce qu'ils vivent dans leur logis autrefois si tranquille. Nous faisons plusieurs prières pour leur venir en aide. Malheureusement, je ne peux vous confirmer leur degré d'efficacité, n'ayant eu aucune nouvelle de Gaspard ni de Francine après qu'ils m'aient demandé conseil.

UNE OMBRE NOIRE INFORME

Rachelle venait tout juste de vivre une manifestation dans sa maison lorsqu'elle me téléphona. Quelques minutes plus tôt, une amie de Rachelle avait fait appel à son aide pour éloigner des entités qui provoquaient d'impressionnants bruits dans sa maison. Elle savait que Rachelle était proche du monde spirituel et avait déjà pu constater l'efficacité de ses prières. Elle faisait donc appel aux forces de son Esprit pour tenter de rétablir le calme dans sa demeure.

Les premières manifestations avaient commencé quelques jours plus tôt. Sans en comprendre la raison, elle était subitement devenue la victime des tambourineurs de l'au-delà. Jusqu'à ce soir-là, tout n'avait duré que de brefs instants, mais la force que les auteurs semblaient maintenant utiliser avait été largement suffisante pour qu'elle sollicite l'aide de Rachelle.

Lorsqu'elle reçut l'appel de son amie, Rachelle se trouvait seule dans sa maison. Elle écouta avec une certaine crainte tout ce que son amie lui décrivait. Juste au moment où elle lui répondait de ne pas s'en faire et qu'elle prierait pour elle, Rachelle entendit à son tour des bruits dans sa maison. Comme c'était la première fois qu'elle vivait une pareille expérience, Rachelle en fut fort impressionnée. En jetant un coup d'œil dans le miroir fixé en face d'elle, Rachelle aperçut une ombre noire informe qui se déplaçait derrière elle. Prenant tout son courage, elle se retourna pour faire face à cette force inconnue. Elle ne vit cependant rien de particulier.

Rachelle demanda immédiatement à son amie, qui était toujours au bout du fil, de prier avec elle pour donner plus de force à ses invocations auprès de Dieu. Les bruits cessèrent et les deux femmes raccrochèrent en convenant de continuer de prier chacune de leur côté.

Aussitôt après, Rachelle eut l'idée de me téléphoner pour me demander d'intervenir avec mon équipe de l'au-delà. Or, j'étais malheureusement absent de chez moi pour quelques jours. C'est ma fille aînée qui prit l'appel. Lorsque Rachelle lui décrivit ce qui venait de lui arriver, ma fille vit dans le miroir placé près du téléphone une ombre noire informe passer derrière. Elle demanda à son tour à Rachelle de se joindre à ses prières pour éloigner l'Esprit malveillant qui semblait vouloir s'en prendre maintenant à notre demeure. Après un bref instant, ma fille vit des sphères lumineuses blanches, dorées et argentées surgir dans la maison. Les boules de lumière chassèrent l'intrus qui ne signifia jamais plus sa présence par la suite. Je n'appris ce qui s'était passé que quelques heures plus tard, lorsque je téléphonai pour prendre des nouvelles des miens. Je remerciai alors mes amis d'en haut qui avaient veillé sur ma famille.

UNE LARVE ASTRALE

Lisa revient d'un centre d'accueil où elle travaille occasionnellement comme bénévole auprès de certaines personnes âgées qui n'ont plus de famille. Elle s'en retourne chez elle en compagnie d'une amie. Comme le transport en commun est inopérant le dimanche, elles doivent effectuer le parcours à pied. Mais la belle température s'y prête bien. Elles joignent donc l'utile à l'agréable.

Les deux compagnes ont marché les trois premiers kilomètres sans aucun incident. Le soleil brille de tous ses feux et la randonnée pédestre termine bien ce merveilleux après-midi.

Juste avant le dernier détour, Lisa se met à gesticuler en criant. Son amie croit qu'un insecte tente de la piquer, mais en regardant de plus près elle ne parvient pas à trouver ce qui peut bien la déranger ainsi. Une peur réelle se lit sur son visage. L'agitation dure quelques secondes. Le calme revenu, Lisa demande avec empressement à son amie si elle a vu quelque chose. Celle-ci lui répond, bien interrogative, qu'elle ne comprend pas la raison de son comportement bizarre.

Lisa venait de subir l'assaut des forces noires du bas astral, comme cela lui est quelquefois arrivé depuis sa tendre enfance. Douée d'une surprenante médiumnité de voyance, Lisa perçoit régulièrement le monde invisible qui nous côtoie. Le plus souvent, ses visions sont agréables et bienveillantes, mais il arrive parfois que les êtres négatifs lui manifestent leur mécontentement à la voir semer le bien autour d'elle. Heureusement, Lisa possède une forte personnalité et un grand équilibre psychique.

Lisa me décrivit ce qui s'était réellement passé quelques heures à peine après l'avoir vécu. Elle marchait tranquillement en parlant avec son amie lorsqu'elle vit une affreuse bête volante venir dans sa direction. Cela ressemblait à un hybride mi-chauve-souris, mi-oiseau, d'au moins soixante centimètres d'envergure. Sa tête avait une forme presque humaine, bien que d'allure animale. La description que m'en fit Lisa me fit comprendre qu'il s'agissait d'une larve astrale qui cherchait à lui arracher son énergie vitale.

Il m'est déjà arrivé d'en percevoir à deux reprises et d'autres médiums m'ont déjà rapporté en avoir vu également. Lisa avait donc vu cette larve astrale foncer directement sur elle. Elle avait tenté de la mordre sans heureusement y parvenir. Lisa avait gesticulé pour tenter de l'éloigner.

Dans l'éclair de sa pensée, Lisa avait demandé l'aide de son Esprit guide. Elle avait vu, après d'interminables secondes, un genre de cloche de verre transparent la recouvrir complètement. Elle avait ensuite vu la larve astrale foncer directement contre la paroi de la cloche protectrice, comme si elle avait eu l'intention de la détruire. Mais lorsque la bête l'avait atteinte, elle avait été violemment projetée sur une très grande distance, comme si elle venait de toucher à un très fort courant d'énergie répulsive. La larve avait disparu complètement par la suite.

La cloche protectrice s'était désintégrée et tout était redevenu calme, comme si absolument rien ne s'était passé.

Lisa avait pu continuer sa route, laissant aux passants l'impression qu'ils avaient vu quelqu'un qui avait bien failli se faire piquer par une guêpe ou une abeille.

Cette forme de manifestation des forces noires vivant dans le bas astral de notre planète est plus courante qu'on pourrait le croire. Il existe même chez les Amérindiens d'Amérique du Nord une vieille légende où il est fait mention d'une chauve-souris à tête d'homme attaquant les humains. Le contenu de cette légende et la description que je viens de vous donner de la vision de Lisa sont tout à fait compatibles.

IL VOULAIT M'ÉLOIGNER

Lorsque Marlène me téléphona, des entités du bas astral l'assaillaient depuis plusieurs semaines. Elle avait hésité avant de faire appel à une intervention extérieure, mais l'aggravation des assauts répétés l'avait finalement décidée à le faire.

Je procédai d'abord à une visite exploratoire des lieux, notant les phénomènes que Marlène me décrivait.

Comme je soupçonnais sérieusement qu'une entité malveillante cherchait à utiliser les facultés médiumniques de Marlène, nous convînmes d'un autre rendez-vous auquel d'autres personnes furent conviées. Des prières soutenues s'avéraient nécessaires et il valait mieux s'assurer d'une plus grande force en formant une chaîne d'énergie.

Le soir même de ma première visite, quelques heures après s'être endormie, Marlène vit l'Esprit assaillant apparaître dans ce qui lui semblait être un rêve. Il tenta habilement de la convaincre qu'elle devait s'éloigner de moi.

Tard dans la semaine, constatant l'échec de cette approche, il attaqua directement Marlène. Celle-ci dormait lorsqu'une forte douleur à la main droite la sortit du sommeil. Ouvrant les yeux, elle garda la nette impression qu'un chien noir de l'au-delà lui mordait la main. La douleur vive ne s'estompa que progressivement. Il n'y avait pourtant aucune trace de morsure sur sa main.

Deux jours plus tard, ce fut à mon tour de subir ses attaques hypocrites. Je dormais lorsqu'une bizarre sensation sur ma peau, à la hauteur du cou, m'éveilla. Je vis en image interne un rat d'une taille imposante qui tentait de me mordre à la veine carotide. Il faisait de gros efforts pour y parvenir, mais sa gueule de rongeur ne faisait que m'effleurer, provoquant un léger chatouillement plutôt qu'une quelconque douleur. La vision de l'animal d'outre-tombe ne dura qu'un bref instant.

Une prière immédiate le fit disparaître sur-le-champ. Le lendemain, une amie qui avait accepté de participer à notre intervention fut visitée à son tour par l'entité négative. Alors qu'elle dormait paisiblement, un violent pincement sur une jambe la sortit subitement de son sommeil. L'emprise semblait de taille. Après qu'elle eut lâché prise, la douleur persista un bon moment dans la musculature. La prière fit fuir l'indésirable qui se défila dans un éclair.

Le soir même, nous procédâmes chez Marlène à une

prière en groupe. Le calme régna pendant tout le temps de notre présence. On aurait dit que l'entité avait quitté les lieux.

Malheureusement, après quelques mois de répit, Marlène redevint l'hôtesse de ce criminel d'outre-tombe dont les motifs d'action semblaient dépasser largement les bornes de son incarnation actuelle. Après d'autres interventions, un calme apparent redonna une meilleure qualité de vie aux occupants de la maison, mais les attaques prirent désormais des formes plus sournoises et eurent des impacts que Marlène ne put reconnaître que beaucoup plus tard.

ENVELOPPÉ D'UN DRAP BLANC

Cette expérience fut vécue par une femme médium, voyante bien habituée à percevoir nos frères de l'au-delà nous côtoyant dans notre quotidien. Jusque-là, elle n'avait jamais réellement été impressionnée par ce que sa clairvoyance lui avait permis de voir, mais cette fois-ci, elle avait réellement eu peur.

Claudine était en visite chez des amis. Voulant profiter de la belle température de ce matin d'été, elle sortit sur la véranda pour s'y balancer. La rue était déserte. Il lui semblait que tout le quartier prolongeait paresseusement son sommeil.

Venant de nulle part, un curieux personnage apparut sur la galerie de la maison voisine. Son allure était des plus bizarres. On aurait dit un homme de grande taille enveloppé d'un drap blanc. Le linceul semblait coller à tous ses membres, donnant l'impression d'une momie égyptienne. Des trous étaient percés à la hauteur des yeux. Ceux-ci étaient si noirs qu'on aurait dit qu'un vide béant était à l'intérieur.

Claudine crut d'abord que ce n'était qu'un plaisantin bien en avance sur l'Halloween, mais, lorsqu'il se déplaça, elle comprit rapidement qu'il s'agissait bien d'une manifestation d'un Esprit malveillant de l'au-delà.

Il se rendit d'abord sur le trottoir, faisant fi des obstacles matériels. En apercevant Claudine assise sur la véranda, il s'approcha lentement d'elle. Il semblait glisser très aisément sur la surface de béton. Dès qu'il se rendit compte qu'elle pouvait le voir, il se précipita sur elle, comme enragé, tenant ses mains dans une position très menaçante.

Claudine, qui ne s'attendait pas à cette réaction, fut prise de panique. Elle se leva à la vitesse de l'éclair et se réfugia dans la maison. Elle pria immédiatement, invoquant la protection de son Esprit guide et de ses Protecteurs de l'au-delà. Lorsqu'elle se retourna pour regarder dehors, l'entité avait disparu. Elle ne la revit jamais plus par la suite.

UNE GRANDE CAPE NOIRE

Sandra, qui ne possède pas de dons médiumniques particuliers, fut témoin d'un type de manifestation rapporté couramment par plusieurs médiums voyants. Il révèle certaines particularités sur la façon de procéder des Esprits sournois du bas astral lorsqu'ils doivent rapidement camoufler leur présence dans leurs tentatives de nous influencer négativement sous le couvert de leur invisibilité.

Sandra est couchée depuis près de trente minutes et tente patiemment de s'endormir. Sans trop savoir pourquoi, elle se sent épiée par quelque chose qu'elle ne peut identifier.

Peu informée sur les possibilités d'action du monde invisible dans notre matière lourde, il ne lui vient aucunement à l'idée qu'un Esprit de l'au-delà puisse se trouver chez elle pour l'observer.

Soudain, elle entend un bruit inhabituel au pied de son lit. Ouvrant les yeux, elle en cherche la cause, mais ne voit rien de spécial. Elle repose la tête sur l'oreiller et referme les paupières. À cet instant, le bruit retentit à nouveau et avec plus de vigueur. Elle s'assoit dans son lit et une autre détonation du bruit inexpliqué la fait frémir.

C'est là qu'elle aperçoit une silhouette d'un noir très opaque se déplaçant au pied de son lit et se dirigeant vers un coin de la chambre. La silhouette rappelle celle d'un homme de grande taille. Il marche un peu accroupi, comme pour mieux se cacher. Sandra remarque la présence d'une cape noire fixée au dos de l'entité. Cela lui rappelle le personnage de Zorro des bandes dessinées de son enfance.

Lorsque l'Esprit atteint le coin de la chambre, Sandra le voit saisir la cape et s'en recouvrir. À cet instant, l'entité disparaît sous ses yeux, comme si la cape noire lui servait d'écran le rendant invisible.

En s'approchant pour y voir de plus près, Sandra remarque comme une partie d'un manteau noir qui dépasse du coin de la chambre. Elle crie alors à l'hypocrite qu'elle voit une partie de son manteau et qu'il lui est bien inutile de tenter de camoufler sa présence. La partie du manteau qui est demeurée visible disparaît sur-le-champ, comme si l'entité l'avait tirée vers elle. Le calme revient ensuite pour le reste de la nuit.

Par la suite, bien consciente qu'elle n'a rien imaginé et confiante dans son équilibre mental, Sandra prend des informations sur ces phénomènes. Elle fait appel aux forces de la prière qui mettent fin à ce qui aurait pu prendre beaucoup plus d'ampleur.

Lorsque Sandra me fit part de ce qu'elle avait vécu, j'y trouvai une autre confirmation de ce que d'autres et moi-même avions déjà observé chez les Esprits du bas astral. Il faut quand même bien souligner ici que ce ne sont pas tous les Esprits noirs qui portent ce genre de cape, ni que celle-ci ne peut servir qu'au camouflage. D'autres expériences démontrent en effet que le même genre de cape noire peut également servir de canal d'absorption de l'énergie tellurique, laquelle se présente aussi sous la couleur noire. L'Esprit combine alors l'énergie du sol au fluide animalisé pris à même un médium et il augmente ainsi ses possibilités d'action sur la matière. Quant à la particularité de se réfugier dans les coins, plusieurs témoignages nous la rapportent fréquemment.

Les plus rusés des Esprits malveillants du bas astral peuvent temporairement modifier certains traits de leur périsprit. Le plus souvent, c'est une apparence angélique qu'ils utilisent pour berner certains médiums imprudents. Leur tromperie ne peut cependant être efficace qu'auprès de nous, les incarnés, car, dans l'au-delà, nul ne peut tricher qui que ce soit. Leur véritable nature peut se reconnaître à l'absence de toute émanation aurique lumineuse. De plus, leur action malveillante exprime rapidement leurs mauvaises intentions. Ils cherchent toujours à s'approcher physiquement des incarnés lors de leur matérialisation, ce dont doit continuellement se méfier toute personne en présence d'un tel type de manifestation.

DES TRAITS ANGÉLIQUES

Il est tout près de minuit. Marie-Ève vient tout juste de se coucher. La journée a été plutôt longue et l'heure du repos s'avère la bienvenue.

Marie-Ève ne parvient pourtant pas à s'endormir. Elle

sent une présence qui l'indispose dans sa chambre à coucher. Habituée aux contacts avec l'au-delà par sa médiumnité, elle ne veut cependant pas y accorder une importance particulière.

Quelques minutes plus tard, Marie-Ève ressent une subite envie d'ouvrir les yeux. Elle regarde ce qu'il peut bien y avoir et aperçoit au pied de son lit une fillette de sept ou huit ans.

Marie-Ève déduit immédiatement qu'elle se trouve en présence d'une matérialisation d'une entité désireuse d'entrer innocemment en communication avec elle.

La fillette est plutôt jolie. Ses cheveux longs sont bien coiffés. Ses vêtements laissent supposer une coupe de belle qualité. Elle regarde Marie-Ève avec un sourire à peine tracé du coin des lèvres. Son faciès suggère un âge beaucoup plus avancé que celui de son apparence.

Sans dire un seul mot, l'apparition reste ainsi presque immobile. Seul le battement intermittent de ses paupières garnies de longs cils démontre qu'il ne s'agit pas d'une image fixe. Après quelques secondes dans la même position, la fillette se déplace lentement vers Marie-Ève. Elle contourne le lit aux boiseries antiques et s'approche par la droite.

Lorsqu'elle la voit tout près d'elle, Marie-Ève est surprise par la densité de la matérialisation.

Sans doute sécurisée par le fait qu'il s'agit d'une enfant, Marie-Ève ne se méfie pas de l'Esprit. Elle la laisse même monter sur son lit, curieuse de connaître ses intentions.

La fillette venue de l'au-delà demeure quelques instants sur le bord du lit. Puis, se rapprochant davantage, elle se couche lentement sur Marie-Ève, un peu comme une enfant cherchant du réconfort le ferait avec sa mère. Marie-Ève ressent nettement le poids massif du petit corps périsprital étendu sur elle.

L'entité procède avec beaucoup de douceur. Ses gestes expriment d'abord la maladresse habituelle d'une enfant de son âge. Elle tient sa tête couchée sur la poitrine de Marie-Ève puis se déplace lentement pour s'approcher davantage de son visage. Elle l'embrasse alors sur la joue, dans une expression qui enlève toute méfiance à Marie-Ève.

La fillette lui bécote ensuite le cou, longeant lentement la veine carotide. Dans son for intérieur, Marie-Ève se sent très privilégiée qu'un être de l'au-delà puisse lui manifester tant d'amour.

Mais, contre toute attente, les baisers aux allures de tendresse se transforment subitement en attaque-surprise. L'entité aux allures angéliques prend soudainement les traits d'un vampire du bas astral. Marie-Ève sent la bouche matérialisée de l'Esprit hypocrite se coller à sa chair comme une véritable ventouse. Une forte succion lui donne l'impression que son artère va éclater. Elle sent son énergie vitale sortir de son corps.

Elle agrippe la masse ectoplasmique de l'entité pour l'éloigner, mais l'Esprit est comme soudé à elle. Une force incroyable le retient et Marie-Ève se sent tout à fait impuissante à lutter contre cette énergie diabolique.

Marie-Ève sent subitement son périsprit se déplacer, puis elle se retrouve en dehors de son corps, flottant au-dessus de ce dernier. De sa position aérienne, elle voit l'Esprit mauvais dans son allure véritable. Il est laid et repoussant. Marie-Ève prie son Guide et les Esprits de lumière de venir à son secours. Ceux-ci accourent à la vitesse de l'éclair. L'entité noire lâche prise immédiatement et fuit comme un malfaiteur surpris en pleine commission de son crime.

Se pliant à la volonté des Esprits venus à son aide, Marie-Ève réintègre son corps de chair. Heureusement pour elle, le voleur d'énergie n'a pu causer de séquelles irréparables.

À titre de médium, Marie-Ève tira une sérieuse leçon de cette impressionnante expérience. Elle le savait déjà, mais elle avait oublié qu'il ne faut jamais se fier aux apparences avec tous ces Trompeurs de l'au-delà sans cesse à l'affût. Ses habitudes médiumniques, jusque-là sans encombre, lui avaient faussement laissé croire qu'une protection automatique s'enclenchait dès qu'elle communiquait avec l'au-delà. Elle avait oublié que le médium a un important rôle à jouer pour s'assurer la protection divine.

Bien d'autres cas l'ont démontré : la prudence est constamment nécessaire dès que nous entrons en relation directe avec le monde des Invisibles, que ce soit par invocation ou par manifestation spontanée. Il ne faut pas oublier que le périsprit conserve pour toujours le souvenir de toutes les enveloppes corporelles qu'il a empruntées dans ses nombreux pèlerinages d'incarnation. Il est donc bien facile pour un Esprit malveillant d'en reprendre temporairement les formes pour mieux tromper ses victimes.

SOUS LES TRAITS D'UN ENFANT

Johanne s'éveille vers trois heures du matin. Ne parvenant pas à se rendormir, elle en profite pour adresser à Dieu ses prières coutumières demandant la protection pour elle-même et les siens.

Le noir opaque que lui projettent ses paupières fermées laisse soudainement apparaître l'Esprit d'un petit garçon d'environ trois ans. Comme Johanne a déjà vécu ce genre de phénomène, elle n'ouvre pas les yeux, de peur de risquer de mettre fin à l'apparition. Elle laisse donc à l'entité le temps de manifester ses intentions.

Le garçonnet s'approche lentement de Johanne. Il semble flotter à moins d'un mètre du plancher. Ses yeux d'un bleu azuré fixent Johanne sans aucun mouvement. Son regard est plutôt froid. Johanne remarque que ses iris sont démesurément grands. Ses cheveux bouclés sont aussi dorés que le blé des champs. Son visage est rond et joufflu. D'étroites lèvres sensuelles presque rouges forment une petite bouche hermétiquement fermée. L'Esprit porte une petite salopette comme celle des fermiers.

Johanne ne peut évaluer à quelle distance précise il se tient, vu le vide obscur qui l'entoure, mais il lui semble qu'elle pourrait facilement le toucher. Johanne remarque un objet d'un jaune très voyant dans les mains du petit garçon. En y portant plus attention, Johanne reconnaît la forme d'un gros os d'environ trente centimètres de long. L'objet rappelle les imitations que certaines animaleries vendent aux propriétaires de chiens.

À cet instant, l'Esprit aux allures enfantines lui tend le curieux objet jaune. Il lui demande en pensée: «Veux-tu mon jouet?» Johanne a très bien entendu les mots qu'il a prononcés, mais elle a remarqué que ses lèvres sont toujours demeurées immobiles.

Johanne songe alors à ce qu'elle a déjà entendu sur de telles manifestations. Elle se rappelle que des Esprits malveillants ont déjà utilisé un pareil stratagème pour tromper certains médiums en vue de leur faire du tort. Johanne fait donc une prière pour demander à son Esprit guide de la protéger. Elle commande ensuite à l'Esprit, au nom du Père céleste, de partir immédiatement s'il a de mauvaises intentions à son égard. L'Esprit disparaît instantanément et elle ne le revit jamais plus par la suite.

L'APPARENCE D'UN PETIT GARÇON

Peggy possède une médiumnité qu'elle utilise pour aider les autres. Habituée de la méditation, il lui arrive parfois de vivre des sorties extracorporelles pendant qu'elle se concentre dans ses prières.

Cet après-midi-là, Peggy se couche quelques instants pour récupérer le repos dont les derniers jours l'ont privée. Elle ferme les yeux et prie son Guide de l'assister dans sa relaxation. Sans qu'elle l'ait provoqué, elle se sent subitement sortir de son corps. Tout en conservant sa pleine conscience, elle se voit passer par le faîte de sa tête, là où se trouve le chakra coronal.

Lorsque son corps périsprital devient extériorisé jusqu'à la hauteur du nombril, Peggy ouvre ses yeux périspritaux et aperçoit un Esprit ayant l'apparence d'un petit garçon de cinq ou six ans. Ses cheveux bouclés sont blonds, presque dorés. Ses yeux bleu ciel attirent beaucoup l'attention de Peggy tellement leur couleur est accentuée. Son visage rondelet se termine par un petit menton légèrement pointu. L'enfant porte un gilet à manches courtes. Des rayures horizontales bleues y sont imprimées sur fond blanc.

L'Esprit tient ses deux mains derrière son dos. Il s'avance lentement vers Peggy à demi sortie de son corps physique. Rendu tout près d'elle, il lui fait un léger sourire. Peggy le regarde sans aucune méfiance. Elle lui dit bonjour. À cet instant, l'Esprit à l'apparence angélique lève au bout de ses bras un genre de pic fixé à un long manche. Il cachait l'objet derrière lui. L'entité prend un grand élan pour frapper Peggy. Celle-ci réintègre immédiatement son corps en criant: « Non! »

Revenue dans son enveloppe charnelle, Peggy continue de percevoir nettement l'Esprit agresseur. Celui-ci semble avoir retenu son geste dès qu'il a vu qu'elle revenait dans son corps physique. Peggy ressent une grande colère doublée d'une grande peur. Elle réprimande sévèrement l'Esprit malveillant. Celui-ci baisse la tête sans dire un mot, exactement comme le ferait un enfant coupable pris sur le fait. Il disparaît dans cette position.

Heureusement pour Peggy, sa sortie astrale n'avait pas été volontaire. Elle bénéficiait ainsi de la pleine protection divine. S'il en avait été autrement, Peggy aurait peut-être subi un sérieux contrecoup dans un de ses chakras, ce qui aurait pu éventuellement aboutir à une désharmonisation de son énergie vitale.

De toute évidence, l'Esprit qui s'était manifesté à Peggy n'entretenait pas de bonnes intentions. S'il avait pu frapper le coup qu'il s'apprêtait à donner, Peggy en aurait possiblement ressenti des effets négatifs pour elle et son travail médiumnique. Ceci est d'autant plus probable que tous les médiums voués à l'application des lois divines de l'amour savent très bien qu'ils font l'objet d'une étroite surveillance de la part des Esprits du bas astral. Ces derniers cherchent continuellement à leur nuire, visant à faire cesser le bien qu'ils répandent autour d'eux. C'est pour cela qu'il y a souvent de la souffrance dans la vie des médiums sincères. Ils sont les victimes constantes des assauts malveillants des Esprits ignorants du monde invisible. C'est le prix que ces médiums acceptent de payer pour pouvoir propager le bien dans un monde rongé par l'orgueil et l'égoïsme. Sans une protection continue de leur Guide et des Esprits de lumière, leur travail deviendrait tout à fait impossible.

Dans d'autres circonstances, ils préféreront prendre une apparence horrifiante pour faire peur à certains incarnés qu'ils choisissent comme cible.

UN BIEN CURIEUX PERSONNAGE

Au tout début de mes recherches, il y a plusieurs années, un Esprit de ce niveau tenta de mettre fin à mes démarches en empruntant des traits fort impressionnants. Il m'apparaissait en image interne. Reconstituant en pseudo-matière le décor d'une demeure qui m'était familière, il se matérialisait en prenant une forme évoquant Lucifer en personne. Son apparence était à la fois humaine et animale. Sa taille devait atteindre plus de deux mètres. Il ne portait aucun vêtement. Sa peau ressemblait beaucoup à celle d'un lézard. Il se tenait assis, légèrement affaissé sur son côté gauche. Une longue queue géante partait de l'arrière de la chaise où il prenait place et le contournait jusqu'à ses pieds. En voyant ces derniers, on aurait dit de véritables sabots de cheval. Ses mains longues et écailleuses se terminaient par de longs doigts noueux et crochus. Des ongles noirs aux allures de griffes semblaient embarrasser ses mouvements. De ses yeux, plus précisément de ses pupilles, jaillissaient deux jets de lueurs rouges faisant penser à la flamme d'un chalumeau. Sa bouche aux lèvres épaisses laissait voir de grosses dents jaunies. Deux petites cornes accentuaient le curieux effet que faisait la forme pointue de ses oreilles.

Cette apparition se montra à moi à trois reprises. Constatant que cela ne m'arrêterait pas dans mes recherches, elle sembla se fatiguer de ce petit manège et je ne la revis jamais plus. Je sus un peu plus tard que l'intervention de mes Protecteurs invisibles l'avait empêché par la suite de tenter d'autres manigances.

Une manifestation presque identique me fut rapportée quelques années plus tard par une jeune médium qui avait subi des assauts beaucoup plus virulents. Empruntant les mêmes traits que je viens de vous décrire, l'entité lui apparaissait directement dans sa chambre à coucher.

Une nuit, elle se réveilla debout devant sa garde-robe dont les portes étaient grandes ouvertes. L'Esprit aux allures de bête la traînait entre ses pattes et semblait vouloir l'y introduire. Le cri d'horreur qu'elle poussa éveilla toute la maisonnée. De longues prières soutenues furent nécessaires pour ramener le calme. Ceux de ses proches qui ne croyaient pas à ce genre de phénomène durent bien malgré eux se plier à l'évidence à laquelle ils eurent à faire face.

Parmi les Esprits malveillants du bas astral, nous pouvons également regrouper les entités errantes du deuxième degré de l'échelle de progression spirituelle. Ce sont ceux que nous avons appelés les Esprits légers dans mon premier ouvrage. Ceux qui grossissent leur rang après leur mort sont les incarnés qui n'ont manifesté que peu d'importance aux valeurs morales dans leur vie terrestre. Ils regroupent tous les indisciplinés de l'ordre moral tels les menteurs, les tricheurs, les hypocrites, les profiteurs et tous les inconscients sociaux.

Leur conduite rappelle souvent celle des Esprits du premier degré, mais une certaine lueur spirituelle commence malgré tout à paraître dans l'enchevêtrement de leurs scories périspritales. Dans l'au-delà, ils cherchent naïvement à tromper leur déchirement en recherchant de faux divertissements. Ces derniers se font toujours au détriment des autres sans aucune considération pour le tort qu'ils peuvent leur causer.

Les Esprits légers constituent la bête noire des médiums imprudents. Ils recherchent la moindre occasion pour s'immiscer dans le quotidien des incarnés qu'ils croient pouvoir berner de leurs tromperies hypocrites. Comme ceux du premier degré, ils se délectent de tout ce qui peut s'identifier à leurs bas instincts dont ils sont les esclaves. Plusieurs d'entre nous subissent leur influence sans nous en rendre compte. Ils excellent dans l'art d'inspirer des disputes de toutes sortes, s'offrant ainsi de bons spectacles d'injures dont ils sont friands.

Les Esprits légers adorent faire peur. Ils observent alors la réaction de leurs victimes dont ils se moquent avec délices, un peu comme dans ces émissions de télévision où, sous les regards d'une caméra cachée, on piège certaines personnes pour rire de leurs réactions.

Beaucoup d'entre eux vont privilégier les bruits insolites ou les déplacements d'objets pour arriver à leur fin. Les auteurs incarnés des phénomènes *poltergeist* trouvent en eux d'excellents complices dont ils ignorent souvent la collaboration.

Mais ils peuvent également emprunter d'autres formes de manifestations pouvant exprimer autant la simple étourderie que la malveillance manifeste.

DES GRIMACES

Je suis couché depuis quelques minutes. La journée a été plutôt chargée et le repos nocturne est vraiment le bienvenu. Les yeux fermés, j'attends l'arrivée du sommeil en priant Dieu et mon Esprit guide de m'assister dans ma progression spirituelle.

Une image inattendue se forme peu à peu sur le fond noir de mes paupières. Je distingue finalement le visage d'un homme aux traits bizarres. Ses cheveux sont blonds presque couleur de miel. Exagérément bouclés, ils rappellent les perruques que portent certains clowns des cirques ambulants. Ses yeux agrandis semblent vouloir sortir de leur orbite. Le vert feuille des iris attire particulièrement mon attention. Son regard exprime une légèreté littéralement débile. Finalement, il me fait une grimace en tirant la langue. Il s'avance ainsi très proche de mon visage, semblant vouloir m'effrayer.

Je lui ordonne de partir et il disparaît sur-le-champ. Je demande l'assistance de mon Guide et je m'endors presque immédiatement après.

Le lendemain, une amie médium me raconte avoir été importunée par un Esprit aux allures de clown venu lui faire des grimaces. Le visage qu'elle me dépeint correspond exactement à la description que je viens de vous donner. Je lui fais part de ma propre expérience et nous en concluons qu'il s'agit bien de la même entité.

Le soir suivant, un peu dans les mêmes conditions, je revois une autre entité venue faire ses propres grimaces. Ses traits sont différents du premier, mais la légèreté de l'Esprit ne laisse planer aucun doute. Je prie mon Guide et mes Protecteurs de l'au-delà de bien vouloir éloigner définitivement ces importuns de ma demeure. L'Esprit disparaît aussitôt. Ni l'un ni l'autre ne sont revenus depuis lors.

PRISONNIER DE SON IGNORANCE

Colette venait tout juste de se mettre au lit. Elle appréciait le calme de sa maison, où nous avions dû intervenir trois mois plus tôt pour neutraliser des entités malveillantes qui lui empoisonnaient l'existence.

Une voix masculine fortement déformée rompit soudain le silence. L'articulation des sons rappelait l'effet d'un magnétophone qui tournerait au ralenti. La voix gutturale prononça le nom de Colette à trois reprises.

Saisie de peur, Colette se mit à prier, en ordonnant à l'Esprit de quitter sa demeure. Elle vit alors se former devant elle une entité de grande taille aux allures très louches. Ses vêtements sales et usés étaient repoussants. Ses cheveux graisseux formaient de longues tresses noires tout autour de sa grosse tête ronde. Son nez large et aplati accentuait la méchanceté exprimée dans ses yeux strabiques. Ses lèvres épaisses arboraient un petit sourire narquois qui faisait bien comprendre son stupide amusement à provoquer la peur. L'apparition ne dura que quelques instants. Les prières de Colette furent efficaces et l'Esprit disparut presque aussi vite qu'il était venu.

Une heure plus tard, ce fut à mon tour de recevoir la visite de cette entité ignorante. Je m'apprêtais à m'endormir lorsque la soudaine apparition d'un visage menaçant me fit sursauter. Il surgit à moins de trente centimètres de mes yeux. J'eus à peine le temps de remarquer ses traits qu'il disparut aussitôt.

Je crus à ce moment-là qu'il s'agissait simplement d'un Esprit du bas astral en mal de s'amuser. Je priai mon Guide de me protéger et je ne revis plus rien de la nuit.

Le lendemain, Colette me rapporta son expérience. La description qu'elle me fournit de son visiteur correspondait exactement à celui qui s'était montré à moi.

On me fit alors comprendre qu'il s'agissait du même Esprit qui s'en était pris à Colette quelques mois auparavant. Il avait refusé de profiter de l'assistance des Esprits de lumière que les prières de Colette avaient dirigés vers lui. Il avait préféré demeurer prisonnier de son ignorance, perpétuant son déchirement qu'il aurait pu amoindrir. Son aveuglement nourri par son encroûtement périsprital l'avait poussé à venir exprimer son mécontentement face à notre bienveillance à son égard. Il refusait l'amour de ceux qui avaient voulu l'aider, pour mieux étouffer les remords qui lui montraient son vrai visage. Les Esprits guides l'avaient laissé se manifester dans l'espoir que nos prières puissent à nouveau lui tendre la main.

Nous fîmes une dernière prière pour lui et, par la suite, ni Colette ni moi n'en eûmes d'autres nouvelles.

UNE LAME DE RASOIR

Ginette m'avait généreusement assisté dans des prières qu'un cas de hantise avait nécessitées. Nous avions demandé la protection divine, mais l'entité que nous avions délogée vint quand même lui exprimer son mécontentement.

Dans un premier temps, l'Esprit utilisa la médiumnité de voyance de Ginette. Il lui projeta l'image d'une main tournée vers le sol. La main matérialisée se tenait immobile devant elle. Après quelques secondes, Ginette vit apparaître une lame de rasoir qui s'approchait de la main inerte. Continuant son mouvement, la lame toucha un doigt et le sectionna presque complètement. Seul un lambeau de chair retenait la phalange à son moignon.

Ginette fut grandement impressionnée par cette vision et m'en parla le jour même.

Le lendemain, Ginette vit une boîte jaune matérialisée suspendue à un fil noir à quelques centimètres de son visage. Des écritures de plus en plus lisibles apparurent sur une des surfaces. Après une ou deux secondes, Ginette put lire le mot *edge*, qui désigne une lame de rasoir dans la langue de

Shakespeare. La matérialisation disparut après quelques secondes. Naturellement, Ginette ne put s'empêcher de faire un lien avec sa vision de la veille.

Quelques heures plus tard, alors qu'elle était couchée, le visage d'un homme très laid apparut devant elle. Il s'approcha très près de Ginette. Elle aurait pu sentir sa respiration sur son propre visage, tellement il était proche. Ginette comprit qu'il ne cherchait qu'à l'impressionner. Elle pria et l'Esprit aux traits repoussants disparut.

Des bruits d'ongles grattant le mur précédèrent ensuite des coups frappés. Ceux-ci semblaient provenir de l'intérieur de la cloison.

Prenant peur, Ginette me téléphona. Nous pensâmes à la hantise dont nous nous étions occupés et nous centrâmes nos prières dans cette direction. Les manifestations cessèrent définitivement par la suite.

Nous avons ici un bel exemple d'un Esprit refusant la lumière. Les prières qui avaient été adressées pour faire cesser la hantise dont il était l'auteur avaient attiré vers lui des entités de lumière. Il aurait pu profiter de leur présence pour s'engager sur la route du repentir qu'il devra de toute façon prendre tôt ou tard, mais son orgueil et la rage de ses passions l'avaient aveuglé. Il continuait d'accumuler d'amers retours plutôt que de commencer à s'en dégager.

UNE MAIN PSEUDO-MATÉRIELLE

Suzanne et Lina, alors âgées de quinze et dix-sept ans, partageaient la même chambre. L'exiguïté de la pièce les obligeait à dormir dans deux lits superposés. Suzanne occupait le lit du haut et Lina celui du bas.

Un soir, alors qu'elles étaient couchées dans leur lit respectif, Suzanne vit une main surgir le long du mur. Elle passait par le petit espace laissé libre entre son matelas et la cloison contre laquelle les deux lits étaient appuyés. Croyant que sa sœur voulait lui jouer un tour, Suzanne saisit la main à toute vitesse et cria: «Je t'ai attrapée!»

Lina lui demanda alors à qui elle parlait. Suzanne serra plus fortement et lui répondit qu'elle ne lâcherait pas sa main. Lina lui dit de cesser de plaisanter, qu'elle avait ses deux mains sous ses couvertures et qu'elle voulait s'endormir. À cet instant,

Suzanne sentit la main qu'elle tenait se dissoudre rapidement dans la sienne. Elle bondit dans son lit et se pencha pour vérifier ce que faisait sa sœur. Elle vit Lina couchée bien calmement, les yeux fermés, ses deux mains cachées sous ses couvertures.

Paniquée, Suzanne descendit rapidement de son lit et raconta ce qui venait de lui arriver.

Elle avait saisi une main qui lui avait paru bien réelle. Sa forme et sa densité musculaire lui avaient vraiment fait croire qu'il s'agissait de sa sœur, mais la façon dont elle avait disparu dans sa propre main lui avait bien fait conclure à une manifestation échappant aux lois de la matière lourde.

Un Esprit s'était peut-être amusé à ses dépens, mais Suzanne comprenait maintenant la véracité des phénomènes de matérialisation. Elle l'avait expérimentée à l'état de veille complète. Elle avait vu jusqu'à quel point un périsprit densifié peut reprendre toutes les apparences matérielles et ses possibilités d'action dans notre monde physique.

J'ai moi-même vécu un semblable phénomène de matérialisation. Je vous l'ai rapporté dans mon premier ouvrage. Au même titre que Suzanne, je peux vous confirmer comme la ressemblance avec une main charnelle est frappante. La texture de la peau, la musculature, l'ossature, la chaleur et même la circulation sanguine donnent les mêmes impressions tactiles qu'une main d'incarné.

Le phénomène est bien simple à comprendre lorsque nous nous référons à la nature du périsprit. Celui-ci est le modèle constitutif de nos corps charnels. Il possède toutes les caractéristiques de nos enveloppes physiques. L'Esprit n'a donc qu'à en densifier les constituantes en les combinant au fluide animalisé d'un incarné médium. Il lui donne ainsi une apparence physique, laquelle peut durer le temps que le fluide animalisé prend à se consumer.

UN VISAGE CHANGEANT

J'accompagnais mon père à l'hôpital pour des examens de routine qu'il devait passer. Son tour vint après une interminable période d'attente. La salle d'examen qu'on nous indiqua était accessible par un long couloir bordé de plusieurs chaises. Je m'y assis en attendant le retour de mon père.

Plusieurs membres du personnel circulaient dans ce long

corridor, dans un va-et-vient presque mécanique. Quittant des yeux la revue que je parcourais distraitement, mon attention fut attirée vers une infirmière qui marchait en ma direction. Son visage paraissait curieusement flou. L'ensemble de son corps était bien net, mais on aurait dit que sa tête était difficilement perceptible. Plus elle avançait, plus le phénomène s'accentuait. Soudain, je distinguai ses traits. Ses cheveux étaient clairs et la couleur de ses yeux ressortait à peine. Elle me regardait avec une certaine insistance. Elle arborait un large sourire qui inspirait autant la moquerie que l'accueil et la chaleur du cœur.

Lorsqu'elle arriva à environ deux mètres de moi, ses traits se transformèrent. Un changement radical s'était subitement opéré. Des cheveux foncés accentuaient un faciès froid et sérieux. L'infirmière ne regardait personne. C'était comme si elle était à ce point absorbée par ses pensées qu'elle ne pouvait tenir compte de notre présence.

Elle passa ainsi devant moi puis devant tous les autres qui attendaient également dans le couloir. Elle entra finalement dans une pièce pour en ressortir quelques minutes plus tard. Lorsqu'elle revint sur ses pas, je l'observai plus attentivement. Elle semblait soucieuse.

Elle avait une belle apparence, mais ses traits n'avaient aucune ressemblance avec ce que j'avais vu en premier. Je compris que, sans s'en rendre compte, elle avait servi de canal à une entité qui avait voulu se manifester bien inoffensivement en utilisant sa médiumnité sans doute inconnue d'elle.

J'ignore si d'autres parmi les personnes présentes furent également témoins du phénomène, mais je ne remarquai aucune réaction qui aurait pu l'indiquer. Peut-être les autres ont-ils simplement réagi comme moi, tout discrètement, dans l'intérieur de leurs pensées.

DEUX PETITS CLOWNS

Gertrude reçut ses premiers contacts avec des Esprits légers dès sa tendre enfance. Elle en garde encore aujourd'hui des souvenirs qu'elle ne pourra jamais effacer de sa mémoire.

Les premières apparitions débutèrent vers l'âge de quatre ans. Le manège utilisé était toujours le même. Gertrude tentait de s'endormir lorsqu'elle voyait subitement surgir sur le bord de la fenêtre un petit être humanoïde d'une trentaine de centimètres de hauteur. Ils étaient deux à pouvoir ainsi se montrer. N'eût été leur petite taille, ils auraient eu l'apparence exacte d'un adulte. Ils n'apparaissaient toujours qu'un seul à la fois. Les deux petits êtres portaient un costume de clown multicolore.

Le visage du premier était maquillé en traits méchants. Il riait de façon désordonnée et nerveuse. Son comportement trahissait son niveau d'Esprit léger. Il paraissait mal intentionné, du moins semblait-il se plaire à s'amuser aux dépens de la souffrance des autres. Lorsqu'il se montrait, il se tenait souvent sur la tablette de la fenêtre, les jambes croisées, l'une se balançant continuellement. Il s'amusait à voir Gertrude s'évertuer à le montrer à sa sœur aînée qui ne pouvait le percevoir. Lorsque Gertrude était couchée, il se décidait à s'approcher de son lit. Chaque fois, il tenait comme un petit boulet de canon ancien d'où sortait une mèche allumée. Il venait déposer la bombe près de Gertrude et, dès qu'elle explosait, Gertrude sombrait dans un sommeil contre lequel elle ne pouvait résister. Elle passait ensuite une nuit fort mouvementée où cauchemars et rêves éprouvants se succédaient jusqu'au matin.

Il en était toujours ainsi chaque fois que cette entité aux allures des gnomes des bandes dessinées faisait son apparition. Dès qu'elle le voyait, Gertrude savait qu'elle aurait une nuit difficile à passer.

Le visage du second était maquillé en traits gentils. Dès son apparition, il saluait amicalement Gertrude par de petits signes de la main. Il exprimait beaucoup de politesse et de gentillesse. Il tentait souvent de faire sourire Gertrude par des mimiques.

Chaque fois qu'il venait, il portait une jolie fleur à la main. Lorsqu'il voyait que Gertrude était prête à s'endormir, il montait sur le lit et venait déposer sa fleur sur son oreiller. Gertrude sombrait alors dans un sommeil irrésistible qui lui réservait des rêves merveilleux dignes des contes des mille et une nuits.

Dès que Gertrude voyait surgir le petit gnome souriant, elle en était bien heureuse, car elle savait qu'elle passerait une nuit enchantée.

Gertrude reçut la visite de ces Esprits légers pendant quelques années. Ils pouvaient se montrer plusieurs fois au cours du même mois. Ils cessèrent leurs apparitions sans aucun avertissement ni aucune explication.

Je demandai à Gertrude comment il se faisait qu'elle ait

gardé son équilibre d'enfant malgré de tels phénomènes. Elle se souvint que pour elle ces choses étaient normales. Sa naïveté d'enfant lui avait permis d'accepter ces expériences comme faisant partie de l'ordinaire. De plus, le fait que ses parents ne semblaient pas accorder beaucoup d'importance à ce qu'elle leur rapportait lui confirmait entièrement cette impression.

C'est là quelques exemples de manifestations auxquelles aiment s'adonner les Esprits légers. Je pourrais vous en citer d'autres où je fus directement impliqué, mais je crois que celles que nous avons retenues suffisent à bien faire comprendre la tournure qu'elles peuvent prendre.

Appareils audiovisuels au service de l'au-delà

Toute personne familiarisée avec les manifestations de l'au-delà connaît la facilité avec laquelle les Esprits peuvent agir sur les champs de force électrique. Cela est facile à comprendre puisque l'électricité est elle-même une énergie au même titre que l'énergie cosmique et tellurique qui entoure de toutes parts les entités en contact direct avec notre planète.

Cette faculté de l'au-delà peut offrir de fort prometteuses possibilités au chapitre de leurs manifestations. Celles-ci pourraient même prendre des allures étonnamment techniques dans un avenir plus ou moins rapproché.

Aujourd'hui, de plus en plus d'Esprits ne se contentent plus de limiter leur action à l'écoulement du courant électrique, comme dans les manifestations encore répandues où l'on voit l'intensité électrique se modifier sans raison apparente, ou encore celles où les lumières et les appareils électriques s'allument et s'éteignent d'eux-mêmes.

D'abord, certaines entités peuvent profiter des connaissances techniques qu'elles ont acquises dans notre monde d'incarnation. Compétentes en la matière, elles sont tentées d'utiliser leur savoir dans leurs manifestations. D'autres encore plus éclairées ont pensé consulter les connaissances illimitées que l'au-delà peut mettre à leur disposition dans la mesure de leur capacité de compréhension, pour pousser encore plus loin cette orientation nouvelle.

Cette dernière formule a d'ailleurs déjà donné de très intéressants résultats qui ont fait l'objet de plusieurs publications dans le monde entier. Les expériences retenues jusqu'à maintenant portent sur des appareils tels le magnétophone et même la télévision.

Personnellement, je crois que nous sommes devant une avenue de recherche qui nous fera découvrir des possibilités fort surprenantes sur les rapports entre les deux mondes. Mais, pour cela, il faudra que nous cessions d'exiger que l'au-delà se plie à nos conditions. En d'autres mots, il faudra que nous aussi nous tentions de nous adapter aux particularités que les différences vibratoires imposent. Refuser ce préalable primordial serait agir comme le sot cherchant à attraper des ondes radio avec des gants de baseball, en proclamant que celles-ci n'existent pas parce qu'il n'en capte aucune.

Une nuit, mon Guide m'amena rencontrer une équipe de l'au-delà travaillant sur les échanges avec le monde des incarnés par la télévision. On m'expliqua le processus utilisé qui, selon mes souvenirs, me sembla à la fois simple et ingénieux. Selon les bribes partielles que j'ai pu retenir, les Esprits que j'ai rencontrés utilisaient directement la lampe-écran. Ils agissaient sur les multiples points formant l'image, un peu comme nous le ferions avec un jeu de *Lite bright* où des images sont formées en plantant des bâtonnets transparents les uns près des autres. Ils produisaient ainsi une succession d'images fixes donnant l'illusion du mouvement.

Mais, d'après les manifestations que je vais vous citer, je crois que d'autres en sont rendus à un stade beaucoup plus avancé que l'explication que je viens de vous livrer.

PAR LA TÉLÉVISION

Depuis le départ de leurs enfants, Patrick et Irma vivent seuls dans leur grande maison où le calme a pris l'habitude de régner.

Irma possède des capacités médiumniques, mais de troublantes expériences vécues dans son enfance ont développé chez elle une grande peur des phénomènes occultes dont elle s'est toujours tenue éloignée.

Elle devait cependant y être plongée d'une façon très inattendue. Patrick et Irma venaient tout juste de se coucher. Comme ils le faisaient toujours avant de monter à leur chambre, ils avaient bien pris soin de fermer toutes les lumières et les appareils électriques du rez-de-chaussée.

Au lit depuis quelques minutes, Irma entendit des voix semblant provenir du téléviseur. Elle croyait l'avoir pourtant bien éteint. Elle demanda à Patrick si lui aussi percevait les mêmes sons, mais il lui baragouina un grognement qui lui fit comprendre que son mari était déjà dans les bras de Morphée. Irma dut donc se résigner à descendre au salon pour éteindre le téléviseur.

Rendue sur place, elle trouva le poste bien ouvert. En regardant distraitement ce qu'il y avait, elle constata avec grande peur que les personnages qui apparaissaient à l'écran semblaient la regarder. Mettant tout cela sur le compte de son imagination, elle s'avança plus près de l'appareil pour couper le contact. À son grand étonnement, les personnages de l'écran lui adressaient la parole. Leur voix était rauque. Leurs traits se voulaient plutôt repoussants. Ils la regardaient d'un œil pénétrant. Elle eut l'impression qu'ils entraient en elle par les yeux et qu'ils y puisaient son énergie. Prise de panique, elle cria à Patrick de venir à son aide.

La peur l'avait figée sur place. Il lui semblait qu'elle ne pourrait plus bouger.

Lorsque son époux arriva, le téléviseur était éteint comme s'il n'avait jamais fonctionné depuis qu'ils étaient montés. Tout affolée, Irma raconta à Patrick ce qu'elle avait vécu.

Irma eut beaucoup de difficulté à se remettre de ses émotions. Après quelques semaines, elle croyait enfin que tout cela n'était que de mauvais souvenirs lorsqu'une forme humaine très noire commença à se manifester dans sa maison. Une entité qui ressemblait à une ombre portant un chapeau ample se montrait autant le jour que la nuit. L'Esprit errant fut aperçu par plusieurs témoins. Le calme ne revint dans la maison qu'à la suite de l'intervention d'un médium.

LA MUSIQUE CONTINUAIT

Marie-Élène était friande de toutes les productions cinématographiques portant sur les phénomènes de spiritisme. Elle aimait les frissons inspirés par ces drames d'horreur souvent basés sur des faits véridiques, mais dont le scénario rend impossible la distinction entre le réel et l'imaginaire.

Un certain vendredi soir, Marie-Élène devait apprendre à se méfier de ces films potentiellement utilisables par l'action subliminale des Esprits noirs du bas astral.

Marie-Élène et ses amis avaient loué un film dont l'histoire tournait autour des phénomènes liés aux *poltergeist*. Le scénario y faisait intervenir toutes sortes d'êtres maléfiques provoquant des effets de peur bien appréciés par ces jeunes en mal de sensations.

Lorsque le film fut terminé, le générique commença à apparaître normalement à l'écran, accompagné d'une musique de circonstance. Marie-Élène arrêta alors le magnétoscope pour retirer la cassette en vue d'un deuxième film. À sa grande surprise, alors qu'elle tenait la cassette dans ses mains, la musique du générique continua à jouer dans le téléviseur. Marie-Élène s'empressa de changer de canal, mais le phénomène persista. Prise de panique, elle ferma l'appareil et tout rentra heureusement dans l'ordre.

Il n'est sans doute pas nécessaire de vous dire la peur qui s'est emparée des jeunes cinéphiles. Ils ne comprirent pas vraiment ce qui s'était passé, mais ils perdirent du coup leur penchant pour les morbidités cinématographiques.

IL SE MONTRE À L'ÉCRAN

Lucie s'est retirée pour quelques jours dans son chalet d'été. Elle vient y refaire l'énergie que le stress de son quotidien a grandement entamée. Le renouement avec la nature la rééquilibre dans son être intérieur. L'odeur des résineux mélangée à la douceur mélodieuse des oiseaux moqueurs la fait renaître à son moi véritable, celui qui se sait en lien intime avec toute la Création.

Ce soir-là, Lucie se laisse bercer par le roucoulement de la rivière. Bien installée dans son fauteuil le plus confortable, elle sombre lentement dans un demi-sommeil. Elle garde cependant le plein contact avec tout ce qui l'entoure. Sans l'avoir recherché, elle vit sa première sortie astrale consciente.

Lucie se retrouve au-dessus de son corps assoupi. Elle le regarde avec l'impression bizarre d'être devant une étrangère. Elle se reconnaît, sait très bien que c'est son propre véhicule qu'elle observe, mais elle le voit d'un regard presque objectif.

Lasse de ce spectacle, Lucie se sent attirée vers l'extérieur de la maisonnette. Elle s'y élance comme un oiseau. La nuit est presque tombée et elle perçoit au loin les dernières lueurs de l'astre du jour éveillant ceux qui vivent de l'autre côté du monde.

Sans trop s'en rendre compte, elle parcourt une longue distance. La forêt semble glisser sous son corps périsprital volant en ligne droite comme un aigle explorant les hautes montagnes. Soudain, un lac où la lune presque claire mire sa beauté attire son attention. Elle s'y dirige sans fournir d'effort, comme si pareille manœuvre lui était familière.

Rendue à proximité, elle perçoit deux Amérindiens assis autour d'un feu. À la vitesse de la pensée, sous la simple impulsion de son désir, elle se retrouve tout près d'eux. Son premier réflexe est de leur demander s'ils parlent le français. Les deux hommes, qui l'ont bien entendue, se lèvent et semblent chercher qui a prononcé ces mots. Elle est tout juste devant eux, mais ils ne peuvent l'apercevoir.

À quelques mètres derrière elle, une voix inconnue lui répond: «Moi, je parle français!» Lucie se retourne brusquement et aperçoit un homme aux allures d'un marquis du dix-huitième siècle.

Tout son apparat et sa préciosité rappellent le faste hautain de la prétentieuse noblesse de ce temps. L'allure peu sécurisante du personnage anachronique provoque chez Lucie une peur qui la renvoie immédiatement dans son corps charnel.

En ouvrant les yeux, Lucie demeure momentanément stupéfaite. Hésitant entre le doute et l'émerveillement, ses pensées s'entrechoquent face à cette expérience des plus extraordinaires. Finalement, Lucie met tout cela sur le dos d'un rêve accentué par la griserie de l'air pur campagnard. Deux jours plus tard, en fin de soirée, Lucie ouvre le téléviseur. Alors que les interminables annonces publicitaires défilent devant ses yeux, toutes les lampes de la pièce commencent à émettre une lumière colorée. L'intensité lumineuse augmente, puis diminue de façon continue. Lucie se lève pour regarder de plus près ce qui se passe. Tout cela lui semble très bizarre, surtout ces teintes colorées que prennent les ampoules électriques.

Se tournant vers le téléviseur, un vieux modèle noir et blanc, elle voit l'écran prendre la même couleur que les lampes. S'en approchant, elle change la syntonisation pour vérifier si c'est ainsi à tous les canaux. À l'un d'eux, l'image devient tout enneigée, puis, à sa grande surprise, le marquis de sa sortie astrale se montre à l'écran.

Il semble voir tout ce qu'elle fait. Pour s'en assurer, malgré la peur qui la paralyse, Lucie tente de lui adresser la parole. Le marquis lui répond par signes, comme s'il ne pouvait lui parler. Elle pose alors des questions dont la réponse peut se limiter à un oui ou à un non. Ils échangent ainsi pendant un temps qu'elle ne peut vraiment évaluer. Le curieux personnage répond par mouvements de la tête ou en fermant les paupières.

Au fil des secondes, la peur s'estompe quelque peu, mais l'apparition d'un petit être aux allures diaboliques la ravive aussitôt. Ce dernier se tient à la gauche du marquis. Son air est rieur et son regard exprime beaucoup d'hypocrisie. La malveillance semble son lot. Lorsqu'il disparaît de l'écran, Lucie se sent soulagée, mais son horreur devient grande lorsqu'elle l'aperçoit se tenant debout à la fenêtre et la regardant fixement.

Comprenant la nature malveillante de ces êtres, Lucie prie désespérément Dieu de la secourir. Son cœur bat à se rompre. Elle sent ses veines réagir sous la pression débridée.

Comme si les forces divines avaient exaucé ses prières, tout disparaît subitement. La lueur tamisée des lampes reprend sa clarté jaunâtre. C'est le calme. Seul le téléviseur brise le silence par les répliques presque mécaniques d'un vieux film fatigué.

La pièce a retrouvé son ambiance chaleureuse, mais Lucie ne retrouve pas la paix. Elle sait désormais que des intelligences invisibles nous côtoient et elle se demande jusqu'à quel point nous sommes à l'abri de leur influence.

UN MAGNÉTOPHONE SÉLECTIF

En entrant chez Charlène, un accueil des plus chaleureux me reçoit presque en ami. Un parfum de fleur embaume toute la maison qui semble me sourire. Ses murs resplendissent de jeunesse malgré leur âge plus que centenaire. Tout est aménagé avec bon goût. Nous prenons place, Charlène et moi, sur un divan placé au centre d'un grand salon. Une petite table est juste devant nous. J'y remarque un petit magnétophone placé négligemment et qui semble attendre qu'on l'utilise.

Charlène entame rapidement la conversation. Après quelques minutes, elle me demande si j'accepte qu'elle enregistre notre échange. Se disant dotée d'une petite mémoire, elle dit vouloir conserver toutes les réponses à ses nombreuses questions.

Malgré la grande confiance qu'elle m'inspire, je suis un

peu hésitant à acquiescer à sa demande. Je prie donc intérieurement mon Esprit guide de faire selon ce qu'il juge le mieux. Charlène prend l'appareil dans ses mains et pèse sur les boutons de commandes. À son grand étonnement, le magnétophone refuse de fonctionner. Elle essaie de toutes les manières, mais cela ne donne aucun résultat. Charlène a pourtant bien pris soin de le vérifier avant mon arrivée. Toute désolée, elle dépose l'enregistreuse sur la petite table. Au même instant, le téléphone sonne et Charlène va répondre dans la pièce à côté.

Pendant sa brève absence, j'adresse la parole à mon Esprit guide. Je lui demande de me faire un signe pour me confirmer que tout cela est dû à son intervention. Je vois alors s'éteindre le petit voyant lumineux de l'appareil resté ouvert. Craignant qu'il ne s'agisse que d'une simple coïncidence, je lui demande de rallumer l'appareil. Le voyant rouge s'éclaire alors aussitôt. Il le restera ensuite pendant toute la durée de la conversation. Charlène revient s'asseoir près de moi et la soirée se passe sans autre signe apparent.

Le lendemain, je reçois un appel téléphonique d'une amie de Charlène. Elle m'apprend que Charlène vient tout juste de l'appeler pour lui raconter un fait qu'elle qualifie d'extraordinaire. Charlène lui a rapporté qu'après mon départ, en manipulant son magnétophone, elle a constaté que la bande s'était complètement déroulée sous le mode d'enregistrement. L'appareil a donc fonctionné normalement après qu'elle l'eut déposé sur la table. Heureuse de cela, Charlène s'est empressée de rembobiner la cassette pour repasser à loisir notre conversation. En auditionnant l'enregistrement, elle a constaté avec grand étonnement que ma voix n'apparaît pas sur la bande. Tous les sons entendus sont présents : la voix de Charlène, le bruit en sourdine du téléviseur, les cris de ses perruches; bref, tout y est sauf ma propre voix.

Cela crée d'ailleurs un effet plutôt comique. En l'écoutant, on croirait réellement que Charlène s'est amusée à se parler toute seule, répondant à des questions inaudibles, écoutant le silence et riant sans que rien ne soit drôle.

Même directement dans l'au-delà, certains moyens techniques ressemblant beaucoup à nos inventions électroniques sont utilisés.

TÉLÉPHONE DE L'AUTRE MONDE

C'est dans la nuit du 12 juin 1991 que je vécus pour la première fois cette curieuse expérience.

Quelques jours auparavant, j'étais intervenu dans une affaire de petite hantise qui perturbait le sommeil de Diana, une jeune femme qui avait fait appel à moi après plusieurs nuits blanches.

Le décès d'un de ses proches semblait avoir déclenché des phénomènes de manifestation spontanée qui inspiraient beaucoup de crainte dans la maisonnée. Des prières avaient ramené le calme assez rapidement et aucune récidive éventuelle n'était à prévoir.

Or, quelque temps plus tard, j'eus conscience que je continuais à m'occuper de ce cas dans l'au-delà. Je me vis en présence de trois entités de lumière qui inspiraient beaucoup de respect et de bonté. Je vis que je m'étais déplacé pour les rencontrer. Je leur demandai des nouvelles sur la situation de Diana. Quand on me répondit que tout était sous contrôle, je questionnai à nouveau pour obtenir plus de précisions et on me donna les informations en me témoignant une patience fort agréable. Je me déplaçai ensuite dans l'au-delà pour rejoindre l'Esprit de Diana. C'est là que je vécus quelque chose qui fut une découverte pour mon conscient d'incarné.

Lorsque je fus à proximité de Diana, je compris que nos différences vibratoires empêchaient une véritable conversation. Dès cette prise de conscience, un genre de téléphone apparut dans ma main. L'appareil pseudo-matériel ressemblait beaucoup au téléphone sans fil de la Terre. Sa couleur était blanche. En regardant Diana, je vis qu'elle aussi tenait un combiné semblable.

En Esprit, il me semblait tout à fait naturel et même banal d'utiliser ce processus pour échanger avec mon interlocutrice, mais, lorsque je revins dans mon corps charnel, l'expérience me parut plutôt curieuse.

Le lendemain, Diana m'appela pour m'annoncer qu'elle avait vécu une expérience consciente en astral. Elle me parla du curieux téléphone en question et de la conversation que nous avions eue. Tous les détails qu'elle me fournit confirmaient ce que j'avais retenu. Depuis cette nuit-là, il m'arrive à l'occasion de me souvenir de certains échanges où l'utilisation du pseudotéléphone a semblé nécessaire. Chaque fois, je ne peux retenir de souvenirs vraiment précis sur son apparence exacte. Je peux cependant affirmer que sa forme générale et son mode d'utilisation correspondent à ceux de nos propres appareils.

En échangeant sur la question avec quelques médiums, j'appris que plusieurs en connaissaient aussi l'existence. Certains avaient même dû l'utiliser pour entrer en contact avec leur Esprit guide lors de sorties astrales.

Comme nous venons de le voir, bien des aspects restent encore à connaître concernant l'au-delà et ses rapports avec notre monde temporaire.

Pendant ce siècle qui s'achève, les scientifiques se sont attardés aux mystères de la matière lourde, plaçant leur savoir autant au service de la mort qu'à celui de la vie. Dans les temps qui s'annoncent, plusieurs d'entre eux comprendront qu'il n'y a rien de plus primordial que l'essence même de notre être.

Des chercheurs de la trempe d'Albert Einstein, c'est-à-dire non pas ceux qui se bornent aux limites du connu, mais les grands qui en font reculer les frontières, détermineront par leur expérimentation les conditions technologiques rendant possibles les échanges quotidiens entre le monde des défunts et celui des vivants.

Ils auront compris que le fait de se cacher derrière les règles de la science officielle, pour écarter la réalité spirituelle sans avoir pris la peine d'en revoir les modes d'application, n'est rien d'autre qu'agir comme les premiers homo sapiens qui s'abritaient derrière leurs croyances superstitieuses pour se sécuriser face à ce qu'ils ne pouvaient comprendre.

Ces chercheurs y aboutiront, car ils ne souffriront pas des blocages si chers aux petits. Leur cœur sera rempli de l'esprit fondamental du scientifique de demain.

Dans ses correspondances, Einstein exprime clairement cet esprit de l'ère nouvelle: « L'émotion la plus magnifique et la plus profonde que nous puissions éprouver est la sensation mystique. Là est le germe de toute science véritable. Celui à qui cette émotion est étrangère, qui ne sait plus être saisi d'admiration ni éperdu d'extase est un homme mort. Savoir que ce qui nous est impénétrable existe cependant, se manifestant comme la plus haute sagesse et la plus radieuse beauté que nos facultés obtuses n'appréhendent que sous une forme extrêmement primitive, cette certitude, ce sentiment est au cœur de tout sens religieux véritable. » (Source : *« Correspondances d'Einstein »*, Ajit Mookerjee, dans Art Yoya, Paris, Les Presses de la Connaissance, 1975.)

Contacts médiumniques avec les Esprits purs

Nous pourrions définir les Esprits purs comme étant ceux qui, après une multitude de réincarnations successives entrecoupées de périodes plus ou moins longues d'étude et d'approfondissement en erraticité, ont atteint le niveau vibratoire de Dieu. Ces Esprits que nous avons déjà situés au sixième et dernier degré de l'échelle de l'évolution spirituelle ne sont plus tenus de se réincarner. Leur périsprit est complètement libéré de toutes les impuretés qui, depuis leur création, empêchaient leur Esprit d'extérioriser le maximum de leur éclat. Comme ils vibrent au même diapason que Dieu lui-même, ils en partagent la pensée intime, devenant de ce fait les émissaires intimes de sa volonté.

La particularité vibratoire des Esprits purs rend pratiquement impossible leur contact médiumnique avec nos médiums terrestres. Sur le plan technique, bien que la comparaison soit un peu grossière, je dirais que c'est un peu comme l'effet qu'ont les ondes radio FM sur les récepteurs AM : les fréquences vibratoires sont incompatibles.

Malgré cette réalité qui limite notre champ d'accès au monde de l'au-delà, plusieurs médiums, le plus souvent fort sincères, m'ont rapporté des contacts médiumniques avec des entités qu'ils qualifiaient d'Esprits purs. Chaque fois, je me retrouvais devant une situation plutôt délicate, car il n'est pas toujours évident que chacun peut accepter facilement l'idée de s'être fait tromper. En pareille situation, il est beaucoup plus acceptable pour l'orgueil de croire que c'est l'autre qui se fourvoie, conservant du même coup l'illusion d'être parmi les privilégiés ayant accès aux Esprits les plus avancés.

ILS SE PRÉTENDENT PURS

Une femme médium m'avait écrit en passant par mon éditeur. Sa lettre m'expliquait les grandes lignes de ses contacts avec l'au-delà et elle me demandait avec une certaine insistance que je communique avec elle. Je lui téléphonai quelques jours plus tard.

Notre conversation prit rapidement une bien curieuse tournure. Dès le début, elle se déclara en communication avec des Esprits purs. Voulant l'aider dans la bonne marche de ses recherches, je lui expliquai que notre niveau vibratoire encore malheureusement trop proche de la matière lourde rend impossibles les contacts médiumniques directs avec des Esprits complètement épurés. Je lui rappelai que leurs vibrations périspritales sont si subtiles qu'elles ne peuvent s'harmoniser avec celles des médiums de notre planète, ce qui est une des conditions fondamentales pour que soient possibles les échanges médiumniques.

Je lui concédai que, dans des circonstances extraordinaires, les Esprits purs pourraient se manifester par la voie médiumnique conventionnelle, mais que cela impliquerait un échange par intermédiaires interposés, ce qui, encore là, ferait en sorte que l'Esprit qui aurait le contact direct avec le médium ne serait toujours pas un Esprit pur. Il s'agirait tout au plus d'une entité supérieure du cinquième niveau qui, au point de départ, ne chercherait pas à tromper les incarnés sur son identité véritable. D'où la nécessité de devenir très méfiant dès qu'une entité se prétend Esprit pur, du moins dans le sens où nous l'avons défini.

Après que j'eus livré calmement ces commentaires l'incitant à la prudence dans ses rapports avec l'invisible, mon interlocutrice me clama ses doutes sur tout ce que j'ai écrit concernant les mauvais Esprits, le plan de vie, l'aura, le karma, et j'en passe. Après l'avoir écoutée, je lui conseillai tout doucement de faire bien attention aux Esprits trompeurs qui se montrent parfois fort habiles. Finalement, nous avons mis un terme à la conversation sur une note quand même amicale. En raccrochant le récepteur, je priai Dieu pour qu'elle soit protégée.

La nuit suivante, soit quelques heures plus tard, des bruits me réveillent. Ils retentissent directement dans ma chambre. J'établis immédiatement un lien avec ma conversation téléphonique de la veille. À cet instant, la tête d'une femme apparaît devant moi. Ses traits annoncent approximativement la quarantaine. Ses cheveux bruns sont plutôt courts et semblent bouclés artificiellement. La coupe de la chevelure accentue la rondeur de son visage. Elle ne dégage aucune expression particulière, si ce n'est une grande froideur passive. Je prie mon Esprit guide de m'assister et j'ordonne à l'apparition de quitter les lieux. L'entité disparaît aussitôt et aucun autre bruit ne se fait entendre. Je demande la protection pour tous les habitants de ma maison et je me rendors sans autre incident.

L'Esprit ne revint jamais plus par la suite et je n'eus jamais d'autres nouvelles de mon interlocutrice.

L'Esprit en question était possiblement la femme médium qui m'avait téléphoné, du moins y était-il directement relié. Quelle qu'ait été son identité, on voulait manifestement me faire savoir le mécontentement que mes propos avaient provoqué chez les Trompeurs qui utilisaient la femme médium ignorante. Ils craignaient de toute évidence de voir leurs manœuvres hypocrites démasquées.

Lors d'une conférence que je donnais à un groupe de médiums, je rencontrai une femme qui fut fort offusquée par ces mêmes explications que je leur livrai. Celle-ci recevait régulièrement la visite d'un Esprit qui prétendait être Jésus-Christ. La femme médium en avait fait part à tout le groupe qui la voyait un peu au-dessus des autres, étant donné le privilège que Dieu lui accordait de parler à un Esprit pur. Vous comprendrez que mes propos, bien que des plus bienveillants, venaient briser l'image que la plupart se faisaient d'elle.

Après mon départ, piquée au vif dans son orgueil blessé, elle n'hésita pas à diminuer mes dires et même mes propres expériences. Heureusement pour le groupe, le jeu de l'Esprit trompeur se dévoila de lui-même avant d'avoir eu le temps de faire trop de ravages.

Nous avons parlé d'Esprits trompeurs cherchant à se faire passer pour des Esprits purs, mais il ne faudrait pas oublier les cas où c'est le médium lui-même qui se fourvoie, soit par simple ignorance, soit par emballement, soit encore par orgueil. Il peut en effet arriver que des Esprits bienveillants présentent des traits qui peuvent nous porter à la confusion sur leur identité. Il ne s'agit pas alors d'Esprits qui cherchent à tromper le médium, mais, simplement, le médium se trompe lui-même.

J'ai personnellement rencontré une entité dont l'apparence physique ressemble beaucoup à l'image que tout catholique se fait de Jésus. N'eût été des connaissances que l'au-delà m'avait déjà données, j'aurais peut-être moi aussi commis la même erreur.

COMME L'IMAGE TRADITIONNELLE DE JÉSUS

Il est une heure quinze de la nuit. Je viens à peine de me coucher et je fais mes prières pour remercier les Esprits bienveillants qui m'ont assisté pendant la journée. Mes yeux sont fermés depuis quelques minutes et une forme humaine apparaît progressivement devant moi. Je vois de plus en plus clairement le visage d'un homme barbu qui me regarde. Ses cheveux sont longs et soyeux. Dans son visage aux yeux foncés brille un regard d'une grande bonté. Une douceur indescriptible se dégage de l'ensemble. Ses traits rappellent étrangement l'image traditionnelle que nous nous faisons de Jésus. Croyant avoir affaire à un Esprit trompeur cherchant à se faire passer pour le Christ, j'ouvre les yeux en lui demandant de partir.

Je referme ensuite mes paupières et je vois à nouveau le même personnage. Il me regarde toujours avec la même expression, mais d'un angle différent. Il ne prononce aucun mot et je ne reçois aucun message par la pensée. Je lui demande de se retirer. Il disparaît une fraction de seconde et réapparaît sous un troisième angle. Après quelques instants, il s'efface définitivement. Presque immédiatement après son départ, j'entre dans le sommeil comme si j'avais perdu tout contrôle sur mon état de veille.

La même apparition se manifesta quelques mois plus tard dans des circonstances presque similaires. Jusque-là, je n'avais pu en savoir davantage sur cette entité, mais je m'étais toujours refusé de croire que je recevais la visite d'un Esprit pur. Son attitude bienveillante laissait cependant supposer qu'il s'agissait d'un Esprit me voulant du bien. Je me disais qu'il était sans doute un ami de l'au-delà qui ressemblait tout simplement à l'image que nous nous faisons de Jésus. Quoi qu'il en soit, chaque fois qu'il venait, il semblait le faire pour m'accueillir juste avant que j'entre en sommeil, comme s'il devait alors m'accompagner dans mes occupations nocturnes de l'autre monde.

« IL EST TON FRÈRE! »

Je n'avais pas revu mon visiteur depuis plusieurs semaines lorsque les deux manifestations suivantes se produisirent.

La première se passa chez Lucie, une femme médium que je connais bien.

Il était vingt-trois heures. Lucie venait à peine de se coucher. Elle faisait ses prières du soir lorsqu'une lueur jaunâtre attira son attention. Elle eut juste le temps de se demander de quoi il s'agissait qu'une image lumineuse prit forme.

Lorsque celle-ci fut bien nette, elle me reconnut. Je me tenais devant elle. Je lui souriais. Mon regard rayonnait de bonheur. Après quelques secondes, Lucie vit des fleurs pleuvoir d'en haut. Celles-ci tombaient sur moi comme de gros flocons de neige. Deux mains aux doigts effilés apparurent au-dessus de moi. L'averse de fleurs continuait. Lucie distingua un collier de fleurs dans les deux mains venues d'ailleurs. Celles-ci s'approchèrent de moi et déposèrent le collier autour de mon cou. L'apparition disparut après cette dernière séquence.

Dans la même nuit, chez moi, je fus à mon tour l'objet d'une apparition. Je venais tout juste de m'éveiller, mais j'avais l'inconfortable impression qu'une moitié de mon être était demeurée dans l'au-delà. L'habituel Esprit barbu vint devant moi. Son regard exprimait une bonté tout à fait indéfinissable. Son apparence était encore exactement celle que la tradition nous suggère de Jésus. Une voix féminine que j'entends occasionnellement et dont je ne pouvais situer la provenance dit: « Il est ton frère! » À ces mots, l'Esprit s'approcha et me prit dans ses bras. En me serrant fraternellement il me dit: « Tu es mon frère! »

L'apparition disparut et je sombrai dans le sommeil.

Je vous ai cité la manifestation que vécut Lucie avant que je reçoive mon visiteur, car, à mon point de vue, les deux apparitions étaient intimement reliées entre elles. Je base mon hypothèse sur le fait que, quelques jours après cette nuit-là, Lucie reçut à son tour la visite de ce frère de l'au-delà aux allures de Jésus. Il l'observa sans parler, se limitant à lui sourire avec amour. Il disparut en exprimant du regard une bonté que Lucie avait peine à me décrire. À mon avis, ces manifestations visaient à nous signifier que nous étions invités à faire partie de la même grande famille spirituelle qui tend la main à tous les incarnés du cosmos éternel pour en grossir les rangs à l'infini.

Les animaux et l'au-delà

J'ai réservé une partie de notre étude à nos amis les animaux, car eux aussi expriment la réalité spirituelle qui transpire à travers leur véhicule charnel.

Nous avons vu dans mon premier livre que l'au-delà est peuplé non seulement par les Esprits désincarnés ou en sommeil des humains du cosmos éternel, mais aussi par les Esprits d'animaux qui y continuent leur accompagnement de la race des hommes.

Personnellement, j'ai déjà eu un superbe chien qui vécut avec nous un peu plus de huit ans. Son dévouement inconditionnel et sa grande sensibilité lui conféraient une attitude presque humaine, autant envers les miens qu'envers moi-même.

Le jour de sa mort, il se manifesta directement chez moi en reproduisant les bruits coutumiers auxquels ses habitudes de vie nous avaient familiarisés. Un an plus tard, ce sont ses aboiements qui m'éveillèrent en pleine nuit. De son vivant, il émettait un jappement à la fois gras et nerveux qui l'aurait fait reconnaître parmi toute une meute. Une autre fois, c'est la présence de son corps périsprital que je sentis nettement sur le pied de mon lit. Les couvertures s'étaient tendues sur mes jambes sous l'action exercée par le poids de l'animal invisible. Puis, ce furent mes enfants qui l'entendirent à leur tour.

Dix ans après la mort de mon chien, mon Esprit guide m'amena près de celui-ci dans un monde astral qui baignait dans beaucoup de lumière. La brave bête m'accueillit avec la même chaleur qui, jadis, faisait de chacune de mes arrivées de véritables retrouvailles dignes des plus grandes amitiés. De son vivant, il avait la fâcheuse habitude, malgré son assez grande taille, de s'élancer sur moi comme s'il était toujours demeuré à son poids de chiot. Or, il refit exactement la même chose, en prenant bien soin de me lécher le visage le plus qu'il le pouvait.

Quand je posai des questions sur le sort de l'animal, on me répondit qu'il m'attendrait dans l'au-delà, tant que je conserverais mon attachement envers lui.

Là, je compris encore mieux comment l'amour est fort et intouchable, trouvant à la fois impressionnant et réconfortant de voir que, même chez les animaux, il survit à la faux impassible de la mort. La dernière fois que mon chien se montra, il accompagnait un ami récemment décédé venu me saluer.

Plus récemment, j'eus la chance de vivre une autre manifestation qui démontre encore une fois l'existence d'un Esprit chez les animaux et leur survie d'après-mort.

LIBÉRÉE DE SES BARREAUX

En avril 1984, nous profitions d'un beau soleil printanier lorsque les enfants aperçurent un oiseau aux couleurs inhabituelles dans notre faune saguenéenne. Son bleu ciel tranchait avec le paysage encore sous le choc des dernières froidures hivernales.

L'oiseau bleu vint se percher tout près de nous. Nous constatâmes alors qu'il s'agissait d'une perruche sans doute égarée très loin de sa cage. Mélanie put facilement s'en approcher puis la prendre dans ses mains. Comme personne dans les environs ne la réclama, nous décidâmes de la garder avec nous. Les enfants lui donnèrent le nom d'Avril en souvenir du mois où nous l'avions trouvée.

Malgré son âge, qui nous semblait déjà avancé, elle vécut huit années avec nous, puis la maladie vint frapper à sa porte. Elle dépérit à vue d'œil et, le 7 mars 1992, elle mourut doucement dans mes mains.

C'est là que je vis un phénomène que je qualifiai de permission divine. Je tenais l'oiseau, et sa respiration se faisait de plus en plus haletante. Dans un ultime effort, notre Avril rendit son dernier souffle. À cet instant, je vis son Esprit sortir de son corps. Bien que vaporeuse, sa forme d'oiseau était demeurée intacte. Son corps périsprital était d'un blanc fluorescent argenté. Il prit son envol et je le vis monter sur une distance d'environ soixante centimètres, disparaissant rapidement, mais d'une façon progressive.

La vision ne dura que quelques secondes, mais elle m'inspira une grande émotion. J'avais vu notre amie Avril s'envoler vers sa nouvelle vie, libérée de ses barreaux d'acier, certes bienveillants, mais la confinant outrageusement à une existence qui reniait sa nature la plus intime.

Mais, ce dont j'aimerais également vous parler ici, c'est la grande sensibilité que plusieurs animaux témoignent dans leur comportement lorsqu'ils sont en présence de nos frères de l'au-delà.

Il y en a sûrement parmi ceux et celles qui vont lire

ces lignes qui ont déjà connu ou qui connaissent encore certains animaux qui réagissent de façon particulière lors de manifestations d'entités cherchant à prendre contact avec notre monde. Plusieurs reportages ont déjà fait mention de réactions semblables traduisant une forme de médiumnité présente chez les animaux. Comme pour les hommes, les observations tendraient à démontrer qu'il y en a parmi eux qui sont particulièrement doués à cette fin, alors que d'autres paraissent beaucoup moins sensibles.

J'aimerais vous citer une expérience de cette nature qui démontre bien que même les animaux que l'on pourrait classer parmi les plus farouches peuvent manifester une grande docilité en présence de nos frères de lumière. C'est comme s'ils devenaient subjugués par les hautes vibrations spirituelles.

Auparavant, je précise que je ne m'attribue aucun mérite personnel pouvant expliquer le comportement animal que nous verrons. L'animal concerné a simplement réagi à la présence d'Esprits de lumière qui m'accompagnaient. J'en eus d'ailleurs la preuve bien évidente lorsque je tentai de rééditer de semblables expériences qui ne donnèrent aucun résultat intéressant pour mon orgueil personnel.

UNE HIRONDELLE BIEN PEU FAROUCHE

Le soleil de juin nous réchauffe de ses rayons dorés. Ma femme et moi marchons dans la cour arrière. Les oiseaux donnent un ton musical à la beauté que la nature nous prodigue de toutes parts. Des hirondelles tournent au-dessus de nos têtes dans un va-et-vient continu.

Le chant de l'une d'elles attire particulièrement mon attention. Elle se tient sur la vieille clôture de cèdre et semble remercier le ciel pour une si belle journée. Je m'avance vers elle. Elle s'envole et va se percher sur une branche d'un érable planté tout près. Je m'approche encore plus. L'hirondelle chante de nouveau. On croirait qu'elle veut donner son plus beau récital.

Je complimente l'oiseau sur la beauté de sa mélodie et l'éclat de son plumage. Je fais encore quelques pas. Le passereau reprend son refrain. Je lui dis comme j'apprécie sa gentillesse de partager avec nous ses prouesses en clé de sol.

L'hirondelle est maintenant à ma portée. J'approche lentement ma main pour la caresser. Elle se laisse faire quelques secondes, chantant même quelques notes. Elle retourne ensuite sur la clôture et y chante quelques minutes. Puis elle s'envole et je ne la revois plus.

Mon épouse, qui a vu cela, n'en revient tout simplement pas. Elle est aussi emballée que moi de ce qui vient de se passer. Il ne me fut jamais donné de revivre une si belle expérience, mais je remercie encore Dieu de m'avoir accordé le privilège de la connaître ici-bas.

LES ESPRITS INCARNÉS QUE NOUS APPELONS LES VIVANTS

Comme nous avons pu le constater par les nombreuses manifestations des Esprits que nous appelons les morts, le mot *mort* n'a pas du tout le sens d'inertie que les définitions communes peuvent nous en donner. La vie qui anime notre Esprit est intrinsèquement éternelle. D'essence divine, aucune force ne peut y mettre fin, puisque c'est Dieu lui-même qui est le générateur de toutes forces existantes dans les mondes d'incarnation et d'erraticité du cosmos sans fin.

Mais cette énergie de Dieu vivant en nous et que nous masquent les scories de notre périsprit encore bien encombré au stade actuel où nous évoluons peut-elle se manifester sans que la mort physique ait fait son œuvre? Notre Esprit peut-il exprimer son essence subtile vibrant au-dessus des limites de la matière lourde qui nous emprisonne ici-bas? Le voile de l'incarnation qui fait oublier peut-il laisser échapper certaines lueurs exprimant cette nature spirituelle qui constitue notre essence première?

Voilà trois questions qui en résument beaucoup d'autres et auxquelles les pages qui vont suivre donneront une constante réponse affirmative.

Dans sa grande sagesse, Dieu a permis que celui qui veut voir et entendre puisse retrouver dans son quotidien d'incarné l'expression de ses facultés d'Esprit. Celles-ci se manifestent par des phénomènes qui échappent aux explications des lois physiques, malgré leur profonde réalité. Ces phénomènes qui transcendent les pauvres limites de nos sens corporels ont fait l'objet de bien des études scientifiques, mais, malheureusement, ceux qui les menaient avaient le plus souvent pris bien soin, dès le départ, de se bander les yeux et de se boucher les oreilles. Mais le jour n'est pas très loin où l'on comprendra que ces manifestations de notre essence divine viennent de l'Esprit et s'adressent à l'Esprit. Enfin libérée des barrières actuelles qui l'empêchent d'avancer, la science officielle pourra alors en décoder tous les sens particuliers.

Voyons maintenant comment notre nature spirituelle s'exprime à travers les limites que lui imposent la chair et le voile qui fait oublier.

Nous parlons ici de limites. Il serait pertinent de nous rappeler leur existence en lisant les lignes qui vont suivre. Il nous sera alors relativement facile de nous imaginer tout le potentiel dont peut disposer l'Esprit une fois libéré de ses chaînes d'incarnation, surtout si la somme de ses acquis et son degré d'épuration lui donnent accès à toutes ses possibilités.

Apparitions d'Esprits de personnes vivantes

De prime abord, lorsque nous parlons des phénomènes d'apparition, nous songeons immédiatement à l'Esprit des défunts. Il est vrai que, lorsque des témoignages de ce genre nous sont rapportés, ils mentionnent généralement des cas d'entités errantes venues donner un signe de leur survie. Mais en réalité, il peut en être tout autrement.

Dès que l'Esprit incarné sort de son corps, il retrouve la pleine capacité de se montrer en apparition spirite, exactement comme le font les Esprits décédés. Évidemment, comme pour celles des morts, ces manifestations demeurent assujetties à l'autorisation de Dieu, à ses lois et aux limites qu'elles imposent. Il faut, de plus, que celui à qui l'Esprit veut apparaître possède la médiumnité pour le percevoir ou pour lui permettre de se matérialiser.

Les apparitions d'Esprits de personnes vivantes sont tout à fait identiques à celles des morts. Le même processus technique y est appliqué et les sources d'énergie utilisées sont exactement les mêmes. Le seul type de manifestation d'Esprits incarnés où nous observons une différence dans le processus technique est celui des matérialisations où l'Esprit d'un vivant peut directement puiser, en tout ou en partie, le fluide animalisé se trouvant dans sa propre réserve périspritale, contrairement à un Esprit défunt qui doit le prendre entièrement chez un médium à effet physique.

Dans les deux cas, l'Esprit exprime son degré d'évolution par les actes qu'il pose ou les paroles qu'il prononce. La manière d'agir de celui qui se manifeste et l'effet que l'apparition provoque chez ceux qui sont visités donnent une idée assez juste des intentions qui motivent l'Esprit dans son for intérieur.

Voyons ensemble quelques témoignages de ce type de manifestation de notre Esprit incarné.

JE PRÉCÈDE MON ARRIVÉE

Ce midi-là, je n'avais pu quitter mon bureau à l'heure habituelle. Je devais normalement arriver chez moi vers midi et, comme j'avais déjà un bon trente minutes de retard, je pensai en conduisant à ma femme qui devait s'inquiéter. Quand j'entrai chez moi, celle-ci s'empressa de me raconter ce qui lui était arrivé. Alors que j'étais encore loin de chez moi, elle m'avait aperçu très nettement avec ma voiture. Elle m'avait vu ralentir, puis signaler pour me garer dans mon stationnement. Elle était retournée dans la cuisine, puis, voyant que je n'entrais pas, elle était allée vérifier par la fenêtre ce qui me retardait. Elle avait constaté avec un grand étonnement que ni moi ni ma voiture ne se trouvaient là. Elle m'avait pourtant bien aperçu au volant de mon véhicule. Elle était demeurée à la fenêtre jusqu'à ce que j'apparaisse de nouveau. Mais cette fois, il s'agissait bien de moi dans mon corps physique, alors que, quelques minutes plus tôt, elle m'avait vu en état de matérialisation spirite. C'est le moyen qu'avait choisi mon Esprit pour lui signifier que j'étais sur le chemin du retour.

ELLE S'ENNUIE DE SES POUPÉES

Peter, qui n'a que trois ans, s'amuse dans sa chambre avec sa sœur Estel. Il sort de la pièce et se rend dans la chambre de sa sœur Myriam. Celle-ci est à l'école à cette heure-là.

Après quelques instants, il court trouver sa mère. Il lui demande pourquoi Myriam n'est pas à l'école. Sa mère lui répond qu'elle y est bel et bien. Peter lui dit que non, que Myriam joue avec ses poupées dans la garde-robe de sa chambre où elle a l'habitude de jouer. Sa mère se rend vérifier s'il ne se passe rien d'anormal, mais tout lui apparaît bien calme. Seule Estel s'amuse à côté avec les jouets de Peter.

Lorsque Myriam revient de sa demi-journée de maternelle, elle raconte qu'elle s'est endormie pendant la sieste de l'après-midi. Elle ajoute avoir rêvé qu'elle s'amusait avec ses poupées dans sa chambre. Une vérification auprès de la jardinière par la mère de Myriam confirme que l'heure où la petite s'est endormie correspond à celle où Peter l'a vue dans sa chambre. Malheureusement, Myriam ne retint pas de souvenirs plus précis de son déplacement hors corps.

AU VOLANT DE LA CAMIONNETTE

Il est vingt-trois heures. Madeleine s'en retourne chez elle en compagnie d'une amie. Les deux jeunes filles marchent dans un secteur bien éclairé. Un véhicule mal stationné les oblige à longer de très près une camionnette pour éviter les dangers de la circulation.

L'attention de Madeleine est attirée par la présence de quelqu'un derrière le volant de la camionnette. En regardant de plus près, elle aperçoit un jeune garçon ressemblant beaucoup plus à un Esprit matérialisé qu'à un enfant bien en chair. Elle ne voit ensuite que son visage qui la regarde à travers la vitre. Cette vision inspire une certaine crainte à Madeleine, mais tout disparaît aussitôt.

Plusieurs semaines plus tard, Madeleine repasse dans le même secteur. C'est l'après-midi et des enfants s'amusent devant la maison où la camionnette était stationnée. En arrivant tout près des enfants, elle reconnaît avec stupéfaction le jeune garçon qu'elle avait vu le fameux soir. Il s'agit du fils du propriétaire de la camionnette. Sans doute avait-il voulu s'amuser dans le véhicule de son père pendant les heures de liberté que lui offrait sa période de sommeil.

ELLE PASSE TOUT PRÈS DE SE NOYER

Jeune adolescente, Francine ressemblait à plusieurs filles et garçons de son âge. Très peu versée dans les connaissances de l'Esprit, elle menait une vie sans but très précis, cherchant le plus souvent à profiter au maximum des bienfaits de la vie terrestre, sans trop se soucier des lendemains trop lointains. Francine était en promenade chez des amis lorsqu'elle vécut une expérience qui fut une véritable révélation pour elle.

Ses hôtes possédaient une magnifique piscine et la vague de chaleur qui sévissait sur la région invitait à de délicieuses baignades.

Le lendemain de son arrivée, elle se leva avec le soleil. Une chaleur humide rendait le sommeil inconfortable et elle préféra profiter des doux moments que procurait un si beau matin d'été. Les oiseaux chantaient comme pour l'accueillir, semblant lui dire bonjour. Sortie sur la terrasse, elle se laissa charmer par l'eau limpide qui lui offrait sa fraîcheur.

Elle entra lentement dans l'eau chlorée, en savourant les bienfaits rafraîchissants sur son corps à peine éveillé. Après quelques belles exécutions, une manœuvre mal calculée lui fit malencontreusement aspirer de l'eau, ce qui lui fit perdre subitement le souffle. Une contraction soudaine de son thorax lui fit avaler encore plus d'eau.

Une véritable panique envahit tout son corps. Sa pensée fonctionnant à la vitesse de l'éclair songea soudain à la noyade. Francine crut réellement que sa mort était venue.

Quittant son corps, Francine se vit entrer dans une grande lumière blanche. Elle oublia curieusement sa crainte de mourir. Une grande femme blonde apparut à sa gauche. Elle reconnut sa mère décédée depuis plusieurs années. Une émotion indéfinissable tenaillait son Esprit. Sa mère lui tendit les bras, comme pour l'inviter à la rejoindre.

À cet instant précis, Francine aperçut à sa droite une jeune fille. C'était son amie Josée qui lui criait désespérément: « Non! » Elle vit ensuite Josée l'agripper par les épaules et la tirer vers elle.

Francine reprit dès lors ses esprits, retournant dans son corps demeuré inerte. Elle put reprendre péniblement son souffle et rejoindre le bord de la piscine. Sa toux incessante éveilla enfin les hôtes de la maison qui purent lui porter secours.

Dès qu'elle reprit suffisamment de calme, elle s'empressa de téléphoner à son amie Josée. Celle-ci dormait encore. Dans une forte émotion, Francine lui raconta l'expérience fabuleuse qu'elle venait de vivre. Comme fut grande la surprise de Josée en apprenant que, pendant son sommeil, elle s'était portée au secours de son amie qui se noyait à plusieurs kilomètres de chez elle.

Josée n'en prenait pas encore conscience, mais elle avait réellement joué le rôle d'un Esprit protecteur auprès de son amie. Payant peut-être une vieille dette ou voulant simplement aider, son intervention avait permis à Francine non seulement de poursuivre son incarnation, mais aussi de le faire dans l'éveil de son Esprit.

Depuis ce jour, Francine ne doute plus de la réalité spirituelle. Cette expérience a été pour elle comme un rappel à la dimension de l'Esprit. Aux heures de ses choix, elle pourra mieux accepter, si elle le veut, que nous ne sommes pas sur la Terre pour jouir de ses attraits, mais au contraire pour s'en servir comme d'un levier qui peut nous faire monter vers les sommets spirituels les plus hauts. Mais, le plus important, c'est qu'elle sait désormais que la mort n'est qu'une porte ouvrant sur la vie.

SON FRÈRE VEUT SE RÉCONCILIER

Line et moi échangions sur son questionnement spirituel depuis presque une heure. Assis autour de la table de sa petite salle à manger, nous étions littéralement entourés d'effluves de lumière émanant des Invisibles bienveillants de l'au-delà.

À mesure que notre conversation avançait, je remarquai que Line baissait de plus en plus souvent les yeux lorsque son regard croisait le mien. Constatant que je m'interrogeais sur son attitude plutôt incompatible avec sa personnalité bien affirmée, Line me confia que mon regard devenait de plus en plus insoutenable pour elle.

Craignant pour l'efficacité de notre rencontre, je fus plutôt embarrassé par cet effet bien involontaire, d'autant plus qu'à cet instant le visage de Line changea nettement d'expression. Sans raison apparente pour moi, elle parut subitement très surprise, voire même très nerveuse. Elle me fixa sans parler. Ses yeux exprimaient à la fois la crainte et l'interrogation. Soupçonnant qu'une entité se manifestait par superposition ectoplasmique sur mon visage, je lui demandai calmement ce qui se passait. Elle m'annonça avec un air toujours surpris qu'elle voyait nettement le visage de son frère, pourtant vivant, superposé sur le mien. Il la regardait avec beaucoup de douceur et de chaleur. La vision dura plusieurs secondes et se dissipa comme elle était venue.

Juste avant l'apparition, Line avait commencé à percevoir des cristaux de lumière qui apparaissaient successivement à la droite de ma tête. Ces cristaux éclataient l'un à la suite de l'autre en petites lumières éblouissantes. Ce jeu de lumière dura plus de trois quarts d'heure.

Je rassurai Line sur le phénomène, lui expliquant qu'il n'y avait aucun danger et que ce n'était pas la première fois qu'une telle chose se produisait en ma présence.

Pendant les quarante-cinq minutes qui suivirent, son frère répéta la manifestation à deux reprises. Sécurisée, Line les vécut avec plus de calme et put capter avec beaucoup plus de lucidité le message peu ordinaire que celui-ci lui livrait. Remise de ses émotions, Line me donna quelques informations concernant ses liens avec son frère. Celui-ci vivait très loin des siens depuis plusieurs années. En promenade chez ses parents quelques semaines plus tôt, ils s'étaient revus après une longue séparation. Cette rencontre pourtant attendue depuis si longtemps avait donné lieu à une sérieuse dispute que Line regrettait secrètement.

Or, partageant le même regret, son frère était venu en Esprit manifester son amour fraternel. Profitant de la possibilité qui lui était offerte, il était venu rassurer sa sœurette pour qu'elle cesse de se torturer inutilement. Sans doute avait-il vu en Esprit que, sous le voile de la chair, aucun n'aurait voulu faire les premiers pas. Toujours est-il que Line communiqua avec son frère dès le lendemain et qu'ils purent se réconcilier. Celui-ci n'en était nullement conscient, mais son propre Esprit s'était avéré l'artisan direct de leur réconciliation.

ELLE ME VOIT À DEUX REPRISES

Quelque mois plus tard, Line communique à nouveau avec moi. Elle me fait part du cheminement spirituel qu'elle a parcouru depuis notre rencontre. Elle me décrit ensuite deux circonstances où elle m'a vu bien nettement lui apparaître.

La première fois, Line vivait une période difficile où ses nerfs avaient solidement été mis à l'épreuve. Se souvenant de notre échange, elle cherchait la voie spirituelle à travers tout cela, désormais bien consciente que rien n'est inutile dans notre vie d'ici-bas.

Elle s'était couchée avec une certaine angoisse et cherchait nerveusement le sommeil. Elle priait son Guide de l'aider et ses idées s'entrechoquaient dans son cerveau survolté.

Elle était presque endormie lorsqu'elle avait entrouvert les paupières. Elle avait alors ouvert grands les yeux en m'apercevant distinctement dans sa chambre. Elle n'avait ressenti aucune peur. Je la regardais bien calmement et lui souriais avec une manifeste bienveillance. Line se sentait profondément apaisée. C'était comme si toute son insécurité métaphysique s'effondrait. Elle avait sombré dans un doux sommeil et ne s'était réveillée qu'au matin.

Quelque temps plus tard, Line avait décidé de prendre quelques jours de repos. Elle était partie sur le bord de la mer où vivait quelqu'un de sa parenté.

Elle se levait tôt tous les matins pour admirer le lever du soleil pointant ses premiers rayons à l'horizon du grand fleuve. Elle y trouvait la paix. Il lui semblait que l'air salé de la mer l'aidait à mieux entrer en elle-même. Le bruit cadencé des vagues venues mourir sur le bord rendait plus faciles ses efforts pour harmoniser son rythme intérieur.

C'est un samedi matin que Line m'avait vu la deuxième fois. Comme à son habitude, Line marchait sur la plage que battait la marée montante. Depuis son réveil, elle avait beaucoup pensé à ce que je lui avais dit lors de notre rencontre. Elle brassait ses idées lorsqu'elle m'avait vu lui apparaître soudain juste devant elle. Je la regardais sans dire un mot, lui souriant simplement comme pour la réconforter. Line m'avait perçu ainsi pendant quelques secondes puis m'avait vu disparaître dans la lumière dorée de l'aurore.

Lorsque Line me décrit ses deux expériences, je sens une certaine curiosité chez elle. Elle aurait bien voulu en savoir davantage sur le message que je voulais ainsi lui livrer, mais mon conscient n'avait malheureusement conservé aucun souvenir de tout cela. J'avais agi en Esprit, avec une compréhension que le voile d'incarnation me faisait échapper. Il était cependant bien évident que sa progression spirituelle revêtait une certaine importance aux yeux de mon Esprit et qu'en plus elle semblait suivre le bon chemin pour réussir. Peut-être avais-je simplement accepté dans l'au-delà de l'assister lors de ses échanges de sommeil? Cette hypothèse est très plausible, car d'autres témoignages semblables démontrent avec une certaine évidence qu'il pourrait en être ainsi. Je jouerais alors un peu le rôle d'un Esprit protecteur. Il s'agit toujours de proches ou de personnes qui sont venues me rencontrer pour demander mon aide. Ils présentent tous un point commun : ils cherchent résolument la voie qui conduit à Dieu.

UN DÉNOUEMENT INATTENDU

Après une période de stérilité qui durait depuis plusieurs années, Jeannine pouvait enfin connaître les joies de la grossesse. Elle vint me voir quelques mois avant d'apprendre officiellement l'heureuse nouvelle. Calme et pondérée, sa sérénité cachait bien les nombreuses souffrances que sa vie lui avait apportées.

Proche de Dieu par sa pensée et ses actions quotidiennes, elle ne demandait à l'existence que le privilège de connaître la maternité.

Les premiers mois de sa grossesse se déroulèrent sans problème. Au cinquième mois, les médecins lui conseillèrent de passer un important examen afin de s'assurer que la maladie chronique dont elle souffrait n'entraverait pas le développement de l'enfant. Jeannine en fut très angoissée. Elle craignait pour la survie du bébé.

La veille de l'examen, Jeannine ne parvenait pas à s'endormir. Trop inquiète, elle ne cessait de penser à tout ce qui pourrait arriver. Un peu après minuit, Jeannine me vit apparaître dans sa chambre au pied de son lit. Contrairement à ce qu'elle aurait cru, elle ne ressentit aucune crainte.

Je la regardai bien calmement, puis je lui adressai la parole. Je la rassurai sur son état de santé. Jeannine s'endormit presque immédiatement après mon départ et ne s'éveilla qu'au matin.

Elle se leva sans ressentir les inquiétudes de la veille. Confiante dans le message très particulier qu'elle avait reçu, elle passa l'examen avec assurance.

Elle reçut les résultats du test quelques jours plus tard et ceux-ci lui confirmèrent que tout allait bien.

Lorsque l'on me rapporta tout cela, je n'en retraçai aucun souvenir. Je ressentis une grande joie dans mon cœur et je remerciai Dieu de permettre qu'une si belle chose puisse arriver.

Deux semaines plus tard, j'appris une nouvelle qui me déconcerta complètement: Jeannine avait perdu son bébé!

Dans un premier temps, je ne compris aucunement la raison d'un tel dénouement. Tout semblait si prometteur. Ce n'est que beaucoup plus tard que je pus saisir le sens à cette souffrance. Les limites permises par son plan de vie empêchaient, du moins pour un certain temps, la réalisation de ce qui apparaissait maintenant très important aux yeux de Jeannine. Dans des vies antérieures, elle avait rejeté activement ce qu'elle désirait tant aujourd'hui. La loi du retour faisait amèrement son œuvre.

Heureusement pour Jeannine, les revers de sa vie actuelle ne l'ont jamais détournée du souci de sa progression spirituelle. De ce fait, elle a grandement allégé l'avenir qui l'attend, rendant inutiles d'autres épreuves que son Guide pourra ainsi lui faire éviter.

IL NE PEUT ATTENDRE DAVANTAGE

Les écoliers entamaient leur dernière semaine de vacances estivales. Une certaine nostalgie des beaux jours de liberté commençait à pointer dans les propos des jeunes, sans cesse éveillés à l'imminente réalité par l'omniprésent battage publicitaire des commerçants d'articles scolaires. Patrick était parti rejoindre ses copains très tôt après le dîner. Ses amis du quartier et lui s'étaient organisé une partie de balle lente qui ne se termina qu'en toute fin d'après-midi.

Lorsque Patrick revint à la maison, il demanda presque en rentrant où était sa sœur Maude. Une petite prise de bec du matin lui inspirait quelques remords et il voulait refaire la paix avant le souper. Il faut dire ici que les deux enfants ont toujours été très proches l'un de l'autre. Encore aujourd'hui, leur complicité fraternelle fait l'envie de plusieurs amis qui auraient aimé pouvoir vivre la même expérience.

Malheureusement, Patrick apprit que sa sœur était partie pour deux jours en promenade chez une amie, à leur chalet d'été. Patrick devait donc se résigner à attendre au surlendemain pour apaiser sa conscience.

La nuit suivante, à trois heures du matin, Maude sort de son sommeil. La lune est pleine. Sa lueur éclaire la chambre, telle une lampe sous un abat-jour. Maude a à peine le temps d'observer les jeux d'ombres ainsi créés sur le mobilier qui l'entoure qu'elle aperçoit soudain le visage de son frère juste devant elle. Il est très net et semble bien vivant. Il la regarde avec un grand sourire. La surprise de l'apparition inattendue fait sursauter Maude. Le visage souriant disparaît alors lentement, comme pour s'assurer de ne pas l'effrayer davantage.

Impatient de renouer avec sa sœur aînée, Patrick avait choisi de venir directement en Esprit exprimer la bienveillance de ses sentiments. Il ne pouvait supporter plus longtemps l'idée que sa sœur pouvait croire qu'il était encore fâché.

JE PENSE AUX ENFANTS

Ma femme et moi nous trouvions à l'extérieur de la région pour quelques jours. Les circonstances ne nous permettant pas de partir tous ensemble, nos trois enfants étaient demeurés à la maison.

Le premier soir, je relaxai quelques instants dans un fauteuil aux allures particulières. Le siège assez bas était encadré par des appuis-bras fixés de telle sorte qu'en m'y assoyant mes bras se tenaient en position élevée, un peu comme dans les trônes anciens qui existaient au Moyen Âge.

Je fermai les yeux en pensant aux enfants qui auraient bien aimé nous accompagner. Je me vis alors dans ma maison, plus précisément dans le couloir menant aux chambres à coucher. Je perdis ensuite la vision pendant quelques secondes et, lorsque ma femme me parla, je revins à la réalité concrète de ma chambre d'hôtel. En regardant l'heure, je vis qu'il était onze heures onze du soir.

Le lendemain, mon épouse téléphona à la maison pour donner de nos nouvelles. Nathalie nous apprit que la veille, soit précisément à onze heures onze, elle m'avait très bien vu dans sa chambre: «Je t'ai d'abord aperçu en tout petit, comme si tu étais loin. Tu t'es approché de plus en plus et j'ai vu que tu étais assis dans un gros fauteuil qui faisait penser à un trône royal. Le fauteuil était fait d'un bois fruité recouvert d'un vernis lustré. Le dossier d'une hauteur de deux mètres et demi était sculpté avec beaucoup de raffinement. Les appuis-bras étaient très gros, tout en bois sculpté. Je voyais que tes mains s'appuyaient sur deux grosses boules de bois attenantes aux appuis-bras. Tu me regardais et me souriais. Tu es resté quelques secondes, puis tu as disparu.»

La concordance avec ma position physique prise dans le fauteuil et l'exactitude de l'heure nous permettaient de conclure qu'il s'agissait bien d'une visite par sortie astrale spontanée. Il faut cependant souligner que la description du fauteuil ne concordait que dans la position physique qu'il imposait à mon corps, car, en réalité, le fauteuil de la chambre d'hôtel était en simple tissu et le dossier ne montait pas plus haut que les appuis-bras. On aurait dit que j'avais concrétisé en astral l'impression subjective que le fauteuil m'avait donnée en m'y assoyant.

À PLUS DE CINQ CENTS KILOMÈTRES DE CHEZ MOI

Joëlle et Vivianne habitaient à plus de cinq cents kilomètres de chez moi.

En visite chez une amie que je connaissais, elles avaient profité de leur présence au Saguenay–Lac-Saint-Jean pour me téléphoner en espérant pouvoir me rencontrer. Elles avaient lu mon premier ouvrage et elles désiraient approfondir certains aspects en rapport avec leur vie personnelle. La rencontre s'avéra intéressante. Mes aides invisibles coopérèrent beaucoup avec leur propre Guide, ce qui permit d'obtenir des données fort pertinentes pour la conduite de leur incarnation.

Cinq mois plus tard, je reçus un appel téléphonique de Joëlle. Leur amie étant décédée entre-temps, je ne croyais pas avoir à nouveau de leurs nouvelles. Elle me rapporta un phénomène qu'elle avait vécu et qui me concernait. Au début de la semaine précédente, Joëlle vivait de gros soucis. Des difficultés qui semblaient vouloir perpétuellement s'amplifier minaient son entrain psychologique et physique.

N'entrevoyant pas d'issue, elle s'en était remise à son Esprit guide en qui elle avait une grande confiance.

Ce lundi-là, vers vingt-trois heures, alors qu'elle terminait son repassage, Joëlle avait vu un Esprit prendre soudain forme tout près d'elle. Comme elle avait déjà vécu certains contacts de ce genre, elle était demeurée calme devant l'apparition. Dès que les traits s'étaient précisés, Joëlle m'avait reconnu en Esprit. Je l'avais regardée pendant quelques instants sans prononcer un mot. Selon son témoignage, mon regard dégageait beaucoup de calme et de bienveillance. Avant de disparaître, je lui avais fait un sourire qu'elle avait reçu comme un signe d'espérance et un encouragement à continuer la lutte. Son interprétation était sûrement pertinente, car, dans les jours qui suivirent, son problème trouva une solution tout à fait inattendue.

Le lendemain de l'apparition, Joëlle avait reçu un appel de son amie Vivianne. Celle-ci lui apprenait que, la veille, elle avait senti ma présence vibratoire tout près d'elle. Elle avait eu alors l'impression que je voulais simplement la saluer. Lorsque Joëlle lui avait demandé à quelle heure elle avait vécu son contact médiumnique, sa réponse correspondait de très près avec celle où elle m'avait vu.

Lorsque Joëlle avait raconté à son tour ce qu'elle avait elle-même vécu, les deux femmes avaient eu la certitude que j'étais intervenu à la demande de leur défunte amie par qui elles avaient obtenu leur rendez-vous avec moi.

Quant à moi, je ne me souvenais d'aucun des détails que Joëlle me rapportait. J'avais sans doute jugé en Esprit qu'il n'était pas nécessaire que je conserve ces informations sous le voile du corps charnel. Je vérifiai quand même ce que je faisais à l'heure de l'apparition et je pus confirmer que j'étais bien en période de sommeil.

PRÈS DU TÉLÉPHONE

Il est une heure quinze de la nuit. Le téléphone sonne. Je continue à dormir profondément. Éveillée, mon épouse se lève pour répondre. Lorsqu'elle décroche le récepteur, la sonnerie en est à son troisième tintement. Après quelques mots, elle vient me réveiller pour que je prenne l'appel qui est pour moi. Il s'agit d'un homme que j'avais rencontré pour un problème de hantise. Il vient de voir un Esprit blanc qui se déplaçait dans sa maison et sa peur lui a fait oublier les règles élémentaires de la convenance. Je le rassure sur la nature de l'entité qui circulait chez lui. Il s'agissait d'un Esprit policier qui surveillait les lieux comme nous l'avions demandé dans nos prières.

Lorsque je raccroche le téléphone, ma fille aînée m'interpelle. Elle me demande pourquoi je n'ai pas répondu tout de suite lorsque le téléphone a sonné. Je lui demande ce qu'elle veut dire. Elle me répond que lorsque l'appareil téléphonique a fait entendre son premier coup, elle ne dormait pas. Comme elle peut voir directement le téléphone d'où elle est couchée, elle a ouvert les yeux pour vérifier si quelqu'un allait répondre avant qu'elle ne se lève.

Elle m'a aperçu alors me tenant debout devant le téléphone. Je le regardais sonner, sans bouger. Je paraissais concentré.

Lorsqu'elle a vu arriver mon épouse, elle s'est retournée pour se rendormir sans prêter plus d'attention à ma réaction. C'est en réfléchissant sur mon attitude bizarre qu'elle a décidé de m'en parler dès que j'aurais terminé d'échanger avec mon interlocuteur nocturne.

Ma fille demeure fort surprise lorsque je lui apprends que je dormais dans mon lit quand le téléphone a sonné, sa mère ayant même dû insister pour que je me réveille.

Elle m'avait vu en sortie extracorporelle à l'état de matérialisation. Sans doute conscient de l'appel que j'allais recevoir, je m'étais déplacé en Esprit tout près de l'appareil avant même que celui-ci se mette à sonner. Comme je n'étais pas dans mon corps charnel malgré l'apparence que je projetais, je ne pouvais utiliser le récepteur de nature trop matérielle pour la subtile densité périspritale. Concentré à vérifier ce qui se passait chez l'homme apeuré, j'attendais simplement que ma femme vienne me sortir du sommeil pour que je puisse répondre par les voies normales de la matière lourde.

IL LA REGARDE AVEC BEAUCOUP D'AMOUR

Marie s'inquiétait beaucoup d'un ami dont la santé se détériorait sans cesse. Ce dernier était hospitalisé depuis plusieurs semaines et les médecins conservaient peu d'espoir pour sa guérison.

Un soir, en s'endormant, elle adressa une prière à Dieu pour qu'Il assiste son ami malade. Elle venait tout juste de terminer lorsqu'elle aperçut ce dernier devant elle. Il se tenait debout, tout près de son lit. Il regardait Marie avec beaucoup d'amour. L'apparition dura quelques secondes.

Marie s'inquiéta de la signification de cette apparition inattendue, mais son intuition lui inspira que tout allait bien pour son visiteur. En notant l'heure du phénomène, elle s'endormit pour la nuit.

Le lendemain matin, elle rapporta à sa famille ce qu'elle avait vécu juste avant de sombrer dans le sommeil.

Lorsqu'elle se rendit à l'hôpital avec les siens, son ami lui raconta que, la veille, il avait prié pour elle. Il lui précisa que sa prière était devenue tellement intense qu'à un certain moment il avait cru réellement s'être retrouvé physiquement chez elle. Il ajouta qu'il s'était même imaginé l'avoir vue couchée dans son lit. Marie regarda les autres qui étaient au courant de ce qu'elle avait vécu. Elle demanda à son ami s'il avait noté l'heure de sa prière. À son grand étonnement, l'heure qu'il indiqua correspondait à celle où elle l'avait vu dans sa chambre.

Il s'était donc effectivement déplacé en Esprit, attiré par les vibrations de prière qui lui étaient destinées. Comme plusieurs le font, il avait expérimenté sans vraiment s'en rendre compte une sortie extracorporelle consciente.

Les sorties astrales

J'utilise l'expression *sortie astrale* pour désigner le phénomène qui permet à l'Esprit de sortir hors de son corps de chair tout en conservant ses pleines facultés. L'Esprit continue alors à vivre en dehors de ce dernier en conservant sa pleine personnalité mentale, affective et même physique. J'aurais pu également prendre les termes *expérience extracorporelle* ou *sortie hors corps* qui sont souvent employés pour exprimer la même chose.

Les sorties astrales constituent sans doute la manifestation de l'Esprit qui démontre le mieux la réalité de l'existence spirituelle indépendante du corps matériel. L'Esprit incarné se retrouve complètement à l'extérieur de son véhicule charnel et continue quand même à voir, à entendre et à penser avec toutes ses facultés. En se regardant, il constate qu'il a la même apparence que son corps matériel qu'il peut observer en dehors de lui. Il lui est alors très évident que son corps physique n'est qu'un véhicule complémentaire lui permettant tout simplement de vivre dans le monde de la matière lourde. Il constate comme son moi intime est autonome par rapport à sa carcasse de chair et d'os. En observant la corde d'argent qui le relie à ce dernier, il voit que c'est plutôt le corps physique qui est dépendant de son moi, ne pouvant survivre sans l'apport en fluide animalisé que l'Esprit conserve dans son périsprit pendant toute son incarnation.

Les sorties astrales en période de sommeil

Comme nous le mentionnions plus haut, dès que nous entrons dans le sommeil, notre Esprit sort de notre corps et nous retrouvons pendant quelques heures nos facultés d'Esprit dont l'étendue est directement déterminée par notre degré d'évolution spirituelle. Nous pouvons donc dire que, pour nous, incarnés, le sommeil constitue une véritable sortie astrale prolongée pendant laquelle l'Esprit peut manifester sa nature subtile.

Certaines de ces expériences extracorporelles peuvent être retenues par le conscient. La personne se souvient alors de toutes les séquences impliquées. Souvent, les souvenirs prennent d'abord l'allure d'un rêve dans sa définition conventionnelle, puis le quotidien de l'état de veille apporte rapidement les éléments qui font bien comprendre à son auteur qu'il s'agit d'un phénomène beaucoup plus concret que cela.

D'autres expériences extracorporelles n'atteignent pas le niveau conscient de l'auteur, mais s'inscrivent dans celui des Esprits incarnés qui ont assisté à l'événement. Ces derniers deviennent alors des témoins directs des activités vécues dans l'au-delà.

Toutes ces expériences peuvent prendre plusieurs visages. Dans les manifestations du sommeil, certains Esprits vont exprimer leurs soucis de veille. Ils vont alors chercher à continuer d'agir dans le monde matériel en fonction de leurs préoccupations.

COMME À SES BEAUX JOURS

Fernand avait vécu presque toute sa vie dans un village riverain où la vie est calme et sans histoire. De caractère doux et tranquille, il s'y était fait de nombreux amis.

Dans ses heures de repos, il aimait parcourir les rues de la petite municipalité où plusieurs de ses connaissances échangeaient avec lui.

Les soirs d'été, quand la température était chaude, Fernand prenait place dans sa balançoire, juste au bout de la longue galerie en façade de sa maison. Il aimait regarder circuler les automobiles roulant devant lui. Tous les passants le saluaient et plusieurs s'arrêtaient quelques minutes pour échanger leurs nouvelles.

À soixante-cinq ans, en plein début de retraite, Fernand dut quitter son petit village. La santé trop chancelante de sa femme l'obligeait à partir à la ville où celle-ci pourrait recevoir l'assistance dont elle avait besoin. Comme leur fille y demeurait, ils crurent qu'ils s'y adapteraient sans trop de problèmes.

Fernand y vécut d'intenses moments de nostalgie. Ses amis lui manquaient. Il recevait bien tout ce dont il avait besoin, mais sa rivière n'était plus là, ni ses rues, ni sa maison. Il confia à plusieurs de ses proches sa tristesse et son ennui. Le soir, confiné dans son petit salon, il songeait aux bons souvenirs de son quartier d'antan.

Dix ans après son départ, Fernand ressentait toujours la même nostalgie. Il lui arrivait une ou deux fois par année de retourner faire une courte promenade dans son ancien patelin, mais chaque fois il constatait qu'il ne pourrait jamais s'en détacher.

Pendant ce temps, Marie-Julie, une de ses petites-filles, grandissait tout près de lui. Elle était bien au courant des souffrances cachées de son grand-père. Le partage de ses secrets avait lentement développé en elle une affection pour le village de son aïeul. Elle y gardait d'agréables souvenirs de son enfance. Lorsque l'occasion se présentait, elle se rendait marcher devant la vieille maison qui avait entendu ses premiers rires.

Un certain samedi d'été, lors d'une promenade avec ses parents, Marie-Julie leur suggéra de se rendre au village. Ils y soupèrent dans la petite friterie où Marie-Julie allait avec son grand-père lorsqu'elle était enfant.

Le soir venu, ils marchèrent dans les rues remplies de beaux souvenirs. Quand ils furent arrivés à proximité de la vieille maison, Marie-Julie y vit son grand-père assis sur la balançoire occupant la place d'autrefois. Il regardait passer les voitures comme il le faisait au temps de ses beaux jours. Le père de Marie-Julie l'aperçut également, mais sa mère ne vit rien. Ils s'approchèrent plus près, mais le vieillard ne semblait pas se rendre compte de leur présence. Marie-Julie lui cria et il disparut aussitôt.

Marie-Julie et son père furent très surpris par ce qui venait de se passer sous leurs yeux. Ce dernier connaissait l'existence de manifestations de ce genre et il craignit pour la vie de son beau-père. Un appel téléphonique leur confirma que tout allait bien. Fernand s'était seulement endormi dans son fauteuil. Directement sorti en astral, il s'était rendu visiter son petit coin dont il s'ennuyait tant. Les capacités médiumniques de Marie-Julie et de son père leur avaient finalement permis de le percevoir.

Il y a ici un détail intéressant à préciser. Le lendemain,

Marie-Julie eut la curiosité de demander comment son grand-père était habillé la veille au soir lorsqu'il s'était endormi. Or, les vêtements qu'on lui décrivit correspondaient exactement à ceux qu'elle et son père avaient remarqués dans leur vision.

Plusieurs vont malheureusement négliger de profiter de leur liberté temporaire pour se ressourcer sur le plan de l'Esprit.

Leur action dans le monde matériel peut avoir un caractère très anodin, mais dans certains cas ces Esprits en sortie astrale nocturne peuvent causer directement du tort à d'autres incarnés au même titre que les Esprits malveillants du bas astral.

Plusieurs phénomènes impliquant des *poltergeist* trouvent ici leur source. Il s'agit d'Esprits perturbés qui tentent maladroitement de lancer leurs appels de détresse ou d'exprimer leur mécontentement en s'en prenant à leurs proches qu'ils considèrent comme responsables de leurs malheurs.

DES PAS POURTANT BIEN FAMILIERS

Marie-Rose me demanda conseil pour mettre fin à une curieuse manifestation qui se produisait chez elle presque chaque nuit depuis quelques semaines. Marie-Rose habitait avec sa sœur aînée. Celles-ci se faisaient régulièrement déranger en plein cœur de leur sommeil par des bruits de pas invisibles.

Au début des manifestations, les pas se limitaient au couloir attenant à leurs chambres à coucher. Puis, comme si l'Esprit prenait de l'assurance, les bruits s'approchèrent de plus en plus, pour finalement aboutir tout près de leurs lits. Les pas étaient ceux d'une personne ayant de la difficulté à marcher. L'entité semblait se traîner légèrement les pieds avec une lourdeur accentuée à tous les deux pas.

Les deux jeunes femmes en éprouvaient une grande peur, d'autant plus qu'elles ne comprenaient pas la raison de cette manifestation.

Nous procédâmes à des prières, mais le calme ne régna que quelques jours seulement. Dès la première récidive, l'Esprit vint se manifester chez moi. Il s'approcha tout près de mon lit. J'entendis très clairement les pas se déplaçant dans la pièce. L'entité marchait comme une personne souffrant d'une jambe ou d'un pied. Ses pas semblaient se traîner sur le tapis avec une lourdeur accentuée à tous les deux pas.

J'adressai la parole à l'Esprit, en lui soulignant son sans-gêne. Je priai ensuite mon Esprit guide de me protéger et tout cessa. Je conservai la nette impression qu'il s'agissait de l'Esprit d'une femme incarnée, en période de sommeil. Je la sentais assez âgée. Elle semblait faire cela beaucoup plus par ignorance que par malveillance.

Je livrai ces informations à Marie-Rose qui me rapporta que les manifestations s'étaient reproduites pendant la même nuit.

Quelques prières rétablirent à nouveau un calme que tous espéraient définitif. Une semaine plus tard, voulant se changer les idées, Marie-Rose et sa sœur décidèrent de passer quelques jours chez leurs grands-parents.

Dès la première nuit, à leur grand désarroi, les mêmes bruits de pas les sortirent de leur sommeil. Fort déçue, Marie-Rose ouvrit les yeux pour vérifier si elle ne verrait rien. À sa grande surprise, elle aperçut sa grand-mère qui se dirigeait vers la salle de bains. Les bruits que ses pantoufles faisaient sur le plancher étaient exactement ceux des manifestations.

Marie-Rose se souvint alors que sa grand-mère s'était fracturé une hanche quelques années plus tôt et qu'elle en avait gardé des séquelles dans sa démarche.

Lorsque sa grand-mère retourna à sa chambre, elle écouta bien attentivement et n'eut plus aucun doute. Elle venait de découvrir l'origine du phénomène.

Sa grand-mère était une personne très possessive et très exigeante envers ses proches. Elle n'avait toujours vécu que pour les siens et elle considérait comme ses simples obligés tous ceux et celles qu'elle avait aidés dans sa vie. Depuis quelque temps, elle reprochait à Marie-Rose et à sa sœur aînée de trop la délaisser. Elle désirait les voir beaucoup plus souvent, oubliant les obligations qu'elles aussi avaient à rencontrer dans leur propre quotidien.

Elle avait donc choisi cette façon de manifester son mécontentement, utilisant les capacités médiumniques jusque-là ignorées de ses deux descendantes.

Lorsque Marie-Rose me confia sa découverte, nous pûmes centrer nos prières sur la grand-mère contestataire qui devait comprendre des choses importantes sur le respect des lois de l'au-delà. Les manifestations cessèrent définitivement par la suite.

D'autres Esprits en période de sommeil vont profiter de leurs possibilités d'Esprit pour livrer à leurs proches des messages que leur lucidité retrouvée va leur inspirer. Il faut bien noter ici que ces messages doivent toujours être autorisés par Dieu lui-même afin que les plans de vie ne soient pas perturbés. Certains de ces messages peuvent être sans importance réelle.

IL DORMAIT BIEN CALMEMENT

Il est cinq heures du matin. Je suis éveillé depuis déjà quelques instants et j'attends tranquillement que le sommeil revienne. Je viens à peine de fermer les yeux lorsque j'entends très distinctement la voix de mon fils m'appelant: « Papa! Papa! » Son ton est calme et trahit un certain plaisir à pouvoir me parler ainsi. Je suis couché sur le dos et la provenance de sa voix me permet de le situer au-dessus de moi, légèrement sur ma gauche. J'ouvre les yeux dans l'espoir de le percevoir, mais je ne vois rien. Je me lève et vais vérifier si mon fils est éveillé. Je le trouve bien emmitouflé dans les couvertures de son lit, dormant bien calmement.

D'autres, par contre, peuvent apporter de pertinentes informations.

UNE TENTATIVE BIEN CALCULÉE

Julie possède une caractéristique assez particulière: son plan de vie lui réserve pour plus tard la possibilité d'assumer une mission ayant un potentiel d'impact social assez important. Cette possibilité nécessite cependant qu'elle conserve d'ici là un équilibre moral et psychologique impeccable. Consciente de ses capacités, ses élans de jeunesse n'en demeurent pas moins influencés par les attraits de facilité que le laxisme moral actuel offre sournoisement aux jeunes en développement.

Depuis l'âge de douze ans, Julie fait l'objet d'une attention manifeste de la part des Esprits noirs du bas astral. Furieux de voir le bien que son action future pourra faire, ils tentent d'exploiter les faiblesses encore présentes dans son périsprit, espérant trouver avant la pleine maturité la brèche qui la fera trébucher dans le mauvais choix. Je fus témoin d'un de leurs assauts bien calculé en fonction de la psychologie d'une jeune adolescente.

Assistant à une soirée étudiante, Julie, alors âgée de seize ans, fit la connaissance d'un homme beaucoup plus âgé qu'elle. Celui-ci lui manifesta une généreuse attention et, dans sa naïveté, Julie n'y vit rien de bien répréhensible. Le lendemain, l'admirateur en question lui téléphona pour prendre de ses nouvelles. Sans doute influencée par ses allures de jeune prétendant, Julie ne se méfia de rien et accepta de le rencontrer dans un petit restaurant tout près de chez elle. Lorsque Julie m'en parla, elle voyait régulièrement cet homme depuis déjà deux semaines. Son Guide me fit voir que cette fréquentation comportait de grands dangers pour elle, mais, lorsque je lui en fis part, elle se moqua de mon conseil, alléguant les innombrables qualités dont son nouvel ami faisait montre.

Quelques jours plus tard, Christina, la sœur de Julie, demanda à me parler. Elle me confia l'inquiétude qu'elle ressentait pour Julie. Femme médium voyante, Christina était habituée à voir des entités rôder autour d'elle, mais, depuis que Julie fréquentait son nouveau cavalier, un Esprit noir se tenait constamment près de celle-ci. Le soir, lorsqu'elles se couchaient, Christina voyait des ombres noires autour du lit de sa sœur. Lorsqu'elle avait commencé à prier pour demander la protection des Esprits de lumière, les Esprits noirs s'étaient précipités près d'elle, allant même jusqu'à secouer son lit pour lui faire peur.

Pendant les jours qui avaient suivi, l'emprise des Esprits noirs s'était confirmée davantage. Sans s'en rendre vraiment compte, Julie s'était éprise de ce charmeur d'enfants pourtant tout à fait incompatible avec ses belles qualités spirituelles. Subissant l'influence occulte des Esprits noirs qui l'entouraient, elle était littéralement aveuglée par des attraits qui n'existaient même pas.

Sans doute en raison de son plan de vie particulier, l'au-delà me suggéra d'intervenir. Je fis d'abord appel à l'assistance des Esprits de lumière, puis, en collaboration avec ses proches qui l'aimaient beaucoup, je procédai à d'énergiques prières pour lui venir en aide.

Deux jours plus tard, Christina me confirma que Julie était redevenue elle-même. Les Esprits noirs avaient disparu et seules les entités de lumière venaient visiter leur chambre, comme si elles montaient la garde contre les malveillants du bas astral.

Le lendemain matin, à six heures trente-cinq, je sentis une masse se tenant près de mon lit. J'ouvris les yeux, mais je ne vis rien. Une présence insistante bien qu'invisible se faisait pourtant bien sentir. L'énergie qui en émanait dégageait une certaine féminité.

J'eus subitement l'impression que l'entité présente se penchait sur moi, puis j'entendis nettement une voix de jeune fille. Je reconnus dès lors la voix de Julie directement dans mon oreille droite: «Eh! Que j'ai été chanceuse!» Puis sa présence sembla se dissoudre rapidement. Julie était venue en Esprit me remercier de mon intervention, me confirmant du même coup son efficacité et sa pertinence.

Il m'est personnellement arrivé de me manifester ainsi en sortie astrale nocturne pour livrer des informations à d'autres médiums sur certains événements à venir. Bien que plusieurs se souvinssent de tout le déroulement de la manifestation, peu d'entre eux purent m'en rapporter un contenu précis. Par contre, chaque fois que cela pouvait se faire, les messages se révélaient toujours d'une grande importance.

D'autres Esprits en sommeil vont rejoindre des incarnés qu'ils connaissent en agissant un peu comme le feraient des Esprits familiers. Tous les cas qui me furent rapportés ne s'étendaient cependant que sur de brèves périodes de présence directe, comme si l'Esprit ne pouvait effectuer que de courtes visites.

UN PARFAIT INCONNU

En m'éveillant un dimanche matin, je garde le souvenir d'un curieux rêve. Je me trouve dans une maison d'été. Je vois un homme moustachu aux cheveux brun foncé effectuant des réparations dans la salle de bains. Je le vois déplacer une laveuse pour modifier certains aspects de la plomberie. Je perçois les meubles de façon bizarre, comme si l'énergie de leur matière se montrait en lumière. L'homme ne semble pas se rendre compte de ma présence. Je perçois ensuite sa femme que je reconnais. C'est Michelle. Je suis surpris de me retrouver chez elle, car, bien que nous ayons toujours été en très bons termes, nos échanges se sont constamment limités au plan professionnel, à une fréquence plutôt sporadique.

La semaine suivante, je rencontre Michelle. Je lui raconte

mon expérience. Elle me demande des précisions dans la description de l'homme dont je lui parle. À sa surprise, je décris avec fidélité les traits et l'allure de son époux que je ne connais pourtant pas. Elle me demande alors la date où j'ai vécu cette rencontre et constate qu'elle concorde avec le jour où elle et son mari ont réellement effectué des réparations dans la salle de bains de leur maison d'été.

Quelques jours plus tard, elle m'apporte une photographie de son conjoint et je reconnais l'homme que je lui avais décrit. De toute évidence, je m'étais réellement rendu à son chalet alors que mon Esprit s'était dégagé de mon corps en sommeil.

VISITE INAPERÇUE

Ce soir-là, je me suis couché assez tôt. À peine entré dans le sommeil, je me retrouve dans une maison où j'aperçois trois personnes qui sont assises autour d'une table. Une quatrième se tient derrière un comptoir. Parmi les trois que je vois à la table, je distingue deux hommes. Je ne remarque pas leurs traits. Mon attention est plutôt portée sur l'objet placé sur la table. Il s'agit d'un magnétoscope. Je vois ensuite un des deux hommes prendre des outils et ouvrir l'appareil. Je ne vois alors que ses mains. Il nettoie les têtes de lecture avec un coton-tige. Bien que je n'y connaisse pas grand-chose, du moins de façon consciente, je fais intérieurement la remarque qu'il ne s'y prend pas de la bonne manière. Le contact conscient s'arrête là.

Le lendemain, une amie vient visiter mon épouse. Je l'entends parler des gens qu'elle a reçus la veille. Elle parle ensuite de leur magnétoscope que son mari a réparé.

Faisant un rapprochement avec mon expérience, je m'immisce dans leur conversation. Je lui décris alors ce que j'ai perçu dans cette maison que je ne pouvais pas encore situer. Les détails que j'ai retenus concordent en tout point. Cette fidèle similitude suffit amplement à me confirmer que j'avais réellement été témoin de ce qui s'était passé chez elle, la veille, en fin de soirée.

UNE NOUVELLE ACQUISITION

Pendant le petit déjeuner, Sophie, jeune adolescente médium, raconte à ses parents que, la veille au soir, peu de temps après s'être endormie, elle s'est retrouvée en Esprit chez des gens où elle garde occasionnellement. Elle précise que ces derniers recevaient de la visite et qu'elle se souvient très clairement de tout ce qui s'est passé. Elle décrit en détail les échanges auxquels elle a assisté. Personne ne la voyait, mais elle était bien présente avec sa pleine conscience. Elle se souvient qu'elle ne comprenait pas pourquoi elle y était ni comment elle s'y était rendue.

Le fait le plus marquant qu'elle rapporte concerne un appareil électronique qu'elle n'avait pas encore vu. Ses employeurs occasionnels venaient tout juste de l'acheter. Elle décrit le lecteur au laser avec beaucoup de précisions. Elle a vu l'hôte de la maison montrer à ses visiteurs sa nouvelle acquisition et faire une démonstration de ses performances. Ses souvenirs cessent après ces derniers détails.

Quelques jours plus tard, ces mêmes gens chez qui Sophie s'était retrouvée lui demandent de garder leurs jeunes enfants. Sophie est très heureuse que se présente à elle cette opportunité de vérifier la justesse de son expérience nocturne. Sûre de ce qu'elle a vu, elle apporte des disques qu'elle projette de faire jouer sur le nouvel appareil de ses patrons.

En entrant dans la maison, elle s'empresse de jeter un coup d'œil dans le salon où doit se trouver leur nouvelle acquisition. Une grande satisfaction l'envahit lorsqu'elle constate que tout ce qu'elle a perçu en Esprit est exact. Même l'emplacement de l'appareil concorde en tout point avec ce qu'elle a vu. Lorsque Sophie entre dans la pièce, on lui montre le lecteur électronique, croyant bien naturellement lui apprendre quelque chose de nouveau.

Lorsqu'elle est enfin seule avec les enfants, elle les questionne discrètement sur les autres points de sa vision astrale. Plus tard, elle appelle ses parents pour leur confirmer l'exactitude de tous les détails qu'elle leur avait décrits, y compris la présence des visiteurs qu'avaient corroborée les propos des enfants. Précisons que Sophie n'avait pas mis les pieds dans cette maison depuis plusieurs mois.

Le même phénomène peut également présenter un caractère beaucoup plus sérieux.

ILS AVAIENT ASSISTÉ À LA SCÈNE

Simone et Jean dorment côte à côte. Rien ne laisse présager

que cette nuit restera marquée dans leur mémoire quand tout à coup les deux conjoints se réveillent brusquement au même moment.

Ouvrant les yeux, chacun constate avec un certain soulagement que l'autre ne dort pas. Jean jette un bref coup d'œil sur le réveille-matin qui indique deux heures dix. Après quelques secondes, Simone dit qu'elle vient de faire un rêve affreux. Elle raconte à son compagnon qu'elle a vu sa mère en songe rendre son dernier soupir. Tout surpris, Jean lui réplique que lui aussi a fait le même rêve.

Après avoir décrit ce qu'ils ont vu dans leur rêve respectif, les deux conjoints doivent bien conclure que les deux expériences oniriques sont tout à fait identiques. Les personnages en présence, leur habillement, le contexte de l'événement, l'attitude de celle qui est morte et la nature de sa mort concordent parfaitement. Malgré leur étonnement face à une expérience aussi frappante, ils parviennent à se rendormir.

À six heures, le téléphone sonne. Simone répond. C'est sa jeune sœur qui lui parle. Des sanglots étranglent ses mots que Simone a peine à comprendre. Elle lui apprend la mort de leur mère survenue pendant la nuit. Lorsque Simone annonce la nouvelle à Jean, ils ne peuvent s'empêcher de penser à leur surprenant rêve commun.

Arrivée à la maison de ses parents, Simone questionne davantage ses proches sur les circonstances du décès. Elle apprend avec stupéfaction que les moindres détails qu'elle et son conjoint ont retenus de leur rêve concordent fidèlement avec tout ce qu'on lui rapporte. C'est comme s'ils avaient assisté directement à toute la scène.

Nous avons ici un bel exemple d'une expérience extracorporelle consciente. L'Esprit de Simone et celui de Jean étaient sortis de leur corps comme nous pouvons tous le faire chaque fois que nous nous endormons. Conscients de ce qui se passait pour la mère de Simone, ils avaient voulu assister à son départ pour l'au-delà. Comme Dieu avait autorisé leur déplacement, ils avaient pu se rendre chez elle et vivre l'événement comme ils l'auraient fait avec leur corps charnel. Le souvenir qu'ils en avaient gardé avait d'abord été interprété comme un simple rêve, mais, comme les faits le leur prouvaient, il s'agissait réellement d'une sortie astrale consciente.

Jean et Simone n'avaient cependant pas tout retenu de ce qui s'était passé. Leurs souvenirs s'étaient limités aux éléments physiques de la scène, comme si leur Esprit ne devait pas en rapporter les éléments spirituels. Jean et Simone s'en rendirent compte lorsque les voisins habitant en face de la défunte racontèrent à la famille qu'ils avaient vu cette dernière au bord de la route, marchant lentement devant sa maison à deux heures dix de la nuit du décès. Elle portait les mêmes vêtements de nuit que ceux qui habillaient son corps agonisant. La blancheur du tissu leur avait paru curieusement brillante, mais ils avaient mis cela sur le compte de l'humidité se mêlant à la lumière des lampadaires. Ils n'avaient finalement pas accordé plus d'importance à sa présence, croyant simplement qu'elle prenait tout bonnement l'air frais pour des raisons dont ils ne voulaient pas se mêler. Ils n'avaient constaté le caractère fort particulier de ce qu'ils avaient vu qu'en apprenant que leur voisine était déjà décédée à l'heure où elle se promenait devant chez elle.

Simone et Jean n'avaient donc pas retenu ce que l'Esprit de la morte avait fait après avoir quitté son corps charnel. Pourtant, dans l'état où ils se trouvaient, ils pouvaient facilement prendre conscience de tous ces détails. Dieu n'avait pas permis qu'ils puissent en conserver le souvenir, jugeant sans doute que cela ne leur serait pas vraiment utile.

J'aimerais vous citer ici un cas particulièrement intéressant d'une expérience de sortie astrale consciente en période de sommeil. Nous y voyons jusqu'à quel point l'Esprit incarné peut y retrouver une faculté que le voile de l'incarnation fait oublier : celle de la perception extratemporelle.

Comme tous les autres cas de vision du futur, il nous fait sérieusement réfléchir sur la portée réelle du libre arbitre humain.

COMME UNE RÉPÉTITION

Marianne s'était réveillée au beau milieu de la nuit et ne parvenait pas à retrouver le sommeil. Les yeux fermés, cherchant à se rendormir, elle sentit soudain qu'elle sortait de son corps. Une certaine peur vint à son Esprit, mais l'excitation de vivre une pareille expérience la fit taire rapidement.

Marianne flottait au-dessus de son corps qu'elle percevait bien nettement. Elle fut surprise de constater qu'elle pouvait penser, entendre, voir et agir en dehors de lui. Toute sa personnalité demeurait pleine et entière malgré l'absence de son enveloppe charnelle à laquelle, comme nous tous, elle s'était toujours identifiée.

À son étonnement, elle se rendit compte que le calme qu'elle percevait quelques secondes avant sa sortie astrale n'était qu'apparent. Elle entendait des bruits familiers du jour. C'était comme si tout le monde était levé et que la journée battait son plein régime.

Marianne se rendit dans la cuisine pour voir ce qui s'y passait. Elle vit l'Esprit de sa mère affairée à ses occupations habituelles. Elle la vit en train de préparer un repas, comme si l'heure du dîner approchait.

Des rires provenant de la chambre de ses deux sœurs attirèrent son attention. Elle s'y rendit et les aperçut s'amusant ensemble avec leurs jeux coutumiers.

Des bruits provenant de l'extérieur l'invitèrent ensuite à sortir de la maison. Elle y trouva son père sciant du bois de chauffage qu'on venait de lui livrer.

Marianne tenta vainement de leur parler, mais c'était comme si personne ne prenait conscience de sa présence.

Alors que son questionnement devenait de plus en plus angoissant, Marianne se sentit subitement tirée vers son corps. C'était comme si une force aspirante l'obligeait bien malgré elle à retourner dans son enveloppe corporelle. Malgré son énervement, elle en fut déçue, car elle appréciait la délicieuse sensation de légèreté et de bien-être que lui procurait son état.

Dès son retour dans sa chair, Marianne s'empressa de se lever pour vérifier ce que faisaient les siens. En se déplaçant, elle prit conscience comme il était pénible de devoir marcher pour se mouvoir si lourdement dans la matière massive. Elle trouva la cuisine vide. Personne ne travaillait à l'extérieur. Les billes de bois reposaient pêle-mêle au bout de l'entrée. En se rendant dans les autres chambres à coucher, elle trouva tout le monde endormi. Le calme apparent était revenu.

Marianne retourna se coucher en ayant bien hâte au lendemain pour raconter son extraordinaire aventure. Or, une surprise encore plus grande l'attendait.

Son corps ayant sans doute eu besoin de récupérer le sommeil perdu, Marianne ne s'éveilla que vers dix heures trente. S'empressant de se lever, elle se dirigea directement vers la cuisine. Stupéfaite, elle vit sa mère poser les gestes exacts dont elle avait été témoin pendant son expérience astrale involontaire. Elle préparait le même menu qu'elle avait vu.

Des bruits de sciage provenant de l'extérieur retentissaient à travers la moustiquaire. S'approchant de la porte, elle vit son père en train de couper des billes de bois qu'il avait achetées la veille.

Les rires de ses sœurs provenant de leur chambre lui firent deviner à quoi elles s'occupaient. Un bref coup d'œil lui confirma qu'elles faisaient exactement ce qu'elle avait perçu pendant la nuit.

Le travail que nous pouvons accomplir en astral pendant notre sommeil pourrait en surprendre plusieurs si l'on nous dévoilait la nature de nos occupations d'Esprit. Il m'est personnellement arrivé de vivre cette opportunité. La curieuse impression que je ressentis en l'apprenant fut celle qu'une importante partie de ma vie m'échappait. Heureusement que tout ce qu'on me rapportait était plutôt valorisant. Voici trois exemples des nombreux témoignages que je reçus jusqu'à maintenant.

RENCONTRE DANS LE MONDE DES ESPRITS

Depuis plusieurs années, Juliette s'abreuvait avec avidité à la source des connaissances spirituelles. Elle la trouvait dans la prière, mais aussi dans les œuvres de multiples auteurs traitant du sujet. Elle venait de terminer la lecture de *Messages de l'au-delà* lorsqu'elle apprit que nous habitions la même région. Elle s'empressa donc de communiquer avec moi, heureuse, disait-elle, de pouvoir rencontrer un auteur du spirituel en chair et en os.

Juliette avait choisi son atelier de travail comme lieu de rendez-vous. Je m'y rendis un soir de septembre. Je sonnai à la porte du rez-de-chaussée. Une femme blonde de belle apparence, accusant à peine la quarantaine, m'ouvrit. Son visage exprimait beaucoup de bienveillance. J'eus à peine le temps de lui dire bonsoir que je vis ses yeux changer d'expression. Une surprise contenue se lisait dans son regard. Je fis mine de rien et je m'introduisis dans le petit hall d'entrée.

Notre échange abordait des questions précises que Juliette avait soigneusement préparées. Au bout d'une heure, se sentant plus à l'aise, Juliette voulut me parler de l'intrigante réaction qu'elle avait eue à mon arrivée. Elle me confia qu'elle avait vécu une agréable surprise en jetant son regard sur moi. Le net souvenir d'un événement vécu en astral pendant son sommeil lui était revenu à la mémoire. C'était comme si le voile qui fait oublier s'était soudainement levé pour lui rappeler un moment important de ses heures nocturnes vécues dans l'au-delà.

Elle se souvenait indubitablement m'avoir rencontré dans le monde des Esprits. Elle me rapporta qu'elle m'avait vu alors portant une aube blanche. Je me tenais debout devant elle. Ma taille lui semblait beaucoup plus grande que celle de mon corps physique. Deux Esprits également vêtus de blanc m'accompagnaient. Celui qui se tenait à ma gauche était son Ange gardien. Il la regardait avec une expression débordante d'amour. À ma droite, elle avait reconnu avec une joie émouvante sa grand-mère qui lui souriait. Nous nous tenions côte à côte devant elle. Dans son souvenir, Juliette avait eu l'impression qu'elle subissait un genre d'évaluation. L'idée d'une sélection lui était également suggérée. Nous lui transmettions des pensées sans prononcer de paroles véritables. L'impression de l'échange ne lui avait pas semblé désagréable ni angoissante. Bien au contraire, notre présence lui avait inspiré un bienfaisant réconfort. Juliette venait de franchir une importante étape qui lui était confirmée.

Juliette avait donc été très surprise de reconnaître en moi cette entité avec qui elle avait échangé dans l'au-delà. D'autant plus que la nature de son expérience se voulait assez particulière. Juliette n'en était pas à sa première expérience de souvenirs conscients de ses activités astrales. Quelques années plus tôt, elle était entrée en possession d'un ancien appareil dont le nombre d'exemplaires était très limité. Il avait été conçu pour faciliter le même genre de travail qu'elle faisait. Malheureusement, l'inventeur était décédé et elle ne parvenait pas à retracer le mode d'utilisation. Par la permission divine, elle avait pu rencontrer l'Esprit de ce dernier dans le monde de l'au-delà. Elle avait pu y suivre une formation consciente qui lui permit d'utiliser efficacement l'appareil. À son éveil, Juliette avait gardé le souvenir des échanges vécus avec cet inventeur et, pendant le jour, avait appliqué les consignes apprises en Esprit. L'expérience s'était échelonnée sur vingt et une nuits consécutives.

Ma rencontre avec Juliette dura plus de trois heures. Les Esprits de lumière apportèrent de précieux éclairages pour sa démarche spirituelle. En la quittant, j'eus l'impression d'avoir parachevé ce qui avait été commencé dans l'au-delà pendant nos heures de sommeil.

DANS LE MONDE DE L'AU-DELÀ

À cette époque, je voyais Marie-Sylvie régulièrement et nous pouvions échanger sur les nombreuses expériences qu'elle vivait dans le monde astral. Elle sortait spontanément de son corps physique dès qu'elle tentait de s'endormir. Elle trouvait la situation difficile à supporter, mais cela lui permettait de vivre des échanges qui lui apportaient de précieuses informations.

Un dimanche après-midi, elle vint me visiter et me rapporta notre rencontre dans le monde de l'au-delà. Elle avait vécu l'expérience dans la nuit précédente.

Dans son exploration du monde invisible, Marie-Sylvie m'avait aperçu en train d'échanger avec d'autres entités. Je portais une aube blanche. La position de ceux qui m'adressaient la parole formait un demi-cercle régulier, juste devant moi. Parmi eux, Marie-Sylvie avait reconnu mon épouse et quelques amis. Elle s'était approchée de nous pour partager notre conversation. Elle avait été surprise de constater que l'on me questionnait sur des aspects de ma vie personnelle d'incarné. Je répondais avec beaucoup de calme et de bienveillance. Son arrivée n'avait semblé causer aucun dérangement, comme si elle avait été attendue. Elle était demeurée avec nous et l'échange amical continua sans changer de teneur. Marie ne put se souvenir par la suite comment tout cela avait pris fin.

Nous pourrions facilement faire un rapprochement direct entre le témoignage de Marie-Sylvie et celui de Juliette que nous avons vu tout à l'heure. Dans les deux cas, nous nous trouvons en présence d'exemples d'occupations auxquelles nous pouvons nous consacrer pendant nos heures de sommeil. Comme nous le voyons, nous pouvons autant en profiter pour acquérir des connaissances directement utilisables dans notre quotidien d'incarnés que pour compléter notre maturation spirituelle. Nous y voyons également l'interaction bienveillante qui peut s'établir entre les Esprits, qu'ils soient défunts ou vivants, proches ou éloignés, connus ou inconnus de notre conscient d'incarnés.

Nous voyons enfin comme le sommeil du corps physique n'affecte en rien la vigilance de l'Esprit qui peut, s'il le veut, en profiter pour poursuivre une vie active et fort enrichissante.

Le sommeil permet donc à l'Esprit de retrouver temporairement sa liberté de l'au-delà. Il lui donne accès à un état de vie extracorporelle à la portée de tous les incarnés. Mais, me direz-vous, peu de gens nous rapportent ce genre de manifestation de l'Esprit des incarnés!

D'abord, il faut bien savoir qu'il y en a beaucoup plus qu'il ne le paraît. L'impression de rareté réside dans le fait que la plupart de ceux qui les vivent taisent leur expérience, de crainte de se voir ridiculisés. D'autant plus que nous vivons actuellement dans un monde très matérialiste aux préjugés anti-spirituels bien ancrés. Même les agents du culte de certaines religions rejettent ces témoignages sous prétexte qu'ils ne cadrent pas avec leur doctrine, comme si Dieu pouvait avoir des préférés parmi ceux qui L'acclament.

Je vous livre ici le témoignage d'une femme plus ou moins ouverte à ce genre de phénomène qui vécut sa première sortie hors corps de ce type à l'âge de quarante-trois ans.

SA PREMIÈRE SORTIE ASTRALE CONSCIENTE

Malgré ses croyances, Mireille n'avait jamais été très emballée par l'idée de vivre des manifestations de nature spirituelle. Jusque-là, elle avait beaucoup lu sur les échanges avec l'au-delà, mais elle n'avait encore jamais vécu de phénomène où elle tenait le rôle principal.

Ce matin-là, son époux et ses enfants venaient de quitter la maison pour l'avant-midi. À peine quelques minutes après leur départ, Mireille se sentit envahie par un besoin de sommeil fort insistant. Inconfortable, elle avait peine à rester éveillée. Voyant que le malaise ne passait pas, elle eut l'idée de se coucher quelques instants pour reprendre tous ses esprits.

À peine allongée sur le divan, elle sombra dans un curieux état qui lui fit craindre de perdre connaissance. Éveillée mais se tenant les yeux fermés, elle entendit soudain des bruits bizarres qui venaient de la porte de la cuisine. Elle voulut se lever pour voir ce qui produisait ce boucan, mais, à sa grande surprise, elle se rendit compte qu'elle n'avait plus aucun contrôle sur son corps charnel. Elle tenta de bouger les bras, puis les jambes, mais rien n'y fit. Elle voulut ensuite ouvrir les yeux, mais même ses paupières n'obéissaient plus à sa volonté.

Mireille fit des efforts incessants, puis, après de longues secondes, elle parvint à entrouvrir légèrement ses paupières devenues plus lourdes que le plomb.

Soulagée de pouvoir bouger de nouveau, elle se leva, puis se dirigea vers la cuisine. Son champ de vision se limitait à quelques centimètres autour d'elle. Elle avait la bizarre impression de flotter au-dessus du plancher. Rendue à la porte, elle ne vit rien d'anormal si ce n'est sa vision fort limitée. Elle retourna ensuite dans le salon en se demandant ce qui pouvait bien lui arriver. Elle avait beaucoup de difficulté à maintenir ses paupières entrouvertes.

Une fois près de la table où se trouvait le sélecteur de la télévision, elle tenta d'actionner celui-ci pour ouvrir le poste, mais elle se rendit compte que ses mains n'avaient plus d'impact physique sur les commandes. Les bruits insolites recommencèrent alors à la cuisine et Mireille s'y rendit à nouveau. Sa vision devenait de plus en plus limitée. Ne trouvant encore rien d'anormal, elle retourna au salon pour se recoucher.

Rendue près du sofa, elle se rendit compte qu'elle venait de passer à travers la table du salon sans avoir ressenti de résistance. Elle se tourna légèrement vers le divan et contre toute attente y aperçut son corps physique étendu en position de sommeil. Elle n'était plus dans son corps! Elle songea immédiatement aux expériences extracorporelles dont je lui avais déjà parlé et elle éprouva une certaine peur. Elle voulut réintégrer son corps charnel. Elle s'en approcha et, dans un mouvement qu'elle ne peut préciser, le réintégra sans difficulté.

Une fois réincorporée, elle se sentit à nouveau incapable de faire obéir le moindre muscle. Elle concentra ses efforts sur ses yeux, puis, avec beaucoup d'insistance, elle réussit à les ouvrir, ce qui sembla déclencher enfin le contrôle normal sur son enveloppe matérielle. Mireille se leva immédiatement. Elle venait de vivre une sortie astrale spontanée.

Ce qui lui plut dans cette expérience, ce fut de vivre la preuve qu'elle pouvait bel et bien exister en dehors de son corps physique. Elle avait vu ce dernier comme quelque chose vivant en dehors de son moi. En effet, elle prenait maintenant conscience que le corps n'était rien de plus qu'un simple véhicule objectif permettant de vivre dans le monde de la matière. Désormais, elle ne pourrait jamais douter que l'Esprit demeure dans sa totalité de pensée même s'il est dépourvu de son enveloppe charnelle. De plus, elle voyait encore mieux comme il est ridicule de tant s'identifier à notre chair alors que le moi véritable est bien indépendant de cet amas de cellules périssables. Mais elle comprenait aussi comme il est important malgré tout d'en prendre soin pour continuer le travail d'avancement spirituel dans le monde physique, car elle avait constaté comme l'Esprit ne peut plus interagir ici-bas sans son enveloppe de contact.

Les sorties astrales à l'état de veille

Les sorties astrales à l'état de veille sont beaucoup moins fréquentes que celles que nous venons de voir, mais ce sont elles qui font le plus souvent l'objet d'études particulières. Nous pouvons les regrouper en deux catégories distinctes même si, dans les deux cas, le processus est exactement le même. La première est celle des sorties astrales spontanées et la seconde, celle des sorties astrales volontaires.

Les sorties astrales spontanées

Les expériences extracorporelles spontanées sont celles qui n'ont aucunement été provoquées par leur auteur, comme celle de Mireille que nous venons tout juste de voir. Elles surviennent sans avertissement particulier. Elles font toujours l'objet d'une autorisation divine. De ce fait, celui ou celle qui la vit bénéficie d'une entière protection de son Esprit guide et des Esprits de lumière qui l'entourent. Aucun Esprit malveillant ne peut agir contre un incarné se retrouvant en sortie astrale spontanée. C'est l'exécution de la volonté divine qui suit son cours avec tous les avantages que cela peut comporter.

Comme celles qui sont vécues en état de sommeil, les sorties astrales spontanées peuvent se faire de façon inconsciente. Bien que le phénomène soit plutôt rare, il peut arriver, en effet, que la personne concernée ne sache ce qu'elle a fait en dehors de son corps qu'en l'apprenant des témoins de la manifestation.

ELLE OUBLIE D'APPORTER SON CORPS

Paul-Henri écoute la télévision au salon avec France, sa plus jeune fille. Son fils Antoine s'amuse au sous-sol. Élise, sa fille aînée, bricole sur la table de la cuisine.

Son épouse, qui parle alors au téléphone, apprend une nouvelle de nature à réjouir les enfants. Lorsqu'elle élève la voix pour en faire part aux autres, France voit sa sœur Élise se diriger rapidement vers l'escalier du sous-sol. Croyant qu'elle va transmettre la nouvelle à Antoine, elle descend l'escalier presque sur les talons d'Élise.

En s'engageant dans le couloir au pied de l'escalier, sa sœur disparaît comme par enchantement, comme si elle s'était littéralement volatilisée. France se rend immédiatement dans la pièce où s'amuse Antoine. À sa grande surprise, elle n'y trouve pas sa sœur aînée. Elle remonte en vitesse sans prendre le temps d'annoncer la nouvelle à son frère. Stupéfaite, elle retrouve Élise toujours assise à la table, poursuivant tranquillement son bricolage. Celle-ci n'a jamais bougé d'où elle était. Sans qu'elle s'en rende compte, seul son Esprit est sorti pour porter la nouvelle, comme s'il avait oublié d'apporter son corps avec lui.

DUPLICATION

Le 20 décembre 1990, j'assistais à une traditionnelle réception du temps des Fêtes réunissant une vingtaine d'invités.

Je prends place entre deux convives volubiles et la conversation se veut très agréable. Vers le milieu du repas, Jean-Charles se lève pour se rendre aux toilettes. Je continue donc la conversation avec mon voisin de droite qui m'explique sa pertinente opinion.

Pendant qu'il me parle, je perds brièvement le contact avec ce qu'il me dit. Je me sens comme entre deux mondes. C'est le retour de Jean-Charles qui me permet de reprendre conscience de l'involontaire monologue de mon voisin.

Jean-Charles, qui ne nous a quittés que quelques instants, me regarde d'un air curieux teinté de stupéfaction et de questionnements. Il se rassoit et me raconte qu'il vient tout juste de me voir dans les toilettes: «J'ai ouvert la porte et je suis entré. À cet instant, je t'ai vu très nettement. Tu étais habillé exactement comme tu l'es actuellement. Tu m'as regardé d'un air très sérieux, sans dire un mot, puis tu es sorti. J'ai voulu te suivre, mais, en t'engageant dans le couloir, tu as disparu. » Jean-Charles ajoute que, pendant tout ce temps, il s'est demandé si cela était possible et bien réel. Il ne comprenait pas comment je pouvais être là avant lui. Cent questions venaient à son esprit. Même après mes explications, il n'en revenait toujours pas de m'avoir vu dans cette pièce alors que je me trouvais bien assis ailleurs avec les autres convives.

Jean-Charles me revit une autre fois dans cet état de duplication. Il dormait chez lui aux côtés de sa femme. Il sortit de son sommeil et me vit tout près de son lit. Surpris, il cria mon nom. Sa femme sortit alors de son sommeil et lui demanda pourquoi il avait crié « Serge! ». Ne voulant pas affoler son épouse, il répliqua qu'il avait rêvé.

Ceci se passa dans une période où Jean-Charles se questionnait beaucoup sur son cheminement spirituel. Nous avions de nombreux échanges où je tentais de lui transmettre l'éclairage de mes recherches. Par la suite, nos conversations sur le sujet s'espacèrent et Jean-Charles ne fut jamais plus témoin de ce phénomène.

JE VENAIS TOUT JUSTE DE LE QUITTER

Alfred et moi avions passé notre après-midi à discuter des phénomènes spirituels. Nous nous étions particulièrement attardés sur une manifestation que nous avions vécue quelques jours plus tôt. Celle-ci était advenue lors d'une prière en chaîne d'énergie à laquelle je participais également.

Pendant la prière, il avait vu apparaître sur le plancher des croix noires devant chacune des sept personnes formant la chaîne. La tête de chaque croix se rejoignait au centre de notre cercle. Un rayonnement doré émanait de chacune d'elles. Entre chaque participant passait un rayon de lumière d'or qui se rendait jusqu'au centre du cercle où aboutissaient les croix. La vision avait duré pendant tout le temps de notre échange avec l'au-delà. Deux autres personnes avaient vu également les croix noires, mais dans une présentation différente.

Nous avions donc discuté de cette vision, tentant d'en découvrir la bonne signification.

Tout de suite après mon départ, Alfred fit une prière. Il demanda à Dieu et à son Guide de lui donner un signe confirmant l'interprétation que nous en avions déduite.

C'est à ce moment qu'il me vit lui apparaître. En jetant un coup d'œil vers sa chambre-bureau, il m'aperçut me tenant debout au milieu de la pièce. Mes bras étaient tendus vers lui, l'intérieur des mains tourné dans sa direction. Je le regardais calmement en lui souriant.

Derrière moi se tenait une croix semblable à celles qu'il avait vues lors de la chaîne d'énergie. Au-dessus de la croix brillait une étoile d'or à cinq branches. Cette vision lui fit un peu peur. Il me dit: « Mais, Serge, que fais-tu là? Tu viens tout juste de me quitter! » Je disparus aussitôt. Pendant ce temps, je conduisais mon véhicule, en route vers chez moi. En arrêtant à un feu rouge, je m'étais comme perdu dans mes pensées. Le feu était même déjà au vert lorsque j'avais repris mon attention. C'était pendant ce bref moment que j'avais pu me rendre chez Alfred. Mais je n'avais aucunement pris conscience du déplacement que mon Esprit avait effectué. Si Alfred ne m'avait pas téléphoné pour me rapporter l'apparition, j'aurais simplement cru que j'avais eu une distraction de quelques instants comme cela peut arriver à tout le monde en attente d'un feu vert.

Il m'est arrivé d'autres situations où des témoins m'ont rapporté de semblables sorties astrales spontanées que j'avais faites pendant mes heures de veille. Chaque fois, je me trouvais dans un contexte où l'absence de mon attention consciente ne pouvait me mettre en danger. Soit que je n'avais rien à faire pendant le moment où cela se produisait ou encore que je disposais d'un laps de temps suffisant pour conserver ma vigilance. Quoi qu'il en soit, ceci ne se fait jamais de façon volontaire. Ces apparitions découlent toujours d'une autorisation divine et poursuivent constamment le but d'appliquer la volonté de Dieu dans le sens du mieux-être des gens concernés; ce qui, comme je l'écrivais un peu avant, donne toutes les conditions nécessaires pour garantir la protection bienveillante des Esprits de lumière contre qui les forces du mal ne peuvent rien.

Mais, dans la plupart des cas, le phénomène revêt un caractère tout à fait conscient.

ELLE CRAIGNAIT LA MORT

Depuis son enfance, Samanta nourrissait la crainte de

la mort. Sa grande peur était d'étouffer sous la terre. Elle craignait de se voir prisonnière de son cercueil, condamnée à passer de longues années à se sentir rongée par les vers. La pensée de se savoir enfermée dans un coffre recouvert de terre sur tous ses côtés la faisait frissonner.

Malgré cette appréhension morbide, Samanta menait une vie équilibrée, entretenant des priorités d'existence beaucoup plus réjouissantes.

Une grave maladie vint un jour frapper à sa porte et l'on craignit pour sa vie. Samanta voulut alors se confronter directement à ses peurs. Seule dans sa chambre, se préparant à la fatale éventualité, elle eut l'idée de tenter d'anticiper comment tout cela allait se passer.

Elle s'étendit sur son lit et joignit ses mains sur sa poitrine. Fermant les yeux, elle s'imagina dans son cercueil. Elle songea à la rigidité que prendraient ses membres devenus paralysés et au sentiment d'impuissance que cela devait inspirer.

C'est à ce moment que, contrairement à son attente, elle se sentit comme sortir d'elle-même. Elle se retrouva complètement en dehors de son enveloppe charnelle. Elle flottait au-dessus de son lit, à quelques centimètres du plafond de sa chambre. Elle se voyait étendue sur ses couvertures, inerte, les yeux fermés, avec toutes les apparences d'une morte. Mais Samanta constatait qu'elle était bien vivante et cela ne l'inquiéta aucunement. Sa plus grande surprise fut de conserver sa pleine conscience malgré qu'elle ne fût plus dans son corps de chair. Elle continuait de voir sans ses yeux et d'entendre sans ses oreilles. Sa pensée demeurait lucide et claire. Ses souvenirs restaient intacts et rien dans sa personnalité ne semblait s'être modifié. Seul son corps ne faisait plus partie d'elle-même. Elle le voyait subitement comme un boulet à traîner, un poids l'empêchant de s'envoler.

Malgré sa résistance, une force incontrôlable aspira Samanta vers son corps. Lorsqu'elle ouvrit ses paupières de chair, Samanta se sentit à la fois bouleversée et émerveillée; bouleversée par le caractère fort inattendu d'une pareille expérience, mais surtout émerveillée par ce qu'elle venait de découvrir. Samanta savait désormais que ses craintes n'étaient pas fondées. Elle venait de découvrir que son Esprit n'avait aucunement besoin de son corps charnel pour exister. Elle avait expérimenté la réelle autonomie extracorporelle de son moi, preuve que l'Esprit peut penser et agir sans l'assistance d'aucune enveloppe physique.

Aujourd'hui, Samanta sourit en songeant à ses anciennes peurs. Elle ne craint plus la mort, car elle sait que non seulement elle ne sera jamais prisonnière de son cadavre, mais aussi qu'une vie bien réelle l'attend au-delà de la matière lourde.

UNE VISITE BIEN INVOLONTAIRE

Je m'éveille à cinq heures quarante du matin. Comme je ne travaille pas ce jour-là, j'essaie immédiatement de retrouver mon sommeil. Je referme donc les yeux et, après quelques instants, je sombre dans un état de demi-sommeil. Je me retrouve subitement dans une chambre à coucher qui m'est tout à fait inconnue. Je constate que je flotte légèrement sous le plafond de la pièce. En regardant vers le bas, je perçois un grand lit où sommeille un homme d'une trentaine d'années. Il dort sur le côté gauche presque en position fœtale. Il a le torse nu et les couvertures le recouvrent jusqu'à la ceinture. Je ressens un grand malaise de me retrouver dans cet endroit.

Je me dis qu'il est tout à fait incorrect d'être là, dans l'intimité de cet homme que je ne connais même pas. À cette pensée, je retourne immédiatement dans mon corps. J'ouvre les yeux et je garde le souvenir très net de toutes les données.

Sept semaines plus tard, je me rends chez un homme qui m'avait demandé un rendez-vous un peu avant cette expérience. La personne en question m'avait téléphoné pour me manifester le désir de me rencontrer pour faciliter sa démarche spirituelle et l'aider à trouver des réponses à son questionnement.

En entrant dans la maison, j'y reconnais l'homme que j'avais vu dans ma sortie hors corps. Après un échange d'environ une heure, je conclus qu'il pouvait être mis au courant de ce que j'avais vécu. Cet homme exprimait beaucoup de sincérité dans ses préoccupations spirituelles et sa démarche se voulait prometteuse. Aussi n'ai-je pas hésité, au risque de sembler bizarre, à lui faire part de cette visite impromptue et bien involontaire qui démontrait bien comment notre Esprit peut s'engager à notre insu dans son travail spirituel.

Rien dans notre échange ne put cependant me faire

comprendre à quoi pouvait concrètement servir cette expérience, si ce n'est à m'indiquer que les rencontres avec ceux qui font appel à moi peuvent être préparées dans le monde de l'Esprit.

DANS UNE ÉGLISE

Je me lève de mon fauteuil pour quitter mon bureau. Voyant que je n'ai pas tous les documents dont j'ai besoin, je me penche sur ma table de travail pour les chercher. À cet instant précis, je me retrouve en Esprit à l'intérieur d'une église qui m'est familière. Tout ce que je vois concorde avec ce que j'en connais: la forme et la couleur des bancs, les grandes portes, l'emplacement des lampions et même l'odeur typique de ce lieu.

Je suis face à la partie arrière de l'église. L'expérience est très brève et je retourne dans mon corps charnel qui n'a pas changé de position.

Trois mois plus tard, je revis une expérience similaire. Cette fois, j'imprime des feuilles dans un petit local aménagé à cette fin. Pensif, je regarde tourner le rouleau de la photocopieuse lorsque je suis à nouveau projeté à l'intérieur d'une église. Il s'agit d'une église inconnue de style ancien. Les bancs sont d'un bois verni de couleur fruitée. Un grand calme m'entoure de toutes parts. Des litanies chantées en latin se font alors entendre. Les cantiques dégagent une ambiance de profond recueillement. Comme la première fois, l'expérience ne dure que quelques instants. Au retour dans mon corps, le cadran de réglage m'indique qu'il reste encore quelques feuilles à imprimer. Je vois ainsi que le tout n'a réellement duré que quelques secondes alors que le temps m'avait paru plus long.

PROTÉGÉE MALGRÉ TOUT

L'horloge du tableau de bord indique vingt et une heures. Le soleil a déjà cédé sa place aux étoiles. Le calme accompagne Marlène qui conduit sa voiture depuis déjà un certain temps. La route sera encore longue. Seule dans son auto, elle roule patiemment les kilomètres qui s'engouffrent un à un. Le bourdonnement des pneus brise à peine le silence de la nuit. Ses pensées vagabondent sans but bien précis, semblant suivre le tracé monotone du chemin grisonnant qui paraît infini. Subitement, sans aucune forme d'avertissement, Marlène se retrouve en dehors de son corps. Elle se voit flottant au-dessus de sa voiture qui continue sa route. Elle perçoit son corps derrière le volant, à peine éclairé par la faible lueur du tableau de bord.

Elle se sent aspirée vers une lumière qui brille devant elle. Arrivée à proximité, elle y perçoit des formes humaines. Des gens semblent l'attendre. S'approchant davantage, elle ressent la nette impression qu'elle fait face à de l'agressivité tournée contre elle. C'est comme si elle ressentait que ceux qui l'accueillent ont des choses à lui reprocher. Elle se retrouve enfin au milieu d'eux.

À cet instant, l'un des personnages qui l'entourent s'avance vers elle. Les traits de l'Esprit se distinguent de plus en plus. Elle reconnaît enfin un parent décédé depuis quelques années. Il lui adresse la parole par transmission de pensée et lui dicte avec insistance un message d'ordre personnel.

Pendant tout ce temps difficile à évaluer par Marlène, son corps est demeuré immobile derrière le volant de la voiture qui roule sans timonier. Or, atteignant une courbe où une manœuvre du conducteur s'impose, celle-ci sort de la route, faisant une embardée des plus spectaculaires. L'impact ramène brusquement Marlène dans son corps qui subit l'effet des tonneaux effectués par l'auto débridée.

Des témoins de l'accident accourent pour aider Marlène à sortir de la carcasse tordue. À leur grande surprise, elle n'a subi qu'une légère égratignure au bras gauche.

Nous voyons bien ici la portée que peut avoir la protection dont bénéficie toute personne en sortie astrale, lorsque celle-ci n'est pas recherchée. Les biens matériels ne sont peut-être pas nécessairement à l'abri, mais, dans pareille situation, l'Esprit guide accourt pour que le plan de vie du protégé concerné ne soit aucunement affecté. Quant à ceux de l'au-delà qui provoquent de tels phénomènes, ils accumulent les comptes qu'ils devront rendre à leurs victimes et à eux-mêmes.

LE LONG D'UNE ROUTE DE CAMPAGNE

J'étais presque endormi. J'adressais mes derniers remerciements de la journée à mon Guide bien-aimé lorsque je fus subitement projeté en dehors de mon corps.

Regardant autour de moi, je constatai que je me trouvais en pleine campagne. Le coin m'était tout à fait inconnu. Je me sentais entouré d'un grand calme. Je tournai irrésistiblement mon regard vers le firmament. Le ciel brillait de ses feux étoilés. En scrutant la voûte céleste, j'aperçus une lumière se déplaçant au-dessus de l'horizon. Elle monta très haut et y demeura immobile quelques instants. C'est là que je pus me rendre compte que la lumière qui m'avait semblé de source unique provenait de deux foyers d'émission juxtaposés. Je ne pouvais distinguer leur nature, mais leur façon de se déplacer démontrait qu'il ne pouvait s'agir ni d'un avion, ni d'un hélicoptère, du moins selon l'idée que je me suis toujours faite de leurs possibilités d'exécution.

Les lumières jumelles plongèrent ensuite vers le sol comme si elles s'écrasaient, mais, arrivées à quelques mètres du point d'impact, elles remontèrent en flèche. Elles exécutèrent alors un cercle parfait dans le ciel sans nuage. On aurait dit un spectacle aérien.

À cet instant, mon attention fut détournée par le vacarme inattendu d'un gros fardier qui passa juste devant moi, suivi de très près par une automobile filant à bonne allure. Je regardai immédiatement autour de moi et je me rendis compte que je me tenais en bordure d'une route. En analysant ce qui s'était passé lorsque le fardier avait roulé devant moi, je pus évaluer que je me tenais à environ un mètre du sol, car je me souvenais que mes yeux se trouvaient à la pleine hauteur des vitres du tracteur, juste avant que sa remorque ne me cache momentanément la vue du paysage.

Je revins dans mon corps tout de suite après le passage de l'automobile qui suivait le fardier et je m'endormis presque immédiatement.

Le lendemain, lorsque je m'éveillai, je crus que j'avais simplement rêvé. Mais, quelques jours plus tard, les journaux et les postes de radio annoncèrent dans leurs nouvelles que plusieurs témoins avaient rapporté la présence de lumières non identifiées exécutant des prouesses de voltige. L'heure et la date qui furent mentionnées concordaient exactement avec l'expérience que j'avais vécue. Le phénomène s'était produit à plus de cinq cents kilomètres d'où je me trouvais lors de ma vision extracorporelle.

Les sorties astrales volontaires

Beaucoup de gens grisés par l'idée de la performance

expriment un véritable enjouement à pouvoir sortir de leur corps à leur guise, selon l'humeur de leurs caprices. Profitant de la vague des séances de formation ésotérique de toutes sortes qui sont souvent motivées par des intérêts strictement pécuniaires, ils apprennent comment mettre en branle un processus technique qui leur permet de sortir de leur enveloppe charnelle au gré de leur volonté.

Malheureusement, on oublie souvent de leur en expliquer les dangers potentiels. Étourdis par la fausse impression du pouvoir que cela peut leur procurer, ces adeptes du merveilleux s'aventurent dans un monde où pullulent une multitude d'entités qui trouvent ainsi d'excellentes occasions de se régaler. Car lorsque nous provoquons volontairement une sortie astrale, nous ne bénéficions pas automatiquement de la protection de nos aides invisibles. Selon notre plan de vie, nos intentions intimes et notre degré d'épuration, nous risquons de prêter flanc à toutes sortes de retours au goût parfois très amer. Je pourrais vous citer plusieurs cas de hantise qui ont pris leur origine dans des expériences de ce genre. L'incarné imprudent ramenait alors avec lui des Esprits noirs du bas astral qui imposaient leurs malveillantes volontés. Je dus même intervenir dans un cas où l'emprise était tellement forte que, lors d'une attaque massive des Esprits visiteurs, l'équipe de lumière qui intervint par nos prières prit plus de trois heures pour ramener un certain calme. Mais voyons deux cas qui vous donneront une bonne idée de la tournure que ce genre d'expérience peut prendre.

FAROUCHES AGRESSEURS

L'expérience d'Isabelle confirme les dangers que peut présenter l'expérimentation des sorties astrales volontaires. Personnellement, je reçus de l'au-delà le ferme avertissement de laisser à Dieu la discrétion de choisir le moment où une sortie extracorporelle peut vraiment être justifiée. Il s'agit alors de sorties spontanées où toute la protection est garantie par l'autorisation divine.

Isabelle était à la recherche d'expériences excitantes. Bien au courant de la technique à utiliser pour provoquer une sortie consciente de son Esprit, elle s'y appliqua en croyant que le simple fait de demander la protection divine suffisait à se prémunir contre l'action malveillante des Esprits noirs du bas astral. Elle ignorait qu'à chaque sortie astrale volontaire l'auteur agit à ses propres risques et qu'il doit en assumer les éventuelles conséquences.

Isabelle se coucha sur son lit et se concentra pour sortir de son corps. À demi extériorisée, elle vit des mains noires aux doigts crochus empoigner ses deux bras. Elle tenta de s'en dégager, mais leur emprise était nettement supérieure à la résistance qu'elle pouvait leur opposer.

Isabelle tenta de revenir dans son enveloppe charnelle, mais les mains noires la tiraient vers l'extérieur. Isabelle cria à son Guide de venir la secourir. Elle vit surgir deux autres mains, mais d'une blancheur immaculée, qui firent lâcher prise à l'Esprit agresseur. De retour dans son corps, elle remercia son Ange gardien de l'avoir secourue. En se levant de son lit, Isabelle ressentit des douleurs aux deux bras. Elle releva ses manches et vit des marques rougeâtres sur sa peau. Elle pouvait facilement distinguer la forme des deux pouces qui avaient pénétré dans son périsprit. L'impact énergétique s'était transféré dans son corps de chair.

Un mois plus tard, malgré cette impressionnante expérience, Isabelle tenta à nouveau de vivre une sortie astrale. Elle se disait que bien d'autres en faisaient autant sans jamais subir d'inconvénients et qu'il n'y avait aucune raison pour que sa mésaventure se reproduise.

Cette fois-ci, Isabelle put sortir sans encombre. Elle se vit flottant en dehors de son corps. Elle aperçut la corde d'argent qui la reliait à son véhicule charnel. Elle se sentait bien et s'apprêtait à se déplacer lorsqu'elle aperçut des Esprits noirs très opaques s'approcher de son corps qui dormait tout près d'elle. Elle vit l'un d'eux s'en prendre à ce dernier. Il semblait serrer la gorge de sa chair. Isabelle prit peur. À cet instant, un autre la saisit à la gorge de son périsprit. Les deux agresseurs semblaient vouloir provoquer sa mort. Elle tenta de retourner dans son corps, mais les deux entités l'empêchèrent de réintégrer le monde des incarnés.

Isabelle cria à son Esprit guide de venir encore à son aide. Après quelques instants, il se montra et fit fuir les ignorants du bas astral. Il avertit sévèrement sa protégée qu'il ne pourrait pas toujours la secourir ainsi, car elle devrait, si elle récidivait, assumer elle-même les conséquences de son choix.

Bien d'autres témoignages semblables me furent rapportés. Le plus souvent, ces personnes avaient dû essuyer dans l'au-delà l'attaque directe des noirs du bas astral. Dans certains cas, ces derniers semblaient préférer hanter la demeure terrestre de leurs victimes, empoisonnant leur existence sur une période plus ou moins longue selon ce que le plan d'incarnation leur permettait.

Parfois, ces expériences ont nettement tourné au tragique, comme dans le cas de ce jeune qui fut retrouvé mort après avoir effectué une sortie astrale volontaire. Lorsque ses proches découvrirent son cadavre, ils le trouvèrent étendu dans un gros fauteuil à dossier escamotable. Des écouteurs connectés à un petit magnétophone étaient fixés à ses oreilles. Un deuxième appareil enregistreur avait été installé tout près de lui. En prenant connaissance de la bande qu'il écoutait avant de mourir, on trouva une formule de relaxation suivie de suggestions hypnotiques déclenchant une sortie hors corps. Sur la deuxième bande était gravé le déroulement de l'expérience. C'est là que les siens comprirent la nature des sorties qu'il effectuait.

Il avait manifestement accepté de collaborer aux mauvaises intentions des éléments du bas astral en échange d'une facilitation de ses explorations volontaires. La découverte de plusieurs autres bandes sonores confirma plus tard cette hypothèse. Malheureusement, les choses semblaient s'être retournées contre lui, et il avait payé de sa vie son intrusion dans les zones interdites par la loi divine elle-même.

Bien sûr, plusieurs personnes peuvent s'adonner aux sorties astrales volontaires pendant des dizaines d'années sans jamais subir aucun effet négatif. J'en ai déjà rencontré et des centaines de témoignages pourraient, j'en suis certain, facilement nous le démontrer. Mais il est important de savoir qu'il n'en est pas toujours ainsi et de se rappeler qu'il faut toujours demeurer dans les limites de ce que Dieu nous permet de vivre et de connaître selon notre plan de départ. Il faut bien se souvenir que notre Guide est spécialement chargé de voir à l'exécution de ce qui a été prévu pour nous.

Il est donc bien inutile de chercher à expérimenter ce qui peut ne pas nous convenir. De plus, il ne sert à rien de précipiter les événements. Il suffit de bien vivre notre quotidien, et chaque chose arrivera en son temps.

Ainsi, dans le domaine des expériences extracorporelles, celui qui attend sagement que Dieu lui fasse signe s'assure que celles-ci ne seront jamais futiles pour lui-même ni nuisibles pour les autres. Il s'assure aussi qu'elles répondront toujours aux impératifs de la loi de l'amour qui ne vise que le bien de chacun. Faire le contraire pourrait condamner le sujet à devoir payer cher de possibles égarements si facilement inspirés par l'orgueil et l'égoïsme d'ici-bas.

UNE INSISTANTE INVITATION

Jessie pratiquait ses sorties astrales volontaires de façon régulière depuis plus de deux ans. Jusqu'à maintenant, tout s'était déroulé sans aucun problème. Le processus suivait son cours, exactement comme on le lui avait enseigné. Forte de ses succès, Jessie faisait partie de ces initiés qui ridiculisent facilement tous ceux et celles qui les mettent en garde contre les dangers potentiels d'une telle activité.

Ce soir-là, suivant son habitude, Jessie s'était étendue sur son lit. Couchée sur le dos, elle s'apprêtait à sortir de son corps pour poursuivre son exploration du monde astral. Ses yeux étaient fermés. Elle commençait à ralentir son rythme respiratoire. Bien concentrée, elle quittait lentement le monde des incarnés.

Son attention fut brusquement détournée par des éclats de voix qui retentirent autour d'elle. Retenue dans son enveloppe charnelle, elle ouvrit les yeux. Elle aperçut une jeune femme se tenant à genoux sur ses oreillers, juste au-dessus de sa tête. L'étrange intruse la regardait en souriant. Elle caressait les cheveux de Jessie, les soulevant lentement avant de les laisser retomber sur ses épaules presque endormies.

La jeune femme matérialisée semblait dans la vingtaine. Ses cheveux bruns coupés court encadraient un visage aux traits légèrement anguleux. Son regard était brillant, mais projetait une froideur presque impressionnante.

À peine eut-elle le temps de relever ces détails que Jessie aperçut tout près de son lit un deuxième personnage : un jeune homme qui semblait également dans la vingtaine. La beauté de ses traits s'effaçait derrière un regard glacial et nerveux. Dès qu'il se rendit compte que Jessie le percevait bien, l'Esprit aux allures masculines lui adressa la parole.

Saluant Jessie, il l'invita à continuer de sortir de son corps. À cet instant, Jessie sentit qu'on la touchait sur toute son enveloppe charnelle. C'était comme si plusieurs mains la tâtaient effrontément sans aucune règle de bienséance. L'entité aux traits de femme s'unit ensuite à son compagnon pour inciter Jessie à les rejoindre dans les dimensions astrales: «Viens, Jessie! Viens! Nous savons que tu es capable! Nous t'attendons!»

Envahie d'une grande peur, Jessie fit de grands efforts pour demeurer dans son corps charnel. Elle leur cria qu'elle ne voulait pas leur parler et leur ordonna de partir. L'Esprit qui lui avait adressé la parole en premier entra alors dans une grande colère, vociférant toutes sortes de propos haineux. L'autre s'enflamma avec lui et les deux spectres se mirent à circuler en tous sens dans la chambre de Jessie. Ils lui criaient continuellement de venir, mais Jessie persistait à leur enjoindre de partir.

Maîtrisant son émotion, Jessie eut enfin l'idée de prier son Guide de venir à son aide. À cet instant, elle aperçut une ouverture de lumière qui s'ouvrait dans un mur de sa chambre. Elle vit ensuite une des deux entités se placer dans l'ouverture, les bras et les jambes écartés, puis l'autre la rejoignit dans la même position. C'était comme si elles se tenaient aux parois d'un immense tuyau entouré de noir. Les Esprits disparurent rapidement, en même temps que s'éteignit l'ouverture lumineuse.

Jessie demeura fortement impressionnée par ce contact avec des Esprits malveillants. Elle n'en avait jamais rencontré jusqu'à ce jour. Après cette expérience, elle n'osa plus tenter de nouvelles sorties astrales volontaires.

Or, quelques semaines plus tard, contre toute attente, elle s'extériorisa spontanément en dehors de son corps, et ce, sans l'avoir recherché. Cette expérience lui apporta un grand apaisement de l'Esprit. Elle y trouva même une source d'énergie qui lui permit d'améliorer sa santé physique.

Lorsque Jessie me rencontra, elle me confia qu'elle avait personnellement compris qu'il ne servait à rien de forcer la main de Dieu lorsque nous sommes à la recherche de la voie spirituelle. Elle vit comme il est sage de laisser à sa discrétion le choix et le temps des expériences à vivre.

Jessie avait raison, car, dans notre aveuglement d'incarnés, nous pouvons parfois mal évaluer ce qui peut réellement être bon pour nous et pour les autres. Sa sortie spontanée le lui avait clairement démontré : si nous avons à servir dans le sens de sa volonté, Dieu sait toujours être là lorsque vient notre tour de Le servir, selon le plan tracé pour nous. Il s'agit alors d'expériences qui ne visent qu'à nous grandir en spiritualité, c'est-à-dire à nous faire comprendre notre petitesse devant l'éternelle magnanimité de notre Créateur. Rechercher les performances psychiques dans un souci d'accroître nos pouvoirs personnels et de favoriser notre suprématie sur les autres va dans la direction opposée à la volonté divine. Glisser sur ce versant d'orgueil, c'est grossir les effectifs que les forces du mal utilisent contre nous-mêmes et contre Dieu.

La télépathie

Nous avons tous entendu parler un jour ou l'autre du phénomène de transmission extrasensorielle de pensées entre personnes incarnées. Certaines vedettes du monde du spectacle l'utilisent même dans leurs exhibitions publiques, ce qui a sans doute contribué à le faire connaître davantage. Mais qu'est-ce donc que la télépathie? Comment la pensée peut-elle se véhiculer d'un cerveau à un autre sans l'apport d'un quelconque déplacement d'une partie du moi, donc de l'Esprit?

La télépathie ne serait-elle pas une autre manifestation de notre nature fondamentalement spirituelle émergeant à travers la trompeuse enveloppe charnelle?

Voyons d'abord quelques exemples nous démontrant ce que nous entendons par ce phénomène.

LES CARTES SONT VISIBLES

Des amis nous rendent visite. Après plusieurs minutes de bavardage, nous décidons de jouer quelques parties de cartes, activité que je n'aime pas beaucoup, mais qui fait le délice de nos visiteurs.

Nous jouons depuis une trentaine de minutes. C'est maintenant à mon tour de prendre la main. Je réfléchis aux meilleures cartes qui devraient être jouées. C'est là que je reçois la vision de toutes les cartes que tient mon adversaire de gauche. Un peu pour m'amuser, je lui annonce chacune de celles-ci. Mon invité, qui est peu sensibilisé à ce genre de phénomène, refuse de croire que je peux voir ainsi son jeu. Il parle de tricherie, élève le ton et décide de ne pas jouer dans ces conditions. Nous avons beau tous en rire, il demeure convaincu que j'ai utilisé un truc quelconque. Nous n'avons plus jamais joué aux cartes ensemble par la suite.

LE MONTANT PRÉCIS

Je suis à mon bureau et une jeune fille frappe à ma porte. Un large sourire rayonne sur son visage. Dès qu'elle entre, je vois des chiffres suivis du signe de piastre. Je lui fais remarquer comme sa bonne humeur est agréable. Elle me confie qu'elle a reçu la confirmation du montant de sa bourse. Je lui donne alors les chiffres que je viens tout juste de recevoir. Son visage se fige. Elle me regarde de ses grands yeux et me demande qui m'a dit tout cela. Il s'agissait du montant exact qu'elle avait reçu.

ELLE N'EST PLUS À L'HÔPITAL

À cette époque, ma sœur Denise vit le début de sa longue maladie. Elle est hospitalisée à deux cent cinquante kilomètres de chez moi.

Un vendredi soir, ma sœur me téléphone et nous convenons que je ferai mon possible pour lui rendre visite le lendemain, accompagné de mon épouse et de mes parents.

Comme nous devons faire deux heures et demie de route, nous partons assez tôt le matin. Nous espérons ainsi passer le plus de temps possible en sa compagnie.

Nous roulons depuis une heure trente. La route est agréable et la beauté du parc des Laurentides nous fait presque oublier notre hâte d'arriver à destination. C'est là que je reçois une vision très nette où je vois Denise quitter l'hôpital pour quelques jours. Je m'écrie alors: «Ah non! Denise vient tout juste de sortir de l'hôpital!» Tout le monde me répond que cela ne se peut pas, que nous nous sommes parlé la veille et que nous ne sortons pas d'un hôpital comme ça sans avertissement.

Nous continuons donc notre route, bien que, pour moi, il ne fait aucun doute que Denise ne sera pas là.

Arrivés à l'hôpital, nous trouvons la chambre vide. Nous nous informons de ce qui se passe. On nous explique alors que des débrayages successifs ont considérablement ralenti le fonctionnement de l'hôpital. Cela a obligé l'administration à retourner momentanément chez eux les patients ne nécessitant pas des soins d'urgence. Denise avait donc dû partir avec tous les autres malades qui, bien malgré eux, prenaient un congé involontaire.

Le soir, Denise nous précisa qu'une de ses amies qui se rendait où elle habitait lui avait offert de partager sa voiture. Denise avait alors tenté de nous en avertir, mais comme nous étions déjà partis, elle n'avait pu nous joindre.

De plus, ne pouvant savoir si nous étions en route pour lui rendre visite, elle avait décidé de profiter de l'occasion qui lui était offerte. Son Esprit avait cependant réussi à transmettre son message.

UN MESSAGE PERÇU À DISTANCE

Ma femme et moi étions invités à passer la soirée chez une amie qui avait organisé une rencontre avec des gens désireux d'échanger sur le fruit de mes recherches.

Comme la température s'avérait très clémente en ce beau samedi printanier, nous décidâmes, mon épouse et moi, de prendre une bonne marche en tout début d'après-midi. Je savais que la soirée me demanderait beaucoup d'énergie et je voulais profiter des largesses de Dame Nature pour ressourcer mes forces fluidiques. J'en profitais également pour vivre un agréable moment d'intimité avec ma compagne.

Nous marchions depuis environ une heure. Nous nous apprêtions à revenir sur nos pas lorsque je reçus la vision très nette d'un appel téléphonique que l'on recevait chez moi au même moment. Je vis d'abord le téléphone qui sonnait. Je perçus ensuite ma fille décrochant le récepteur. Je reçus le message qui était livré, mais sans en entendre les mots. Je savais que notre hôte du soir parlait à l'autre bout du fil et que, à la dernière minute, elle avait pensé nous inviter à souper chez elle. Toujours sans percevoir les mots, je compris que ma fille lui répondait que nous étions partis faire une marche et qu'elle croyait que nous arriverions vers la fin de l'après-midi. Je sentis la déception de notre amie, puis la vision cessa.

Je notai l'heure apparaissant sur ma montre et je racontai à mon épouse ce que je venais de voir.

À notre arrivée à la maison, notre fille nous apprit que

notre amie avait téléphoné pour nous inviter à souper chez elle.

Tous les détails qu'elle nous fournit correspondaient fidèlement à ce que j'avais perçu.

Dans son essence, le phénomène de la transmission de pensée est l'expression de deux facultés que tout Esprit possède en lui-même et qui s'appliquent simultanément, soit celle de se déplacer rapidement en dehors de son corps à une vitesse encore plus grande que celle de la lumière et celle de pouvoir agir sur le périsprit des autres incarnés où toutes pensées trouvent leur résonance pour s'y inscrire à tout jamais. Dans le phénomène de la télépathie, ces deux facultés peuvent emprunter deux modes différents d'application, mais, dans tous les cas, elles sont toujours complémentaires.

Dans le premier mode, le récepteur joue un rôle actif. Celui-ci capte alors la pensée de l'émetteur en la lisant littéralement en lui comme dans un livre ouvert. L'Esprit qui reçoit ainsi la pensée de l'autre a l'impression de recevoir passivement l'information télépathique, mais, en réalité, c'est l'émetteur qui est passif. S'il n'avait pas son voile d'incarnation, il verrait qu'il a vécu une expérience extracorporelle dont la trop grande rapidité d'exécution ne lui a pas permis de percevoir l'existence. Il comprendrait qu'il est sorti de son corps pour aller chercher l'information dans le périsprit de l'émetteur.

Dans le second mode, c'est l'émetteur qui joue un rôle actif. La sortie hors corps à une vitesse hors dimensionnelle est alors exécutée par l'émetteur lui-même. Il va directement inscrire l'information dans l'Esprit du récepteur en faisant résonner ses propres vibrations dans le périsprit de ce dernier. Le récepteur reçoit alors le message de l'autre exactement comme si on lui avait parlé de vive voix, sauf que la pensée passe directement dans le conscient sans le décalage de la zone d'élaboration psychique des centres récepteurs des aires sensorielles cérébrales.

Il est à noter ici que, lorsque les Esprits désincarnés et même ceux qui sont en sommeil nous transmettent leur pensée, ils appliquent tout à fait le même processus en agissant au niveau périsprital.

En utilisant le second mode d'application, la transmission de pensée permet même d'agir directement dans le corps physique du récepteur. Heureusement pour nous, le phénomène de la télépathie est également soumis aux lois divines qui nous garantissent que nos plans de vie ne peuvent être altérés par des intentions malveillantes. C'est pour cela que le phénomène présente toujours une focalisation bien précise, protégeant ainsi l'intimité de toutes les autres pensées.

Mais nous pouvons quand même nous imaginer l'ampleur qu'une telle faculté peut prendre dans l'au-delà chez les Esprits malveillants peu respectueux des lois divines et qui sont libérés du voile de l'incarnation. Il est bien évident que, si nos Esprits guides n'étaient pas là pour nous protéger, nous risquerions de subir une véritable cacophonie de pensées plus ou moins cohérentes qui nous rendrait rapidement fous de confusion, comme nous le voyons d'ailleurs dans certains cas de hantise.

La perception extratemporelle

Nous entendons, par perception extratemporelle, la faculté de saisir par voie médiumnique et dans leur plein déroulement les événements qui ne font pas partie de la dimension temporelle immédiate. Cette faculté permet d'assister directement à des événements qui ont eu lieu dans le passé ou qui ne se réaliseront que dans l'avenir. Tout se passe alors comme si l'action se déroulait directement sous les yeux de celui ou de celle qui la perçoit.

La perception extratemporelle par l'incarné constitue une belle manifestation de l'Esprit émergeant de sa prison de chair. Elle exprime cette possibilité d'échapper aux bornes du temps que l'au-delà peut nous fournir si notre évolution a suffisamment épuré notre périsprit des scories qui peuvent obscurcir la double vue. Précisons au point de départ qu'un Esprit incarné doué à cette fin peut percevoir le passé ou l'avenir par trois canalisations différentes.

La première est celle de sa mémoire périspritale. Ici, l'Esprit ne fait que se souvenir de ce qu'il a vu en Esprit pendant ses heures de sommeil. Comme l'Esprit y retrouve momentanément ses pleines capacités d'erraticité, il peut, si son évolution le lui permet, percevoir ce qui s'est déjà passé ou ce que l'avenir réserve dans son écoulement. Un simple déclencheur dans le quotidien de veille suffit généralement à ramener ce souvenir au conscient. Le voyant a alors l'impression de percevoir directement le passé ou l'avenir, mais, en fait, il ne fait que se souvenir de ce qu'il a vu pendant ses heures de sommeil.

La deuxième est celle de la sortie hors corps instantanée. L'Esprit effectue alors une véritable sortie astrale éclair qui ne dure qu'une fraction de seconde. Ce temps, bien que restreint pour notre dimension terrestre, suffit à l'Esprit doué à cette fin pour accéder à la vision extratemporelle. Il peut alors percevoir autant le passé que l'avenir. De véritables images lui viennent à l'Esprit dans un déroulement temporel qui n'a aucune mesure avec la vitesse réelle de la vision. En fait, le film se déroule comme si la vision extracorporelle avait duré plusieurs minutes.

La troisième est celle de l'inspiration directe. Le médium reçoit alors les informations en forme d'images ou même de mots qui lui proviennent directement d'entités plus avancées qui désirent aider gratuitement les incarnés.

Dans ce cas, c'est le médium qui a la responsabilité morale de ne dévoiler que ce qui ne pourra perturber le déroulement des plans de vie des personnes qui sont concernées. Souvent, les informations fournies toucheront à la fois le passé et l'avenir. Dans certains cas, elles peuvent même reculer dans de lointaines incarnations où prennent racine des aspects significatifs du cheminement spirituel de la personne visée.

J'ai souvent travaillé avec cette dernière canalisation. Les visions reçues par cette voie m'ont permis plusieurs incursions dans les couches encore bien vivantes du passé. J'y ai vu des scènes datant même d'avant Jésus-Christ. Parfois, les images dégageaient beaucoup de romantisme, mais le plus souvent elles ne montraient que misère et souffrance. On m'indiquait ainsi les éléments qui avaient engendré l'effet boomerang dont souffraient ceux ou celles qui faisaient appel à mon aide spirituelle. Je reçus même à quelques occasions des passages d'événements vécus directement dans l'au-delà dans des périodes d'erraticité.

Voyons un exemple qui vous en donnera une idée.

LA MUSIQUE DU RUISSEAU

Rita vivait d'angoissantes inquiétudes pour sa fille et elle voulut me rencontrer pour qu'ensemble nous puissions demander l'assistance de nos amis de l'au-delà. Rita craignait qu'elle s'éloigne du chemin qui mène à Dieu, malgré la belle éducation qu'elle et son époux lui avaient pourtant prodiguée.

Je tenais une photographie de la jeune fille. À peine avais-je commencé ma prière que l'on me fit voir deux jeunes femmes vivant paisiblement dans le monde de l'au-delà.

Je les vis assises sur un massif de marbre lumineux. Un ruisseau littéralement musical coulait tout près d'elles. Des arbres aux fleurs multicolores les entouraient. Dans leur feuillage vert brillant, un rose velouté se mêlait à un bleu tendre presque poudré. On me fit comprendre qu'il s'agissait de Rita et de sa fille dans leur dernière période d'erraticité, juste avant leur actuelle incarnation. Elles se tenaient souvent à cet endroit où la paix se respirait comme de l'air pur dans nos poumons.

La vision insistait de plus en plus sur le chant du cours d'eau. On me fit comprendre ainsi qu'elles appréciaient ce coin céleste surtout pour y écouter la musique du ruisseau argenté.

Je racontais ma vision à mesure qu'elle se déroulait devant moi. Une grande surprise se lisait sur le visage de Rita. Son regard pétillait d'émerveillement. Elle me révéla doucement que, dans leur vie actuelle, sa fille et elle aimaient se tenir ensemble près d'une rivière qui coule proche de sa demeure. Elles s'y rendaient pour écouter l'eau chanter sur son lit en cascade. Elles s'y sentaient bien, retrouvant une paix reposante pour leur Esprit.

Riche de plusieurs autres informations qui me parvinrent, Rita partit soulagée. Elle connaissait maintenant les liens profonds qui l'unissaient à sa fille. Elle savait aussi que leurs pensées s'harmonisaient réellement sur le plan spirituel. Mais, le plus important, elle savait que ses inquiétudes n'étaient pas fondées, car un Esprit ayant eu accès à un pareil coin de lumière avant de naître ne pouvait choisir une route qui l'éloignerait de Dieu.

Cette canalisation exige beaucoup d'énergie de la part du médium. De plus, les visions imposent le constant défi d'évaluer ce que la personne visée est en mesure de savoir. La dette karmique guette continuellement le médium qui dévoile trop d'informations. J'ai rencontré plus d'une personne à l'Esprit fragile qui avait été gravement perturbée par des révélations que certains médiums leur avaient dévoilées. Un médium doit toujours se rappeler que toutes les images reçues ne visent qu'à lui permettre de bien comprendre la situation passée ou future de l'incarné qui le consulte. Cette compréhension lui permet ensuite d'orienter les choix de ce dernier tout en respectant la relative liberté que lui laisse son plan de vie. Faire autrement ne serait que viser la performance pour elle-même, erreur qui plaît peut-être à l'orgueil, mais qui peut réserver bien des retours amers pour ceux qui s'y laissent prendre.

L'écho du passé

Comme pour l'avenir, connaître le passé peut comporter certains risques. C'est lorsque nous vivons le phénomène que nous comprenons réellement la sagesse divine qui a jugé bon de le soustraire temporairement à notre mémoire pendant l'écoulement de notre incarnation.

Chaque fois que je fus consulté sur des questions portant sur le passé des vies antérieures, je reçus des éléments de réponse que je n'osai jamais divulguer. Comme cette pauvre dame qui vint me voir pour savoir les raisons expliquant ses graves difficultés de relation avec son mari. On me montra qu'ils avaient déjà vécu ensemble comme frère et sœur. Son mari actuel était alors son frère aîné. Il l'obligeait dans cette vie-là à se soumettre à toutes sortes de sévices sexuels qui avaient développé en elle une haine telle qu'elle l'avait poussée aux pires vengeances.

Après sa mort, la pauvre victime avait cultivé son aversion jusqu'au moment où elle avait compris que son attitude négative n'était pas celle qu'elle devait adopter. Dès qu'on l'avait sentie vraiment prête, on lui avait fait voir ses antériorités qui lui avaient dévoilé la ligne logique des épreuves qu'elle avait subies.

Dans l'incarnation actuelle, elle devait apprendre à faire taire sa rage rancunière. Pour cela, elle avait choisi de vivre avec son ancien agresseur dans une relation de mari et femme. Les Guides les avaient poussés l'un vers l'autre pour l'exécution des plans de vie. Évidemment, l'Esprit de son époux avait lui aussi de profonds amendements spirituels à réaliser.

C'était donc tout ce passé qui expliquait leur difficile adaptation mutuelle.

Vous comprendrez que je ne pus rien dévoiler de tout cela.

Si ces éléments avaient été portés à sa connaissance, elle en serait devenue tout à fait incapable de poursuivre son plan d'évolution. Je me limitai donc à lui confirmer que leur problème provenait d'une lointaine vie antérieure et qu'elle et son compagnon cheminaient beaucoup plus qu'elle pouvait l'imaginer.

Je pourrais vous citer d'autres exemples semblables, mais voyons plutôt un témoignage d'un autre ordre vécu par un autre médium et qui est fort révélateur sur cette possibilité de capter l'écho du passé.

SES TROIS DERNIÈRES MORTS

Dans une vision qui l'amena très loin en arrière, Raoul, grand malade, médium, homme de foi mais craignant la mort, vit le genre de décès qu'il avait vécu à la fin de ses trois dernières vies.

Dans la première séquence, Raoul se voit dans la cinquantaine. Il marche dans une forêt étrange. Il semble heureux, bien que la vie doive lui être assez difficile. Il aperçoit une bête féroce dont il ne peut identifier la race qui se jette sur lui. La bête semble affamée et Raoul se sent complètement impuissant face à ses attaques meurtrières. Raoul se voit subitement sortir de son corps, juste au moment où la bête lui ouvre les entrailles d'un coup de patte. Son corps est mort, mais Raoul n'a rien senti. Ensuite, il se voit en train de se faire dévorer, puis c'est la noirceur.

La deuxième séquence le situe dans un endroit qui lui rappelle notre Terre. Il se voit attaqué par un genre de ballon ressemblant à une grosse bulle de savon. Elle est transparente. Elle se colle sur son visage. Raoul se débat et cherche à s'enfuir, mais, dès qu'il ouvre la bouche pour crier, elle s'y introduit. Il ne peut la ressortir. Elle embrasse toute la forme de sa cavité buccale et de sa gorge, empêchant ainsi l'air de pénétrer. Raoul suffoque et, ne pouvant plus respirer, il s'évanouit. Il se voit sortir de son corps. Il assiste, bien que sans souffrir, aux ultimes efforts de son enveloppe charnelle s'accrochant désespérément à la vie.

Puis, il la voit devenir inerte. Lorsque tout est fini, la bulle sort d'entre les lèvres bleues de sa bouche entrouverte et disparaît aussi rapidement qu'elle est venue. Pour le néophyte, cette description d'une bulle qui tue peut sembler loufoque et impossible. Or, il faut que vous sachiez que certains médiums m'ont décrit la même bulle qu'ils avaient aperçue. La description qu'ils m'en donnèrent concordait avec celle perçue par Raoul dans sa vision. Je sais maintenant qu'il s'agit d'une formation pseudo-matérielle que les Anges de la mort peuvent utiliser dans certaines missions particulières.

La troisième séquence situe Raoul en Europe, pendant la guerre de 1914. Au début de la scène, il voit ses parents se faire assassiner par des soldats allemands tenant des mitraillettes meurtrières. Il a environ neuf ou dix ans. Plusieurs cadavres criblés de balles jonchent le sol près des corps de ses parents.

Les soldats ont rassemblé les enfants de la petite commune près d'une maison. Raoul n'en est pas certain, mais il lui semble qu'il s'agit d'une sacristie. Celle-ci est entourée d'une clôture de fer forgé dont chaque barreau vertical se termine par une pointe. La clôture est plantée à près d'un mètre et demi du mur arrière de la maison. Celui qui commande le peloton donne l'ordre de monter les enfants sur le toit abrupt de l'immeuble. Ils les traînent jusqu'à la partie arrière de la toiture. Raoul voit ensuite les soldats y forcer les enfants à se lancer dans le vide pour mourir empalés sur les bouts pointus de la clôture.

Le sang gicle des petits corps innocents. Des rires gras se déploient chaque fois qu'un enfant atteint la clôture. Le temps de décrocher les dépouilles, ils en précipitent un autre aussitôt. Quand vient le tour de Raoul, un soldat lui crie : « Si le Seigneur t'aime, il te retiendra et tu ne mourras pas! »

Dans un grand éclat de rire, une main le pousse et il tombe dans le vide. Juste avant l'impact, Raoul se sent sortir de son corps. Il voit devant lui la pointe de fer transpercer le dos de son cadavre qui reste suspendu au piquet de la clôture. Toute la scène s'éloigne ensuite de lui, comme s'il était aspiré dans un ailleurs. Puis c'est le noir, sa mémoire périspritale ne pouvant lui en révéler davantage.

Raoul reçut la réminiscence de ces trois décès antérieurs pour effacer en lui toutes craintes entretenues encore face à sa mort qu'il anticipait douloureuse. Il voyait ainsi que, même dans les conditions les plus atroces, Dieu peut préserver l'Esprit des souffrances que le genre de mort pourrait provoquer.

L'écho du futur

J'entendais un scientifique, fort respectable et mondialement renommé, déclarer qu'il ne pouvait croire à la possibilité de percevoir l'avenir étant donné que celui-ci n'existe pas encore. J'en étais un peu déçu, car je voyais encore une fois que l'aveuglement peut atteindre même les plus grandes intelligences de ce bas monde. Bien sûr, s'il ne se limitait qu'aux apparences, son raisonnement était tout à fait sensé. Mais n'était-ce pas la même erreur qui avait laissé croire à nos savants d'hier que le Soleil voyageait autour de la Terre, se bornant au mouvement apparent de l'astre du jour?

Mon Esprit guide m'a fait retenir quelques témoignages de perception du futur pour les livrer à votre réflexion. Je vous laisse donc évaluer par vous-mêmes si le bon sens nous dicte d'affirmer que l'avenir n'existe pas encore ou bien s'il ne nous indique pas plutôt le contraire, et ce, même si nous tenons compte des nombreuses fourches du plan de vie où nous pouvons appliquer notre bien relatif libre arbitre.

UNE MORT PRESSENTIE

J'avais à peine huit ans. L'institutrice qui nous enseignait avait l'habitude de nous réserver les derniers moments du vendredi après-midi pour des activités de bricolage, genre de récompense pour les bons efforts de la semaine. Cet après-midi-là, je choisis le dessin. L'inspiration du moment me suggéra une scène assez particulière. Je dessinai un cercueil dans lequel reposait le corps d'une femme corpulente. Le tout était aménagé dans le salon d'une maison que je ne reconnus pas tout de suite. Des fleurs se comptaient en grand nombre. Un prie-Dieu occupait l'avant-scène.

Le lendemain, l'institutrice téléphona à ma mère pour en savoir davantage sur cet étrange dessin. Comme rien ne pouvait appuyer la moindre idée qu'elles pouvaient s'en faire, le tout fut simplement qualifié d'effet bizarre de l'imagination morbide d'un enfant en mal de création.

Or, le vendredi suivant, en rentrant de l'école, ma mère nous apprit la mort subite de sa sœur cadette à peine âgée de trente-deux ans. Des liens spéciaux nous unissaient, tante Lætitia et moi. Elle aimait se faire la complice de certains de mes caprices d'enfant. J'en garde le doux souvenir d'une femme débordante de gentillesse.

Une autre tante ayant demandé que le corps soit exposé chez elle, on aménagea le salon de sa demeure à cet effet. Il était coutumier à cette époque d'exposer les morts dans les maisons privées.

En pénétrant dans la pièce, mes parents furent frappés par la similitude de mon dessin avec la façon dont tout avait été disposé. Les détails du cercueil, l'emplacement et la disposition des fleurs, le prie-Dieu et même l'apparence de la morte concordaient en tout point.

LE NUMÉRO GAGNANT

À cette époque, je n'étais encore qu'un jeune adolescent. Lors d'une exposition agricole, des forains annonçaient des jeux de hasard au public. En approchant d'un de leurs stands, je reçus l'image de la combinaison gagnante du prochain tour de roulette. Je dis alors promptement à ma compagne que nous devrions miser les chiffres et couleurs que je venais de voir, mais son scepticisme trop réaliste m'incita finalement à ne pas risquer ainsi mon argent. Nous nous contentâmes d'attendre les résultats du prochain tour pour au moins satisfaire notre curiosité. À ma grande déception, ma vision se réalisa telle que je l'avais annoncée, et je perdis ainsi un montant intéressant qui aurait été fort bienvenu. Toute surprise et emballée, mon amie me demanda de refaire l'expérience, mais je dus lui expliquer que cela n'était pas sur commande, que ces images arrivent le plus souvent à l'improviste, sans qu'on puisse toujours saisir le sens de leur utilité.

UN CADEAU-SURPRISE

À cette époque, j'enseignais au personnel infirmier de certains hôpitaux de ma région dans le cadre d'une formation portant sur l'approche aux malades.

J'étais chez moi à la veille d'un de ces cours et je complétais ma préparation pour le lendemain. Il me vint alors l'image d'un œuf géant d'une quarantaine de centimètres de longueur, comme ceux qui étaient utilisés dans un jeu télévisé qui fut populaire au Québec dans les années soixante et qui revient aujourd'hui à la mode. Je vis deux mains prendre l'œuf et le tourner en différentes positions comme pour le montrer. Je trouvai la vision un peu curieuse, ne pouvant faire aucun lien avec des éléments connus à ce moment-là.

Le lendemain, à la fin du cours, une infirmière demanda à tout le monde de rester quelques instants. Quelqu'un apporta une boîte soigneusement emballée qui fut remise en cadeau à une de leurs consœurs dont c'était l'anniversaire. Celle-ci déballa son présent et en sortit un genre de cocotte en terre cuite dont la forme s'apparentait beaucoup à un œuf géant. Elle prit la cocotte et la bougea exactement comme je l'avais vu la veille, pour que tout le monde puisse bien la voir.

UNE VISITE INATTENDUE

Je suis assis au salon, lisant au coin du feu. Je perds soudain le fil de mes pensées et je reçois intérieurement les images d'une scène me montrant une amie de mes parents entrant dans un salon funéraire. Presque au même instant, des bruits de portières d'auto qui se ferment mettent fin à la vision. Je vais voir à la fenêtre pour savoir qui est là et, à ma surprise, je reconnais celle dont j'avais reçu l'image.

Elle vient rendre visite à mes parents qui habitent tout près. Après son départ, je téléphone à ces derniers pour vérifier le fondement de ce que j'avais perçu.

J'apprends qu'elle est venue pour se rendre à un salon funéraire. Le frère d'une de ses amies est décédé et elle a voulu rendre un dernier hommage au défunt. Elle a profité de l'occasion pour visiter mes parents avant l'ouverture du salon funéraire.

DANS LA FILE D'ATTENTE

C'était un jour de paye et l'institution financière était bondée. Je faisais la file, attendant patiemment mon tour, lorsque je reçus des images très nettes de ce que j'allais vivre quelques instants plus tard. Je me vois au guichet du fond. La caissière remplit un bordereau de retrait. Je vois le gérant des prêts sortir de son bureau. En me reconnaissant, il s'arrête, me sourit et me salue d'une façon assez particulière. Il m'adresse la parole et je réponds à ses questions.

Lorsque vient mon tour, c'est le guichet du fond qui se libère comme dans ma vision. Je remarque ensuite que la caissière exécute exactement les gestes que je viens de voir. Jusque-là, je me dis qu'il n'y a rien d'extraordinaire, puisqu'il ne peut s'agir que d'une simple routine prévisible. Mais, à cet instant, le gérant des prêts sort de son bureau. Il est habillé de la façon exacte que la vision m'a montrée. En me voyant, il s'arrête, me sourit et me salue de la manière spéciale que j'ai déjà vue, en se courbant vers l'avant comme à la japonaise. Il me pose les mêmes questions que j'ai entendues dans la vision. Il me vient alors à l'idée de modifier mes réponses. Je réponds donc différemment à ses dernières questions.

En sortant, je songe à tout cela et je constate avec surprise que même si j'ai changé les mots de mes dernières réponses, le message en est quand même demeuré strictement inchangé, un peu comme s'il avait été décidé à l'avance que seule cette information devait être livrée.

AVERTISSEMENT BIEN INUTILE

Jacynthe et moi nous étions vus un vendredi après-midi. Recevant la vision d'un accident de la route qui l'attendait, je l'avais avertie de ne pas monter en voiture pendant les jours à venir, à moins qu'elle ne conduise elle-même. Je lui avais décrit avec détails ce que j'avais reçu. Elle m'avait quitté avec un sourire qui en disait long sur son incrédulité.

Le lundi matin suivant, en arrivant à mon travail, je retrouvai Jacynthe qui m'attendait. Sa démarche trahissait une douleur à une jambe. Son air décontenancé me fit comprendre que ma vision s'était réalisée. Elle qui n'avait jamais vraiment cru en ce genre de chose se voyait imposer une preuve qu'elle ne pouvait réfuter.

Malgré mes avertissements, tout s'était passé comme on me l'avait montré, comme si l'événement avait été inscrit dans le temps non encore écoulé.

LA CHUTE D'UN AVION

Ce soir-là, une tempête de neige sévit et je regarde par la fenêtre l'effet que provoquent les flocons dans la lumière d'un lampadaire situé juste devant ma demeure.

Après quelques secondes, je reçois la vision d'un paysage au relief montagneux. Je vois quelques maisons et le sol me semble très sablonneux. Un gros avion apparaît à ma gauche.

Il s'écrase. Je perçois des bruits de tôles qui se déchirent. Lorsque l'appareil est immobilisé, j'entends des cris. Je ne vois aucun signe d'incendie.

Je raconte tout ceci à mon épouse, puis, le lendemain, à quelques collègues de travail. Les jours se passent et tout semble devoir s'oublier. Deux semaines plus tard, en prenant le journal du matin, je reconnais sur une photo de la première page la scène de ma vision. Un avion s'est écrasé sur les hauteurs d'un canyon aux États-Unis, dans un coin presque inhabité. Tous les passagers ont survécu et aucun incendie ne s'est déclaré.

SIÈGE INOCCUPÉ

Cette prémonition se passa un soir de juillet 1988. J'assistais à un spectacle portant sur l'histoire de ma région natale.

Nous venions de prendre nos places et attendions avec impatience le début du spectacle. Les sièges qui nous précédaient étaient encore inoccupés. C'est là que j'eus la vision d'une jeune fille arrivant avec d'autres gens de son âge et qui prenait le siège tout juste devant moi. Dans ma vision, elle portait un havresac qu'elle déposa à ses pieds. Je la vis ensuite se pencher vers moi pour étendre un lainage afin de fournir plus de confort au dossier rigide de son banc de bois.

Dix minutes plus tard, je vis arriver la jeune fille de ma vision. Son visage était exactement celui que j'avais perçu. Elle déposa son havresac à l'endroit exact que je venais de voir et fit la manœuvre que je viens de vous décrire.

À l'entracte, elle parla à quelqu'un que je connaissais.

Je m'informai donc auprès de ce dernier pour trouver des éléments pouvant m'expliquer la raison de cette vision. Malheureusement, il ne m'apprit rien qui put répondre à mon questionnement.

Il s'agissait de jeunes Français participant à un échange franco-québécois. Ils venaient à peine de descendre de l'avion en début d'après-midi. Ceux qui étaient chargés de guider leur séjour avaient planifié de commencer leur périple par ce spectacle qui leur donnerait une bonne idée des origines culturelles de notre région.

Il s'agissait donc d'une pure inconnue qui venait tout juste d'arriver d'outre-Atlantique et avec qui je ne pus établir aucun rapport.

Je l'avais pourtant très bien perçue avant même qu'elle n'apparaisse dans mon champ de vision.

UNE TRAGIQUE DESTINÉE

Je participais à une rencontre d'évaluation avec quelques étudiants finissants. Lorsque nous eûmes terminé notre travail, nous discutâmes des possibilités d'emploi, puis l'échange déborda sur des dimensions encore plus personnelles. C'est à ce moment que j'eus une vision sur une étudiante qui était en train de me parler. Je la vis avec des traits de grandes souffrances. Son visage devenait très pâle et du sang s'écoulait entre ses dents. Bien qu'ému par cette vision, je gardai tout cela secret.

Le soir, je racontai à ma femme ce que j'avais vu en après-midi. Je me sentais triste pour cette jeune fille d'à peine dix-neuf ans dont la joie de vivre se communiquait facilement autour d'elle.

Les années passaient et je ne recevais toujours pas de nouvelles concernant la jeune fille en question. J'espérais fortement m'être trompé dans ma vision.

Plus tard, en lisant le journal, je reconnus sa photographie. Un grave accident avait fait plusieurs morts et elle se trouvait parmi les victimes. Dix ans s'étaient écoulés avant que ma vision ne se réalise.

UNE JAMBE FRACTURÉE

Marie-Josée était âgée de huit ans. Elle jouait souvent avec une petite fille de son âge. Le samedi après-midi était devenu un rendez-vous routinier où on les voyait alterner d'une maison à l'autre selon les jeux choisis ou l'humeur du moment.

Cet après-midi-là, Marie-Josée dit tristement: «Je ne pourrai pas aller jouer chez Claudie. Quand j'irai chez elle, on me dira qu'elle n'est pas là, qu'elle est à l'hôpital. Elle s'est cassé une jambe tout à l'heure.»

Surprise par de pareils propos, sa mère lui demanda pourquoi elle disait une chose comme celle-là. Elle savait que la petite n'avait téléphoné à personne et elle songeait immédiatement à la possibilité d'être devant un phénomène de connaissance par voie paranormale. Sa mère dit calmement à Marie-Josée de se rendre quand même chez son amie, en lui rappelant qu'elle s'est sûrement trompée.

Après une quinzaine de minutes, Marie-Josée revint chez elle toute triste de confirmer que son amie s'était bien fracturé une jambe et qu'elle était toujours à l'hôpital.

IL N'ÉTAIT PAS ENCORE NÉ

En août 1989, Mélissa rend visite à une de ses amies. La mère de cette dernière est alors enceinte de trois mois.

En début d'après-midi, Mélissa et Lise profitent des chauds rayons du soleil en alternant oisivement entre la baignade et le bronzage. Elles dégustent doucement les dernières clémences du ciel bleu à la toute veille d'annoncer les premières grisailles de l'automne.

Étendue sur une chaise longue, Mélissa rêvasse, les yeux fermés, lorsque des cris la font sursauter. Elle regarde ce qui se passe et s'esclaffe en voyant son amie courir à toutes jambes pour échapper à un valeureux insecte qui semble la poursuivre.

À cet instant, Mélissa reçoit une vision fort inattendue. Elle aperçoit, courant derrière Lise, un petit garçon d'environ trois ans. Il a les cheveux blonds et bouclés. Il semble très amusé de la suivre dans sa fuite enfantine. La ressemblance frappante que présentent les traits de l'enfant avec ceux du père de Lise fait conclure à Mélissa qu'elle vient de voir le futur frère de son amie.

Mélissa raconte sa vision à Lise qui la communique à son tour à sa mère. Celle-ci lui répond que ce n'est pas possible et que, de plus, elle est convaincue qu'elle aura une fille.

Mélissa ne rétorque pas, mais elle prend bien soin de noter tous les détails décrivant l'enfant de la vision. Elle me les remet ensuite personnellement.

Le jour de l'accouchement, Mélissa s'empresse de s'informer s'il s'agit bien d'un garçon et on lui confirme que Lise a un nouveau frère. Au moment où j'écris ces lignes, l'enfant est âgé de trois ans. La description que Mélissa m'avait donnée concorde en tout point avec son apparence actuelle. Même la ressemblance frappante avec son père confirme la justesse de la vision.

UNE MORT PRESSENTIE

En apprenant par les nouvelles télévisées qu'un grave accident de la route avait fait une victime dans une petite municipalité avoisinante, je ne me doutais pas qu'il s'agissait de Grace, une femme dévouée à la cause spirituelle que j'avais connue quelques mois auparavant.

L'identité de la victime ne fut dévoilée que le lendemain matin et je reçus très tôt des nouvelles d'une de ses amies intimes avec qui elle partageait son monde intérieur. Grace avait commencé à envisager la possibilité de l'imminence de sa mort quarante jours avant la date fatidique. Elle avait alors vécu une expérience fort particulière.

Elle se trouvait seule dans sa maison de campagne. L'été battait son plein. Les fenêtres ouvertes laissaient entrer le chant mélodieux de la rivière s'amusant tout à côté. Grace aimait cette ambiance où il lui semblait que la nature la prenait dans ses bras.

Grace possédait bien des connaissances du domaine spirituel, mais l'expérience qu'elle allait vivre ne correspondait à aucune d'elles.

Une boule d'énergie lumineuse se matérialisa soudain au-dessus de sa tête. Sensibilisée aux manifestations de l'au-delà, Grace observa la petite sphère fluorescente sans ressentir aucune peur. Mais après quelques secondes, elle vit le globe fluidique s'approcher de plus en plus. Sans qu'elle ne puisse rien y faire, elle le sentit pénétrer en elle au sommet de sa tête, par le chakra coronal. Il y demeura un bref instant, puis continua sa descente. Il arrêta sa marche à la hauteur de son troisième œil, juste à la racine du nez, et continua jusqu'à sa gorge. Après quelques secondes d'immobilité, la masse d'énergie s'enfonça vers le cœur. Pendant tout ce temps, Grace se voyait complètement impuissante, ne pouvant même plus bouger. Elle la sentit ensuite remonter jusqu'à la gorge. Après une certaine attente qu'elle ne pouvait réellement évaluer, la boule s'arrêta à nouveau sur le chakra du troisième œil pour enfin aller terminer son inquiétante intrusion en sortant par où elle était entrée. Une fois sortie complètement, la condensation d'énergie se dissipa aussi vite qu'elle était venue.

Grace s'était sentie devenir faible à mesure que l'énergie inconnue approchait le niveau du cœur. Lorsqu'elle l'atteignit, elle crut réellement que son heure était venue. Quelques jours lui furent nécessaires pour retrouver une certaine aisance. Une constante inquiétude assombrissait ses pensées, alors qu'elle cherchait à comprendre pourquoi elle avait vécu un pareil phénomène. Était-ce bénéfique ou maléfique? Avait-on affecté sa santé? Voilà des questions auxquelles elle aurait bien aimé répondre.

Trois jours plus tard, alors qu'elle dormait, Grace fit un songe qu'elle qualifia d'expérience astrale consciente. Elle se retrouva au milieu de nombreuses entités qui semblaient toutes la connaître. Dès son arrivée, elle comprit qu'on avait organisé une grande fête pour elle. Une ambiance tout à fait féerique baignait toute la scène. Quelqu'un du groupe d'invités s'avança vers elle et lui présenta un landau d'enfant. Tout le monde la regardait avec un air de grande joie, comme s'ils étaient fiers d'un pareil cadeau. Grace regarda le landau de plus près et constata qu'il était vide. Il lui sembla indubitable que la voiture d'enfant était réellement pour elle.

À son réveil, Grace s'interrogea beaucoup sur la signification du message reçu. Elle craignait dans son for intérieur qu'on ne lui ait annoncé ainsi son proche retour dans le monde de l'au-delà, d'autant plus que son expérience antérieure n'avait rien pour la rassurer.

Les jours passèrent et le roulis quotidien diminua progressivement l'importance que Grace et les siens avaient accordée à tout cela.

Le matin de sa mort, Grace se leva avec une curieuse impression. Elle dit à son époux qu'elle se sentait bizarrement ailleurs, comme si elle n'était pas tout à fait dans sa maison, ni même dans son corps. Ils mirent rapidement cela sur le compte de la fatigue et passèrent à la routine matinale.

Grace partit ensuite avec sa voiture, empruntant la petite route bordée d'arbres que les premières gelées nocturnes avaient commencé à colorer. À l'intersection de la route transversale, un énorme fardier arriva sur elle, la tuant sur le coup sans qu'elle ait pu réagir.

Quelques heures plus tard, lorsque ses proches entrèrent pour la première fois dans sa cuisine, un détail saisissant les interpella. Ils remarquèrent avec stupéfaction que Grace avait fermé le feu de son éternelle théière. Or, depuis plus de trente ans, vingt-quatre heures par jour, Grace tenait constamment ouvert le rond électrique où chauffait son thé. Elle tenait à pouvoir en prendre une tasse en tout temps dès qu'elle en avait envie, que ce fût le jour ou la nuit. Jamais il ne lui était arrivé de l'éteindre, même lorsqu'elle partait pour quelques jours.

Ce matin-là, sans y penser, elle avait agi machinalement comme si elle avait su dans son inconscient qu'elle ne devait plus revenir.

LE LOCAL DE LA RENCONTRE

Ma fille venait de recevoir un avis de convocation pour une réunion étudiante. Comme je connaissais bien les lieux, elle me demanda de lui expliquer où se situait le local où se déroulerait la rencontre. Je reçus alors des images très nettes d'un amphithéâtre du premier étage. Elle me mentionna le numéro indiqué dans sa lettre, mais je lui décrivis le trajet à suivre sans y porter vraiment attention.

Le lendemain, ma fille se rend en compagnie de son amie à l'endroit que je lui ai expliqué. Arrivées sur place, elles trouvent un local vide. La porte est verrouillée et la lumière éteinte. Elles vérifient le numéro apparaissant au-dessus de l'entrée et constatent que ce n'est pas celui de l'avis de convocation. L'amie de ma fille lui fait alors le commentaire que je me suis trompé. Elles s'empressent de s'informer et se rendent à leur rendez-vous où elles arrivent juste à temps. À peine sont-elles parvenues au local officiel de la convocation que l'animatrice annonce à l'assistance que la rencontre se fera à un autre endroit, étant donné le trop grand nombre d'étudiants qui ont répondu à l'invitation. La salle est bondée. Plusieurs dizaines de jeunes se tiennent debout autour des sièges occupés.

L'animatrice donne le numéro du local où tout le monde devra se rendre dans les quinze minutes suivantes. À la grande surprise de ma fille et de sa copine, elle mentionne l'amphithéâtre que je leur avais indiqué. Ma fille s'empresse alors de faire remarquer à son amie devenue interrogative que je ne m'étais pas trompé.

En fait, j'avais spontanément répondu à la question qui m'avait été posée. On m'avait demandé où aurait lieu la réunion et j'avais répondu en fonction de ce qui arriverait vraiment. Mon rationnel ne s'étant pas arrêté au numéro du local que ma fille m'avait donné, mon Esprit avait pu fournir librement l'information qu'il possédait très bien.

FRACAS DE VERRE

Bertrand bricole dans son petit atelier du sous-sol. Sa femme est partie pour quelques heures. Sa fille de dix ans s'amuse au rez-de-chaussée, dans sa chambre à coucher.

Le calme quasi silencieux est subitement rompu par un cri de la fillette qui précède de très près le fracas d'un bocal de verre se cassant sur le plancher. Bertrand monte à la hâte, craignant que son enfant ne se soit blessée.

À son arrivée dans la chambre de la petite, il trouve celle-ci s'amusant tranquillement avec ses poupées. Bertrand lui demande si elle n'a pas entendu un bruit insolite, mais les commentaires de sa fille lui montrent bien qu'il n'en est rien.

Bertrand retourne à son atelier pour ranger ses affaires, tout ceci lui ayant enlevé le goût de continuer son travail.

À peine a-t-il le temps de mettre un peu d'ordre qu'il entend à nouveau son enfant crier: « Maman! » Puis le bruit du verre qui se fracasse. Il monte à la course et, cette fois, trouve sa fille debout, la tête basse. À ses pieds gisent les débris d'une jarre à biscuits que la petite a échappée. Heureux qu'il n'y ait rien de plus grave, il fait les réprimandes qui s'imposent et ramasse le dégât.

Bertrand demeura bien songeur à la suite de ce curieux incident. Il avait entendu exactement ce qui devait se produire concrètement quelques instants plus tard. La séquence, le cri, le bruit, tout avait été fidèlement semblable, comme si l'événement avait subi une répétition avant de s'exécuter.

LA MORT AVAIT FIXÉ SON RENDEZ-VOUS

Quelques jours avant de mourir dans un accident de voiture, le jeune Jerry, âgé de douze ans, exécuta un dessin où apparaissait l'annonce de sa mort imminente. Il remit ce dessin à ses parents, sans que ni lui ni personne se rende compte du message qu'il contenait.

Jerry avait tracé une route se faufilant entre trois grosses montagnes. Un gros soleil rouge éclairait midi passé. Au pied de la plus volumineuse montagne, une imposante épitaphe en forme de croix était plantée à la droite du chemin. Il semblait de pierre. Des fissures sillonnaient sa surface et des cassures très nettes apparaissaient aux extrémités. Un écriteau était suspendu à la partie verticale. Un gros livre ouvert sur lequel était inscrit le mot *Bible* cachait partiellement de multiples flammes qui donnaient l'impression de brûler avec vigueur. Elles s'étendaient sur toute la largeur du dessin, entouraient le pied de la croix, et montaient jusqu'au soleil.

Quelques jours plus tard, le lendemain de Noël, Jerry trouva la mort dans un grave accident de voiture. La tragédie eut lieu sur une route sillonnant de grosses montagnes. Il était midi passé lorsque l'impact vint briser son corps comme l'était l'épitaphe de son dessin. La voiture s'immobilisa à la droite de la route qui longeait de grosses collines en pierre.

Tout s'était passé comme le dessin l'avait annoncé. La mort de Jerry ayant été déterminée ainsi dans son plan de vie, nul ne put en reconnaître immédiatement la teneur véritable, de sorte que personne ne tenta de l'empêcher. Les événements suivirent donc leur cours et tous ses proches vécurent les souffrances qui avaient été tracées pour eux bien avant qu'ils entreprennent leur douloureux pèlerinage terrestre.

Perception extrasensorielle

La faculté de pouvoir percevoir des informations sans le soutien des sens physiques est un fait reconnu par presque toutes les sphères de la science officielle. Même les pays communistes à la foi officiellement inexistante consacraient des ressources pour approfondir cette facette de l'homme. Il est vrai que le phénomène se prête assez facilement à la démarche expérimentale et à sa reproduction en laboratoire, d'autant plus lorsque les recherches se limitent à la perception d'informations de nature exclusivement physique.

Les applications visées par ces recherches ne se sont malheureusement jamais avérées des plus spirituelles. On espère plutôt y trouver la poule aux œufs d'or qui permettrait de découvrir de nombreuses richesses enfouies dans des lieux échappant aux limites des sens corporels. On envisagea même d'en faire une arme militaire, cherchant à s'enquérir du redoutable pouvoir de surprendre l'ennemi dans ses stratégies les plus secrètes, en s'affranchissant des limites imposées par le cadre de notre monde physique.

Mais cette perception en dehors des sens n'est-elle pas une autre manifestation de la présence de notre Esprit qui, dans certaines conditions, peut transcender les limites de sa prison de chair? Même l'appellation de cette faculté nous l'indique clairement. Nous parlons de perception extrasensorielle, donc d'un processus qui se réalise sans l'assistance des sens physiques. Mais n'est-ce pas là la reconnaissance que le moi peut réagir à l'environnement sans passer par le système nerveux central du corps charnel et tout son appareillage sensitivo-sensoriel? Pour bien comprendre les réelles possibilités de cette faculté et saisir toute sa nature fondamentalement spirituelle, nous nous référerons à un type particulier de perception extrasensorielle que j'ai personnellement expérimentée et qui touche directement les dimensions subtiles de notre être. Quant aux expérimentations qui se limitent au monde physique, je laisse à votre discrétion le choix des nombreux ouvrages déjà publiés qui traitent de ce sujet de façon fort compétente.

Personnellement, je vous livrerai bien simplement quelques exemples de faits que j'ai vécus, lesquels ne furent rendus possibles que grâce à l'aide directe de mes frères invisibles. Ceux que j'ai retenus ici ne visent qu'à bien vous faire comprendre la nature du phénomène. Ils se réfèrent tous à la technique de lecture de photographies dont je vous ai parlé dans les pages précédentes.

La perception extrasensorielle expérimentée s'obtenait donc pendant que je tenais dans mes mains un déclencheur de perception que me donnait la personne qui me consultait. Les visions obtenues ne visaient toujours qu'un seul but: celui d'assister l'autre dans son évolution spirituelle.

VOYANCE PAR UN DESSIN

Une jeune femme me consultait au sujet de son frère. Celui-ci lui inspirait de profondes inquiétudes. Comme elle n'avait pas de photo de lui, elle m'avait apporté quelques dessins qu'il avait réalisés, dans l'espoir que je puisse y trouver un déclencheur de voyance spirituelle.

Je décidai de commencer par une analyse conventionnelle des éléments d'un dessin. À peine avais-je débuté que je reçus l'image très nette d'un jeune homme se peignant devant un miroir. Je décrivis la scène à la jeune femme. Tout ébahie, elle me confirma l'exactitude des moindres détails que j'avais reçus. Celui qu'on m'avait montré correspondait à la description de son frère, non seulement dans ses traits physiques, mais aussi dans ses habitudes et sa personnalité.

Je pus également recevoir des informations qui s'avérèrent vraiment importantes pour favoriser l'amélioration spirituelle du jeune homme.

UN CHIEN BIEN ENJOUÉ

Une jeune femme avait demandé à me rencontrer au sujet d'une sérieuse inquiétude qu'elle entretenait envers une amie aux tendances suicidaires.

Pour faciliter la voyance, elle m'avait apporté une photographie où apparaissait la personne concernée. Sur l'épreuve, trois jeunes gens prenaient place autour d'une table de cuisine. La pièce était modeste, mais bien aménagée.

Je me concentrai sur la personne et mes Guides me montrèrent le mal dont elle souffrait. Son comportement désordonné n'était dû qu'à un problème lié à sa glande thyroïde.

Soudain, un phénomène bizarre se produisit. Il est toujours plus difficile de procéder à une lecture de photographie lorsque plus d'une personne y figure. Leur proximité semble pousser les ondes à se confondre. C'est donc d'abord à cela que j'attribuai la curieuse impression que quelque chose bougeait sur la photo.

Mais une concentration plus intensive me précisa que ce n'était pas le cas. Je sentais une énergie se déplacer sans cesse, allant nerveusement d'une personne à une autre. Je reçus enfin l'image d'un petit chien très actif s'agitant autour de la table.

Je décrivis ma vision à mon interlocutrice qui me confirma, toute surprise et émerveillée, l'existence d'un petit chien dont le comportement habituel correspondait à ce que je lui expliquais.

Quand elle me quitta, elle se demandait encore comment on pouvait voir de telles choses sur une simple image photographique. Mais en fait, ce n'est pas exactement sur la photographie que la voyance s'effectue. La photographie ne sert que de déclencheur. En réalité, l'image se produit dans l'Esprit de celui qui voit, se confondant à ce que la zone occipitale du cerveau reçoit des canaux oculaires.

UNE OPÉRATION NÉCESSAIRE

Sylvie fréquente un jeune homme avec qui elle veut lier

son destin. L'état de santé de son futur conjoint l'inquiète un peu et, lorsqu'elle vient me rencontrer, elle en profite pour me montrer une photographie de lui. Sylvie me parle des difficultés respiratoires qui assaillent son fiancé et, malgré mes réserves, se risque à me demander si je perçois des problèmes à venir dans ce sens.

Comme je sens la bienveillance en son cœur, j'accepte de me concentrer sur la photographie et je prie mes Guides de bien vouloir me donner l'information si cela va dans le sens de la volonté de Dieu. Après quelques instants, on me fait voir un danger réel pour la santé du sujet. Le problème ne se localise cependant pas du tout au niveau du système respiratoire, mais à celui des jambes. Sans révéler la nature du mal que je vois, je conseille fortement à Sylvie de dire à son ami qu'il doit consulter un médecin pour ses jambes. Je rajoute que, s'il négligeait de le faire, cela pourrait devenir grave. Quant aux difficultés de la respiration, on me dit qu'il n'avait qu'à cesser de fumer et que tout rentrerait progressivement dans l'ordre.

Sylvie raconte tout cela à son fiancé, mais celui-ci lui oppose une attitude plutôt sceptique. Il minimise la valeur de mes propos dans un sourire moqueur.

La justesse de certains détails qu'on m'a permis de révéler le fait cependant beaucoup réfléchir. Sans en parler à Sylvie, il prend secrètement rendez-vous chez un médecin. Celui-ci décèle des symptômes justifiant des examens plus approfondis. Ces derniers révèlent finalement la nécessité d'une intervention chirurgicale à une jambe. L'opération fut réussie. Elle épargna sans doute bien des heures sombres aux deux amoureux.

PRÉSUMÉES MORTES

Je reçois l'appel d'une jeune femme qui me demande de l'assister dans ses tentatives jusque-là infructueuses de retracer deux personnes ne donnant plus signe de vie. Celles-ci auraient dû normalement être revenues de voyage depuis déjà deux longues semaines. Elles étaient parties en vacances dans l'ouest du pays. La date de leur retour devait coïncider avec une fête familiale où tous les convives avaient dû attendre inutilement leur arrivée.

L'inquiétude était très grande, d'autant plus que la jeune femme avait consulté une cartomancienne qui n'avait pas hésité à lui annoncer en détail la mort des deux disparues. Comme celles-ci n'avaient donné aucune nouvelle, elle s'était presque résignée à accepter cet avis. Elle m'avait consulté dans un dernier sursaut d'espoir.

Je lui demandai de me faire parvenir une photographie des deux personnes et de prier Dieu que je reçoive les informations désirées. J'avais la photo depuis deux jours lorsque me parvinrent les images révélatrices. Je vis devant moi le buste d'un homme aux allures peu sécurisantes. Il me donnait l'impression d'être un marin. Il portait une casquette noire et un chandail de lainage également noir. Ses yeux étaient bridés comme ceux d'un Oriental. En fait, tout son visage faisait penser à un mélange de race blanche et de race jaune. Sa barbe datait de plusieurs jours.

Malgré des efforts de concentration, je ne parvins pas à recevoir d'autres informations. Je sentais qu'elles étaient très loin, mais rien de plus.

Lorsque je transmis ce que j'avais reçu, je demandai si l'on avait envisagé la possibilité que les disparues soient en bateau, mais on me répondit que c'était impossible puisqu'elles voyageaient en campeur.

Pendant tout ce temps, les policiers poursuivaient leur enquête. Ils retrouvèrent finalement les deux personnes concernées. Elles s'étaient rendues jusqu'à Vancouver avec l'intention de revenir d'ouest en est. Arrivées là-bas, elles avaient décidé d'entreprendre une croisière qui se rendait jusqu'au Japon. Elles avaient loué une aire de stationnement pour y garer leur campeur le temps du voyage en oubliant complètement la date prévue de leur retour. Tant et si bien qu'elles furent grandement surprises d'apprendre qu'un avis de recherche avait été lancé pour les retrouver.

La vision avait donc livré les informations sous forme symbolique, mais en respectant intégralement la vérité : elles étaient loin, en mer, sur un bateau naviguant vers le Japon.

La difficulté du décodage des images reçues se pose très souvent dans ce genre de vision. Il est très important dans ces situations de transmettre intégralement ce qui a été vu en identifiant toutes les facettes interprétées. Malheureusement, comme ce fut le cas ici, ce n'est qu'après que nous comprenons vraiment le message livré.

PREUVE SUBTILE

Nous sommes en visite chez Marlène. Après dîner, notre conversation bifurque sur ses antécédents familiaux. Elle nous montre ses albums de photographies en y cherchant les vieilles épreuves remontant à plusieurs années.

En trouvant une photo de son grand-père décédé depuis longtemps, elle nous révèle la grande affection qu'elle a toujours éprouvée pour cet homme que tous qualifiaient de bon et de généreux. Profitant de l'occasion, elle me demande si je peux tenter de savoir par lecture de photographie s'il est heureux dans l'au-delà. Je prie Dieu d'autoriser les Guides à m'assister et je me concentre sur le personnage. Parmi bien d'autres choses, on me révèle une information qui me semble plutôt hors de propos. On me fait voir que ce n'est pas celle qu'il avait prise pour femme qu'il aurait aimé épouser, mais la sœur de celle-ci. Son mariage a pourtant paru plutôt heureux, du moins selon ce qu'a pu en savoir Marlène. De plus, elle n'a jamais entendu parler d'une idylle entre son arrière-tante et son grand-père. Elle conclut donc, à ma grande déception, que je me suis trompé.

Trois ans plus tard, Marlène rend visite à une vieille tante. Sa mère et sa grand-mère lui ont demandé de les y accompagner. Marlène y devient rapidement la spectatrice d'un véritable retour dans le temps. Chacune se remémore de vieux souvenirs, repassant surtout les bons moments qui ont parcimonieusement garni leur passé souvent difficile. Sans même que Marlène ait à le mentionner, la vieille tante parle du fameux mariage qui devait se faire entre son grand-père et la sœur de celle qu'il a finalement épousée. Marlène pense immédiatement à ce que j'ai révélé par la photographie quelques années plus tôt. Sa surprise est très grande, mais une forme de regret assombrit quelque peu son émerveillement de constater la justesse de la vision. Lorsqu'elle m'en fait part, je la rassure face au malaise qu'elle ressent d'avoir douté de ce que j'ai vu.

Son grand-père avait choisi cette façon pour lui confirmer la valeur de ce qu'on m'avait montré sur lui. Certains aspects lui apparaissaient importants et il tenait à ce que sa petite-fille ne puisse pas en douter.

La médiumnité naturelle de la période de l'enfance

Pendant la petite enfance, l'Esprit incarné conserve une relative facilité à percevoir et même à fréquenter de façon consciente ses frères de l'au-delà qu'il a quittés en reprenant chair. Cette faculté peut être plus ou moins accentuée selon le degré d'évolution spirituelle de l'enfant et la structure génétique de son système nerveux. L'attitude de l'environnement humain peut jouer un grand rôle dans le prolongement de ces contacts médiumniques qui sont tout à fait normaux chez les tout-petits.

Pour ceux qui sont peu sensibilisés aux dimensions spirituelles, toutes ces perceptions médiumniques sont rapidement mises sur le compte de l'imagination de l'enfant, mais le témoin à l'œil averti trouve toujours dans les explications du jeune un bagage d'informations fort pertinent pour la compréhension de notre dimension spirituelle.

Chez la plupart des enfants, le phénomène a tendance à complètement s'estomper dès la seconde enfance, mais, chez certains sujets doués à cette fin, il prend une place encore plus grande dans le quotidien de l'incarné. Ce sont de ceux-là dont nous parlons ici. Je vous les cite, car ils expriment une autre manifestation de notre essence première si bien masquée derrière notre enveloppe périssable.

Parmi les témoignages que j'ai retenus, les trois premiers nous décrivent le phénomène sous des traits relativement anodins. Par contre, les trois autres nous font comprendre toute la gravité que cette faculté pourtant naturelle peut apporter lorsque des entités sans scrupules peuvent profiter de la vulnérabilité de leurs jeunes victimes.

UNE FACE DE DIABLE

Natacha vécut cette expérience alors qu'elle n'avait que trois ans. Elle s'en souvient encore très bien aujourd'hui.

Natacha accompagnait ses parents. Ils roulaient en voiture. La route était belle et une douce musique accompagnait le ronronnement du moteur.

L'enfant qui était assise avec ses parents sur la banquette avant poussa soudain un cri. Elle se boucha les yeux de ses petites mains et se blottit contre sa mère.

Cette dernière lui demanda ce qui se passait. Elle lui dit,

la voix effrayée, qu'elle venait de voir un diable à travers le pare-brise. Elle l'avait perçu comme s'il s'était tenu couché sur le toit de l'automobile en s'avançant suffisamment pour les regarder dans l'habitacle de l'auto. Ses parents tentèrent de la convaincre qu'elle avait imaginé tout cela, mais Natacha en garda toujours un souvenir très net.

Seize ans plus tard, elle le décrit encore avec une certaine peur. Elle l'avait vu très laid. Deux cornes pointaient sur le dessus de sa tête. Des cheveux noirs bouclés aux allures malpropres encadraient un visage anguleux à la peau mortifiée. D'épais sourcils foncés coiffaient des yeux noyés de sang. Un anneau pendait à son nez d'une grosseur démesurée. Des lèvres épaisses dévoilaient des dents disjointes dont les longues canines rappelaient celles des vampires du plus pur cinéma. La vision avait été brève, mais elle s'était imprégnée profondément dans la mémoire de Natacha qui, de surcroît, avait conservé la faculté de percevoir l'au-delà.

UN AMI INVISIBLE

À cette époque, une émission pour enfants gravitait autour d'un personnage sympathique baptisé Fanfan Dédé. Ma fille, qui n'avait alors que trois ans, écoutait scrupuleusement chacune de ces émissions.

Un après-midi, en rentrant de mon travail, mon épouse me raconte un fait plutôt curieux qu'elle a observé. Elle a d'abord entendu la petite converser seule dans sa chambre. En allant voir de plus près, elle a remarqué que l'enfant semblait réellement s'adresser à quelqu'un. Elle lui a demandé à qui elle parlait et l'enfant a répondu tout bonnement: «À Fanfan Dédé!» Pointant du doigt quelqu'un qu'elle semblait voir, elle a rajouté avec un grand sourire: «Il est là!»

Le lendemain, le même manège recommence en ma présence. Je vois ma fille se diriger vers sa chambre. Elle parle à quelqu'un d'invisible. Elle lève la tête en regardant à la hauteur qu'occuperait normalement un adulte marchant à ses côtés. Sa main droite semble tenir une main invisible mais bien réelle. La position de la paume et des doigts est étrangement conforme à celle qu'ils devraient normalement présenter en tenant une main d'adulte. Elle entre ensuite dans sa chambre et s'amuse avec ses jouets en poursuivant sa conversation avec son compagnon. Lorsque j'interroge ma fille sur son ami, elle me dit que c'était Fanfan Dédé qui venait jouer avec elle.

Le phénomène réapparaît pendant quelques jours et ne se répète jamais plus par la suite.

Quelques années plus tard, je parlai de tout cela à ma fille. Comme elle se souvenait très bien de ce qui s'était passé, elle put me décrire avec une certaine précision ce contact qu'elle avait pu entretenir avec l'au-delà.

Encore aujourd'hui, elle en conserve un agréable souvenir. Il ne fait aucun doute pour elle qu'un Esprit bienveillant de l'au-delà a pris la peine de se présenter à elle sous les traits d'un personnage familier qui ne risquait pas de l'effrayer.

UNE VIEILLE MADAME

À cette époque, Élodie avait un peu plus de trois ans. Vers minuit, elle réveilla ses parents pour leur dire qu'elle voulait aller à la toilette, mais qu'une vieille madame s'y berçait et l'empêchait ainsi d'entrer.

Ils se levèrent aussitôt et accompagnèrent Élodie à la salle de bains. Arrivée devant la porte de la pièce, Élodie avança avec hésitation. Jetant un regard inquiet, elle dit, toute soulagée, que la dame était partie.

Le lendemain matin, son père questionna l'enfant sur ce qui s'était réellement passé pendant la nuit. Les yeux tout arrondis, elle lui décrivit dans ses mots enfantins la femme qui lui était apparue. Elle parla d'une dame âgée. Ses cheveux gris étaient peignés vers l'arrière de la tête où se formait un gros chignon. Ses yeux bleus semblaient grossis par des lunettes aux montures métalliques. Son visage était sévère, mais son sourire exprimait beaucoup de douceur et de bonté. Elle prenait place dans un fauteuil en bois courbé. Elle se berçait tranquillement, regardant Élodie sans lui adresser aucun mot.

Comme l'incident ne se répéta pas par la suite, tout le monde oublia progressivement ce qui s'était passé. Seules les notes que son père avait gardées en conservèrent fraîchement la teneur.

Douze ans plus tard, Élodie vit à nouveau la vieille dame. Celle-ci lui apparut dans sa chambre. Elle était toute en lumière. Ses traits étaient brillants, d'un blanc fluorescent argenté. Elle la regardait en souriant, comme elle l'avait fait douze ans auparavant. Elle demeura visible quelques instants, puis disparut sans laisser de message.

Cette deuxième apparition éveilla les souvenirs de la fameuse nuit et les détails de ce qui avait été vécu revinrent fraîchement à la mémoire d'Élodie. Son père put alors constater que la nouvelle vision de sa fille correspondait très bien aux notes qu'il avait gardées.

Quelques semaines plus tard, un dimanche après-midi, Élodie, qui se trouvait chez ses grands-parents, eut l'idée de regarder les vieilles photos de famille rangées dans une grosse boîte métallique. Après quelques minutes de curiosité investigatrice, elle sursauta à la vue d'une ancienne photo jaunie par le temps. Dans une grande émotion, elle reconnut celle qui lui apparaissait. La montrant à ses grands-parents, elle leur demanda qui était la dame en question. Elle apprit qu'il s'agissait de la mère de sa grand-mère paternelle. Très émue de tenir dans ses mains la photographie de celle qui s'était montrée à elle en Esprit, Élodie annonça à ses grands-parents qu'elle aussi connaissait cette dame. Elle leur raconta les deux expériences qu'elle avait vécues. Cette confidence provoqua un grand plaisir chez ses grands-parents demeurés sans nouvelles de la défunte depuis plus de quarante ans.

UN JEUNE MÉDIUM VULNÉRABLE

Lorsque Richard m'approcha pour me confier le problème de son jeune fils, il me lança un pressant appel à l'aide.

À peine âgé de onze ans, son enfant était aux prises avec une forme de hantise qui menaçait de plus en plus sérieusement son équilibre. Richard avait consulté des psychologues et d'autres intervenants, mais, comme ils ne comprenaient pas la nature réelle du problème, ceux-ci n'avaient pu mettre fin au cauchemar que vivait le jeune garçon. C'est à la suite d'une de mes conférences à laquelle il avait assisté que Richard pensa à faire appel à mon intervention.

Depuis plusieurs mois, le petit Luc entendait des êtres invisibles lui adresser la parole. Au début, cela l'amusait un peu, car les voix anonymes conversaient en fonction de ses caprices d'enfant. Mais après un certain temps, les contacts se voulurent subitement désagréables, puis de plus en plus malveillants. On aurait dit que les entités se sentaient libérées de tout interdit.

Les Invisibles commencèrent par lui crier son nom chaque fois qu'il s'amusait, imitant des voix que Luc confondait avec celles de ses amis. Puis ce fut autant pendant ses heures scolaires que pendant celles de ses loisirs.

En pleine activité d'étude, on lui criait des choses qui le déconcentraient complètement. Ces cris devinrent ensuite de plus en plus insistants, le dérangeant à tout moment de la journée. Un peu plus tard, en pleine nuit, on le sortit de son sommeil, l'appelant par son nom. On l'empêcha ensuite de trouver le repos en le réveillant par des cris incessants.

Luc trouvait la situation de plus en plus insupportable. À l'école, ses résultats s'en ressentaient et sa vie sociale avec ses compagnons devenait de plus en plus perturbée. Lorsqu'ils vinrent chez moi, Luc semblait intimidé par la rencontre, mais la volubilité de son père le mit rapidement à l'aise. Le jeune garçon paraissait plus vieux que son âge. Une certaine crainte se lisait dans son regard pendant que son père décrivait certains détails de ce qu'il vivait.

Il n'était pas nécessaire d'être très versé dans le spiritisme pour comprendre que Luc possédait la médiumnité de la clairaudiance et qu'il subissait l'assaut d'Esprits légers cherchant à s'amuser impudemment à ses dépens.

Après avoir invoqué l'aide de mon Esprit guide, je reçus de celui-ci les consignes à suivre pour aider la jeune victime. Tout en invoquant la permission divine et l'assistance des Esprits de lumière, je procédai à l'exécution de signes sur les oreilles physiques et périspritales de Luc, en demandant que nul ne puisse se manifester à lui par ce canal. On m'indiqua que la prière serait exaucée, mais à certaines conditions. Tout d'abord, la protection ne durerait que dix ans, le plan de vie de Luc prévoyant que lui serait offerte la possibilité d'utiliser cette faculté pour aider les autres. Ensuite, pendant tout ce temps, Luc devrait tendre vers son amélioration spirituelle dans la pleine mesure de ses moyens. En d'autres termes, chaque entrave à la voix de sa conscience poserait le danger de la réapparition des phénomènes. Après de sérieuses explications, ces conditions furent acceptées par Luc. Soulagé, il repartit avec son père en me promettant de me mettre au courant des prochains développements.

Le premier soir, des cris réveillèrent Luc. Il pensa alors à la prière que je lui avais recommandée et le calme revint aussitôt. Le deuxième soir, les cris recommencèrent, mais, dès qu'il fit sa prière, tout cessa à nouveau sur-le-champ.

La tranquillité régna ensuite pendant quatre mois, puis le phénomène réapparut. Richard me téléphona pour m'en faire part. En questionnant Richard, je compris par ses réponses que Luc avait transgressé une des conditions qu'on lui avait imposées: il s'était sévèrement disputé avec sa sœur et cela avait suffi pour interrompre la protection contre l'action des Esprits légers. Des prières furent à nouveau nécessaires et Luc dut amender sa conduite pour retrouver la paix.

Au moment où j'écris ces lignes, près de deux ans se sont écoulés depuis et Luc n'a plus été dérangé jusqu'à ce jour.

DES VOIX SUICIDAIRES

Lorsque la mère de Jeannot me téléphona, je perçus les vibrations d'une mère très inquiète pour son enfant. Depuis six mois, le jeune garçon âgé de sept ans entendait une voix masculine qui le hantait à toute heure du jour. Sa mère avait consulté son médecin de famille, mais, comme le jeune garçon semblait en excellente santé physique, il le recommanda à une personne-ressource qui lui parla vaguement d'une personnalité schizoïde. Mais les données ne correspondant pas exactement avec les théories traitant du sujet, elle ne parvint pas à cerner avec certitude la nature du problème. La dame désemparée avait finalement songé à me demander mon avis.

Jeannot et sa mère arrivèrent chez moi après l'heure du souper. Les cheveux blonds du garçon encadraient un visage rond légèrement rousselé. Ses yeux bleus exprimaient une certaine timidité qui se dissipa rapidement. Lorsqu'il fut en état de le faire, il me confia les détails de ce qu'il vivait, d'abord avec une certaine hésitation, puis avec une relative aisance.

Les réponses que j'obtins à mes questions d'investigation me permirent d'apprendre que le début de la hantise coïncidait avec la mort d'un proche de la famille.

Pressentant avoir trouvé la piste à suivre, je priai mon équipe et mes frères de l'au-delà de bien vouloir m'assister.

On me projeta dans la dernière incarnation de Jeannot. Je le vis faire un tort considérable à un homme réputé vicieux et dangereux. L'homme en question n'avait reçu que la monnaie de sa pièce, mais il en avait gardé une rancœur qu'il avait apportée dans sa vie d'outre-tombe.

On me fit comprendre que c'était celui-ci qui hantait Jeannot aujourd'hui et qu'il n'était nul autre que le proche de la famille nouvellement décédé.

Après sa mort, il avait reconnu en Jeannot celui contre qui son cœur obscurci criait vengeance. Ses semblables du bas astral lui avaient signalé le don de clairaudiance de Jeannot et lui avaient suggéré de l'utiliser pour assouvir sa rage.

Après avoir compris comment s'y prendre, il dictait à Jeannot des incitations au suicide gratuit. Il lui soufflait de se jeter dans le vide dès qu'il se trouvait dans un endroit élevé. Il exploitait toutes les circonstances qui se trouvaient à sa portée pour le pousser vers la mort. Il lui annonçait également des accidents à venir, le décès de ceux qu'il aimait. Il utilisait tout ce qui pouvait troubler la vie du garçonnet.

En prenant bien soin de ne pas impressionner l'enfant, je procédai avec sa mère à des prières d'invocation faisant appel à l'intervention des Esprits de lumière. J'expliquai ensuite à la mère de Jeannot les prières qu'elle devait faire pendant un certain temps pour éloigner l'Esprit vengeur et l'aider à se tourner vers Dieu. Mon Guide m'assura qu'en respectant ce qu'on m'avait inspiré, l'ordre complet reviendrait dans les trente prochains jours.

Ce n'était pas la première fois que l'on me présentait un pareil cas de hantise s'acharnant sur un jeune garçon clairaudiant. Il y avait cependant des motifs différents qui poussaient l'Esprit agresseur à s'en prendre à l'enfant. À titre d'exemple, dans un autre cas dont je pus m'occuper, un cousin de la victime venait tout juste de mourir lorsque la voix invisible avait commencé ses incitations suicidaires.

Esclave de ses passions, le défunt avait constamment cherché à satisfaire sa pédophilie, et ce, jusqu'aux derniers instants de sa vie terrestre. Depuis la naissance de sa future victime *post mortem*, il avait ressenti envers lui des désirs qui meublaient ses fantasmes les plus désordonnés. Après sa mort, obnubilé par la folie de son vice débridé, il s'était acharné sur le jeune pour tenter de l'avoir près de lui dans l'au-delà. Encore influencé par les instincts fortement imprégnés dans son périsprit, il cherchait à emporter avec lui l'objet de ses désirs.

À la suite de prières soutenues, l'intervention des Esprits policiers le remit rapidement à sa place, mais il repoussa la main salvatrice qui lui était tendue. Il refusa de se tourner vers la lumière qui l'aurait pourtant libéré de ses passions déchirantes.

On serait spontanément porté à croire que l'Ange gardien ne fait rien pour son protégé dans pareille situation, mais il faut bien se détromper. L'Esprit guide devient très actif dès que nous subissons un quelconque assaut des ignorants de l'au-delà. Ce qu'il faut bien comprendre, c'est que son action est directement soumise aux limites permises par le plan de vie. Il ne peut donc pas toujours agir comme il le voudrait. De plus, comme nous assumons toujours les conséquences de nos actes passés, le Guide doit souvent en tenir compte et évaluer en ce sens ce qui peut être profitable pour nous, même si cela peut nous donner l'illusion que le ciel ne fait rien pour nous assister. Enfin, le plan de vie et ses limites étant toujours autorisés par Dieu lui-même, L'Esprit guide sait, par son avancement, que tout cela doit scrupuleusement être respecté. Il ne déroge jamais de la ligne que Dieu a déterminée pour nous. Ce n'est donc que lorsqu'il juge qu'un Esprit incarné ou désincarné peut aller au-delà de ce que le plan permet, qu'il peut déployer son autorité spirituelle contre laquelle aucune force malveillante ne peut agir. S'il en était autrement, nous serions soumis au bon vouloir et aux inspirations émotives d'Êtres n'ayant pas encore atteint le degré de perfection, ce qui provoquerait rapidement un inextricable chaos dans l'univers tout entier.

IL L'ATTAQUE DANS SES RÊVES

Lorsque Eugène me téléphona pour faire appel à mon aide, il était tout près de minuit. Quelqu'un lui avait donné mon numéro et il n'avait pu se résigner à attendre jusqu'au lendemain. Se confondant en excuses pour l'heure tardive, il me fit part avec beaucoup d'émotion du sérieux problème qui l'assaillait. Sa fille à peine âgée de huit ans subissait les assauts d'une entité de l'au-delà. La hantise durait depuis plusieurs semaines et prenait de plus en plus d'ampleur.

L'Esprit ignorant avait montré les premiers signes de sa présence en s'introduisant dans les rêves de la petite. Il y agissait toujours comme un agresseur sanguinaire qui en voulait à sa vie. Au début, lorsque Marie-Lise s'éveillait en pleurs, ses parents la calmaient en la convainquant qu'il ne s'agissait que d'un mauvais rêve, mais toute leur argumentation avait vite perdu son fondement.

Quelques nuits plus tard, alors que Marie-Lise avait rêvé qu'elle était à nouveau attaquée par un Esprit noir, elle s'était réveillée en sursaut. Sa peur habituelle s'était transformée en véritable terreur dès qu'elle avait ouvert les yeux. Elle avait aperçu au pied de son lit son agresseur onirique qui la regardait fixement. Marie-Lise s'était levée en criant et avait couru trouver ses parents qui dormaient juste à côté. Ceux-ci s'étaient rendus rapidement dans la chambre de leur fille, mais ils n'avaient rien vu d'anormal. Ils avaient tenté à nouveau de convaincre leur enfant qu'elle avait rêvé tout ce qu'elle leur rapportait, mais ils avaient dû admettre que c'était bien inutile. Espérant que cela rétablirait le calme chez la petite, ils avaient décidé qu'elle dormirait avec eux pendant quelques nuits.

Lorsqu'elle était revenue dans sa chambre après quelques nuits calmes, les manifestations avaient pris une autre orientation. En premier lieu, Marie-Lise avait senti une main froide invisible la toucher. La première fois, sursautant de peur, elle avait quitté la pièce où elle se trouvait pour retrouver sa mère en courant. Ces contacts tactiles s'étaient répétés de plus en plus fréquemment. Plus tard, une voix masculine avait commencé à chuchoter des mots à l'oreille de Marie-Lise. Le message était toujours le même: l'Esprit invitait l'enfant à se suicider, lui suggérant de se jeter dans la rivière coulant près de chez elle. Ensuite, il était arrivé à la petite de prendre momentanément d'inhabituels traits de personnalité qui la poussaient à dire toutes sortes d'obscénités. C'était comme si ce n'était plus elle qui parlait. Après quelques instants, elle redevenait elle-même, semblant avoir oublié tout ce qu'elle avait pu dire.

Les parents de Marie-Lise étaient de plus en plus inquiets. Ils avaient cherché de l'aide, mais tout ce qu'ils avaient tenté ne parvenait pas à décourager l'envahisseur du bas astral. Marie-Lise se montrait de plus en plus nerveuse et ses résultats scolaires avaient commencé à s'en ressentir.

Lorsque je pénétrai dans leur logement, je sentis une lourdeur indéfinissable, même si l'on m'accueillit avec beaucoup de gentillesse. Nous prîmes place dans le petit salon. Il y avait Marie-Lise, Eugène, sa conjointe et Christine, la sœur de cette dernière qui avait tenu à assister à la rencontre. Je procédai d'abord à un interrogatoire pour cerner davantage tous les éléments du phénomène de hantise. Cette investigation est fort importante, car, au point de départ, il faut vérifier toutes causes naturelles pouvant expliquer en tout ou en partie les manifestations rapportées.

Pendant que chacun exposait ses réponses, mon Esprit guide me transmettait continuellement la pensée que Christine possédait la clé de l'énigme et que c'était pour cela qu'on l'avait invitée à participer à la rencontre. Je ne voyais pas du tout où il voulait me mener, mais j'écoutai son conseil et je centrai davantage mes questions sur ce que Christine me disait.

Dans un premier temps, je m'attardai à un détail fourni par la petite Marie-Lise. Elle nous avait rapporté que lorsque l'Esprit lui parlait, il semblait avoir beaucoup de difficulté à respirer. Je demandai donc s'ils ne connaissaient pas un défunt qui aurait eu des difficultés respiratoires de son vivant. Christine déclara qu'elle avait bien connu quelques années auparavant un jeune, maintenant décédé, qui avait toujours vécu de sérieux problèmes respiratoires, mais elle ne voyait aucun lien avec ce que nous cherchions. Elle ajouta qu'elle s'en souvenait bien, car il avait déclaré son amour à une de ses sœurs avant de se suicider par pendaison. À force d'interroger, j'appris que cette sœur de Christine avait également été victime de manifestations quelques mois plus tôt. Christine n'en avait pas parlé parce que, au départ, elle ne faisait nul rapprochement avec ce que vivait Marie-Lise. Or, grâce à l'assistance de nos Guides, nous pûmes établir qu'il s'agissait du même Esprit agresseur.

La sœur de Christine avait aperçu chez elle un spectre noir qui semblait l'observer. Comme celui que Marie-Lise décrivait, il portait un grand chapeau noir à large bordure. Une grande cape noire couvrait tout son dos et descendait jusqu'au sol. Ses traits se distinguaient à peine tellement son visage était foncé. Une nuit, alors qu'elle venait tout juste de se réveiller, elle avait senti quelqu'un se coucher dans son lit. Croyant à une pure invention de son imagination, elle s'était retournée pour se rassurer. Elle avait poussé un véritable cri d'horreur en apercevant une forme humaine noire étendue près d'elle. L'Esprit avait disparu immédiatement.

Lorsque Christine avait été mise au courant de ce qui s'était passé, elle s'était rendue chez sa sœur pour chasser l'entité qui ne l'impressionnait aucunement. Tout était redevenu calme chez celle-ci, mais l'Esprit noir n'avait pas fini son œuvre. Sans qu'elle s'en aperçoive, l'entité errante avait suivi Christine pas à pas. Lorsqu'elle avait invité Marie-Lise et ses parents, l'Esprit avait identifié les capacités médiumniques de la petite. Voyant les liens affectueux qui la liaient à Christine, il avait trouvé tous les éléments dont il avait besoin pour assouvir sa vengeance. C'est ce qui expliquait que la petite Marie-Lise était subitement devenue victime d'un Esprit inconnu. Nous savions donc à qui nous avions affaire.

Pour venir à bout de l'entité noire, nous dûmes procéder à des prières spécialement adaptées au défunt concerné, et ce, pendant exactement trente jours. Nous formâmes une chaîne de prière qui se mit en branle à la vingt et unième heure de chacune des trente journées prescrites par mon Esprit guide.

Marie-Lise mit un certain temps à se remettre de son expérience, mais tout rentra progressivement dans l'ordre. Assistée de son Esprit guide et entourée d'amour, elle sut regagner petit à petit la saine sérénité de son jeune âge.

Chapitre 4

La prière

Comme dans mon premier ouvrage, je réserve ici une bien petite place pour traiter de la prière. S'il en est ainsi, ce n'est surtout pas parce qu'il s'agit d'un aspect spirituel secondaire, bien au contraire. Nous en aurions parlé tout au long de chacune de ces pages que la place en aurait encore été trop petite. Pour bien en comprendre la raison, il faut se référer à une image qui traduit bien la nature de la prière : celle de la graine plantée en terre.

Parler de la prière, c'est comme semer un petit grain qui peut donner un arbre géant. En l'enfouissant presque à la surface du sol, il prend bien peu de place. Mais s'il réussit à germer et que la terre où il repose lui fournit tous les éléments nécessaires à sa croissance, le petit grain qui semblait bien insignifiant pourra donner naissance à une merveille du monde végétal.

C'est ainsi que je vous livre ces connaissances sur la prière.

Dans *Messages de l'au-delà*, nous avons expliqué le processus énergétique nous décrivant la nature réelle de la prière. Nous y avons vu son importance et les raisons pour lesquelles nous avons tout avantage à la pratiquer quotidiennement. Je ne vous avais suggéré aucune formule particulière, car, comme je l'écrivais, seule compte vraiment la sincérité du cœur, Dieu sachant bien décoder le moindre élan de notre Esprit.

Mais malgré toutes ces explications, plusieurs lecteurs et lectrices m'ont demandé de leur suggérer des formules de prière, un peu comme s'ils avaient besoin que la graine plantée en eux ait une forme bien définie. Je vous livre donc ici quelques suggestions de formulation pouvant aider ceux et celles qui jugeraient pouvoir en bénéficier. Je tiens quand même à vous rappeler que toute prière qui ne prend pas racine dans la sincérité de notre Esprit se réduit à de simples mots ne trouvant aucun écho dans l'au-delà.

Avant d'aborder les prières en tant que telles, j'aimerais vous souligner que toutes celles qui seront formulées pour la première personne du singulier peuvent également être adressées pour un autre que nous-mêmes. Il suffit d'en changer les pronoms et de se centrer sur l'autre en élevant notre pensée vers Dieu.

Prière du réveil

Lorsque nous sortons de notre sommeil, nous revenons du monde pseudo-matériel de l'au-delà. Chaque fois, il nous a été donné la possibilité de profiter des largesses de Dieu pour compléter la préparation du plan quotidien que nous réservent nos heures de veille. Il ne faut donc jamais oublier de remercier Dieu et tous les Esprits qui nous assistent si généreusement dans ces préparatifs de dernière main que négligent malheureusement beaucoup trop d'incarnés sur notre pauvre sphère d'épuration.

Prions :

« Dieu tout-puissant, bon Père du ciel, je Te remercie pour toutes les possibilités qui m'ont été offertes pendant mes heures de sommeil et que Tu as autorisées pour que je puisse bien me préparer en vue de profiter pleinement des heures de veille qui m'attendent aujourd'hui.

« Je remercie tous mes frères de l'au-delà, désincarnés et incarnés, qui m'ont assisté dans mes préparatifs visant l'atteinte des objectifs de progression spirituelle prévus pour ce jour.

« Je remercie d'une façon toute particulière mon Esprit guide, mon ami, mon frère, qui protège autant mes heures de veille que celles de mon sommeil. Je tenterai encore aujourd'hui de faire du mieux que je peux en guise d'expression de ma reconnaissance pour le dévouement inconditionnel qu'il me voue chaque jour de mon existence terrestre. »

Prière du coucher

Les mêmes conditions s'appliquent lorsque nous nous apprêtons à entrer dans le sommeil. Comme nous l'avons vu, plusieurs d'entre nous ne savent pas profiter des possibilités qui nous sont gracieusement offertes dans l'au-delà en vue de favoriser notre progression spirituelle. Il est donc très à propos d'invoquer l'assistance de Dieu et des Invisibles bienveillants pour s'assurer que nous ne gaspillerons pas ce temps si précieux à prolonger nos passions terrestres, sources de tant de souffrances pour l'Esprit subjugué.

Prions:

«Dieu tout-puissant, bon Père du ciel, je m'apprête à retourner quelques heures dans le monde naturel de mon Esprit. Permets que je puisse y recevoir la lumière qui m'indiquera ce qu'il faut faire pour bien profiter de ce temps privilégié en vue de ma progression spirituelle.

«Je Te remercie à l'avance pour toute l'assistance que Tu m'autoriseras pour que je puisse bénéficier de la sagesse des entités pouvant m'aider dans ma préparation spirituelle.

«J'invoque mes amis de lumière, mes Protecteurs et particulièrement mon Ange gardien à venir m'accueillir au seuil de mon sommeil. Conduisez-moi sur la route spirituelle qui me convient pour réussir ma présente incarnation. Si, en entrant dans l'au-delà, l'appel de mes passions s'avérait plus fort que celui de ma pauvre sagesse, imbibez-moi de la lumière de vos conseils bienveillants pour que je puisse reconnaître le remède à mes maux d'incarné. Je vous remercie à l'avance pour l'aide généreuse que vous m'apportez dans ma préparation visant la réussite des heures de veille qui m'attendent.»

Prière face aux épreuves matérielles

Vivant dans un monde matériel d'épreuves, d'avancement et d'épuration spirituelle, il ne serait pas très réaliste d'espérer pouvoir connaître ici-bas une existence dépourvue d'épreuves matérielles. Même ceux qui ont choisi une incarnation facile connaissent des périodes de leur vie terrestre ou l'existence n'est pas des plus féeriques. Plus encore, chez certains, l'apparente facilité peut constituer en elle-même une épreuve à surmonter

Tous ceux de l'au-delà qui assistent à notre pèlerinage d'incarnation connaissent très bien les difficultés que nous rencontrons, car, tous, à l'exception de Dieu, ont déjà connu et connaîtront peut-être encore les mêmes épreuves. Ils sont donc en mesure de bien nous comprendre et de savoir le type d'aide dont nous avons besoin. Mais pour bénéficier de leur assistance dans notre monde matériel, il faut que l'incarné demande lui-même à Dieu de les autoriser à nous porter secours. Il faut également que l'incarné invoque ses frères de l'au-delà, car, selon la loi qui régit nos incarnations, beaucoup de cette précieuse assistance ne peut nous parvenir que si nous en faisons la demande particulière.

Prions:

> *«Dieu tout-puissant, bon Père du ciel, je T'invoque aujourd'hui pour Te rappeler le désarroi qui règne dans mon cœur. Bien que je sache que Tu n'autorises aucune épreuve au-dessus de mes forces, j'implore ton assistance dans les moments difficiles que mon plan m'oblige à vivre aujourd'hui.*
>
> *«Permets que les entités bienveillantes qui entendent cette prière puissent venir à moi pour m'aider à supporter ces heures que je trouve tellement lourdes à porter.*
>
> *«Si ma progression spirituelle le permet dans les limites de mon plan d'incarnation, écarte de ma route ces ronces que je dois fouler de mes pieds dénudés. Si cela ne s'avère pas possible, donne-moi alors la force et le courage de mener à terme cette lutte dont je n'entrevois pas la fin. Aide-moi! Aime-moi!*
>
> *«Je Te remercie, Dieu d'Amour, d'écouter cette prière et je remercie tous les Invisibles de l'au-delà qui voudront bien sécher mes pauvres larmes d'incarné.»*

Lorsque nous adressons cette prière à Dieu pour un autre incarné dont nous connaissons les souffrances, nous pouvons en augmenter l'efficacité en nous offrant à Dieu pour servir d'intermédiaire dans l'action matérielle ou spirituelle qu'Il pourrait autoriser.

«Combien de fois servons-nous ainsi d'instrument divin par la visite amicale arrivant juste à point, par la marque d'affection prodiguée du fond du cœur, par le petit conseil judicieux ou par l'éclair de l'Esprit qui nous est inspiré et qui transforme un découragement stérile en une sérénité qui permet à l'épreuve de suivre son cours dans toutes les dimensions positives dont elle est porteuse!

Prière de guérison

Des plus grandes épreuves que nous pouvons subir en ce monde terrestre, la maladie est parmi celles qui apparaissent le plus régulièrement. Elle nous donne même la solide impression de venir beaucoup plus souvent qu'à son tour. Dans mon premier livre, nous avons vu le pourquoi de tout cela en prenant connaissance des trois sources pouvant engendrer la maladie et le niveau des remèdes correspondants.

Nous savons déjà que les maladies terrestres peuvent être contrôlées, soit par le canal physique, soit par le canal spirituel, soit encore par une action alliant les deux niveaux en étroite complémentarité. Mais, pour que chacun des types d'intervention curative soit efficace, il faut avant tout que Dieu en autorise les résultats escomptés. Pour cela, il faut au point de départ que le retour à la santé soit compatible avec les limites du plan de vie qui régit notre incarnation. Il est donc possible que, malgré toutes les bonnes conditions d'application réunies, les traitements de nature autant physique que spirituelle demeurent tout à fait impuissants. Il faut donc bien tenir compte de cet aspect lorsque nous prions Dieu de nous accorder la guérison.

Concernant cette impuissance thérapeutique face à certains plans de vie où la maladie constitue une épreuve inévitable, j'aimerais vous rapporter un fait qui illustre bien la curieuse attitude que nous pouvons adopter envers le spirituel lorsque nous sommes confrontés à semblables situations.

ESPÉRANCE DÉÇUE

Un septuagénaire vint me rencontrer avec son épouse pour prendre des nouvelles d'un de leurs proches habitant dans l'au-delà. Presque au début de notre échange, mon visiteur montra ses véritables couleurs. Il me signala qu'il ne faisait qu'accompagner sa femme et qu'il avait eu la preuve que tout le spirituel n'était que de la foutaise. Il m'expliqua alors son histoire.

Cet homme souffrait d'un mal depuis plus de quinze ans. Malgré toutes leurs compétences, aucun médecin n'avait réussi à le soulager de sa misère. Désespéré, il s'était résigné à consulter une guérisseuse aux talents reconnus. Malheureusement, comme les médecins, celle-ci n'avait rien pu faire pour lui. D'un ton presque révolté, il qualifia la guérisseuse de surnoms peu flatteurs, mais il ne dit aucun mot sur les médecins qui n'avaient pas fait mieux qu'elle. Il blâmait cette pauvre femme qui lui avait consacré son temps et son énergie pour ainsi dire gratuitement. Il clamait son incompétence alors qu'il ne l'avait rencontrée que quelques minutes dans sa vie. Pourtant, il ne disait rien sur les quinze années de tentatives infructueuses qu'il avait perdues entre les mains des médecins si bien rémunérés. Un aveuglement presque total ressortait de ses propos.

En fait, s'il avait pu voir avec les yeux de son Esprit, il aurait constaté que personne en dehors de lui-même n'était à blâmer, car, avant de naître, il avait choisi cette maladie comme moyen pour favoriser l'éclosion de deux qualités spirituelles qui lui faisaient grandement défaut. Selon son plan de vie, ses souffrances devaient même perdurer tant que ces qualités n'apparaîtraient pas dans la lueur de son Esprit.

Il était donc le seul à pouvoir apporter le remède à ses maux.

Voyons maintenant le genre de prière que nous pouvons adresser à Dieu lorsque la maladie nous assaille ou touche un de nos proches.

Prions :

> *« Dieu tout-puissant, bon Père du ciel, je suis accablé par la maladie qui m'empêche d'agir pleinement dans le monde matériel qui m'entoure. La souffrance étreint autant mon corps que mon Esprit. Je Te prie aujourd'hui pour implorer ton secours.*
>
> *« Si mon enveloppe de chair peut retrouver sa santé par les médecins de ce monde, guide-moi vers celui qui pourra le mieux me soigner. Inspire-le pour que sa science m'apporte la solution tant espérée.*
>
> *« Si c'est plutôt par la voie de l'Esprit que je dois me soigner, ou si c'est aussi par elle, dirige vers moi les Esprits guérisseurs de l'au-delà qui peuvent et désirent me redonner la force et la santé. Permets, si c'est nécessaire, que je puisse en reconnaître les messagers.*
>
> *« Si je souffre en contrecoup d'actions passées, soulage ma misère. Considère ce que j'ai déjà compris pour abréger mes peines.*

« Si c'est pour mieux me grandir, donne-moi la force de souffrir. Guide-moi vers l'aboutissement de ce difficile chemin et permets que mon Guide m'inspire un regain d'énergie stimulant mon Esprit affaibli.

« Je Te remercie, Dieu d'Amour, d'écouter cette prière. Je remercie également les entités qui voudront bien m'apporter leur soutien et je remercie plus particulièrement mon Ange gardien pour sa réconfortante présence. »

Nous parlons ici de prières demandant la guérison, mais il peut arriver que Dieu suive le chemin inverse pour nous ramener vers le chemin de l'Esprit, c'est-à-dire qu'Il autorise une guérison sans qu'il y ait eu de prières. Le processus suit alors un cours particulier et ne vise qu'à déclencher chez l'incarné le questionnement dont son Esprit a besoin pour se sortir de sa torpeur.

Prière pour un nouveau-né

Comme nous l'avons déjà compris dans *Messages de l'au-delà*, la véritable naissance à la vie s'effectue au moment précis de la conception et non pas lors de l'accouchement. Les prières que nous aimerions adresser à Dieu pour un nouveau-né peuvent donc se formuler dès que l'arrivée de l'incarné est connue dans sa phase fœtale.

Prions :

« Dieu tout-puissant, bon Père du ciel, je T'adresse cette pensée pour Te demander d'accorder une attention toute particulière à l'Esprit (le désigner avec les coordonnées disponibles) qui vient à son tour poursuivre la route qui mène jusqu'à Toi.

« Permets qu'il puisse recevoir toute l'assistance dont il pourrait avoir besoin dans cette cruciale étape de son arrivée dans notre monde. Autorise ses Protecteurs bienveillants à l'accompagner tout au long de sa vie terrestre afin qu'il puisse constamment trouver le soutien si nécessaire à la réussite des épreuves d'ici-bas.

« Bénis son Esprit guide. Accorde-lui l'autorisation d'agir dans la pleine mesure de ses moyens à chaque moment difficile prévu sur la route à venir.

« Permets, mon Dieu, que cet Esprit qui revient se mesurer à la matière lourde puisse bénéficier de tous les conseils qui lui furent si généreusement prodigués dans sa préparation d'incarnation.

« Donne-lui toute la force physique et spirituelle que son plan permet afin qu'il puisse revenir à Toi plus épuré et encore plus proche de ta grandeur.

« Donne à ses parents la sagesse et la lumière spirituelle qui sauront le guider vers la vérité éternelle et l'amour infini.

« Autorise son Guide et les Esprits de lumière à l'accueillir à chaque retour que permet le sommeil, pour que chaque jour il s'éveille plus aguerri contre les assauts sournois de notre monde d'illusions.

« Permets qu'au bout du chemin il puisse renaître dans le monde de l'Esprit accompagné de la lumière facilitant son ultime retour. »

Prière pour les défunts

J'ai pu constater à travers mes nombreux échanges que plusieurs croyants avaient la malheureuse tendance à invoquer l'aide de leurs défunts sans leur laisser le temps nécessaire pour se réadapter aux conditions de vie de l'au-delà. De plus, la plupart ne prennent même pas la peine de se demander si la qualité de la dernière vie terrestre de ces défunts permet de supposer qu'ils pourraient être en mesure de faire quelque chose pour eux. Certains agissent comme s'ils n'étaient préoccupés que par leurs propres demandes égoïstes, oubliant les besoins pressants que le disparu pourrait ressentir face à ceux qu'il a quittés. J'en ai même vu qui retenaient leurs proches littéralement prisonniers de leur attitude, laquelle traduisait beaucoup plus un profond souci égoïste qu'un véritable chagrin à l'égard de celui qui venait de quitter notre monde.

Pour bien nous assurer que nos prières seront vraiment pertinentes et efficaces, voyons quelques règles dont nous devons bien tenir compte lorsque la mort frappe à notre porte.

Au décès

Lorsqu'un proche retourne dans le monde de l'Esprit, il faut qu'il comprenne rapidement qu'il entame une autre phase des nombreuses étapes de son existence éternelle. Pour favoriser cette importante prise de conscience, les survivants incarnés doivent adopter une attitude qui n'incitera pas le mort à vouloir prolonger ses heures dans notre monde d'incarnation.

Il ne faut pas oublier que sur la Terre, l'Esprit qui décède prend en moyenne trois jours pour se situer pleinement. Les plus avancés et les plus informés de la réalité d'après-mort peuvent réagir beaucoup plus vite, mais, de façon générale, le délai de trois jours s'avère très réaliste. Bien sûr, comme nous l'avons vu dans *Messages de l'au-delà*, certains Esprits retardataires plus aveuglés par leurs scories périspritales peuvent prendre des mois, voire des années, avant de reprendre leur pleine conscience. Il revient donc à nous qui continuons la route ici-bas de tenter de bonifier le genre de situation qu'ils pourraient vivre en leur adressant généreusement l'assistance que nos prières peuvent leur apporter.

En fait, à cette étape, la prière revêt une importance plutôt particulière. Chez certains, elle peut faire la différence entre une adaptation agréable et une période d'angoisse temporellement indéfinissable. Pour aider le défunt, il faudra que la prière tienne compte de sa personnalité, qu'elle soit dite avec sincérité et qu'elle soit répétée le plus régulièrement possible.

Prions :

« Dieu tout-puissant, bon Père du ciel, un autre de tes enfants (le nommer) vient de quitter notre monde pour retourner dans les sphères plus subtiles de l'au-delà. Permets, mon Dieu, qu'il soit accueilli avec amour et bienveillance. Considère dans ta miséricorde infinie tous les mérites de son incarnation. Vois sa progression malgré le voile qui lui faisait oublier.

« Permets que ses faiblesses invaincues lui apportent la lumière plutôt que la souffrance. Apaise les tiraillements qui pourraient étreindre son cœur.

« Je prie son Ange gardien si dévoué de bien vouloir demeurer près de (le nommer) pendant le temps nécessaire à son adaptation. Entoure-le de ton amour bienveillant. Apaise son angoisse, égaye son cœur. Qu'il sache que nous l'aimons toujours et que nous ne voulons que son bonheur dans l'autre monde.

« (le nommer), tu vis désormais dans le monde de l'Esprit. Ne regrette pas le monde que tu viens de quitter. Tourne-toi maintenant vers les Esprits de lumière qui t'entourent et suis

leurs conseils. Si Dieu le permet, chaque fois que mon corps entrera dans le sommeil, je te rejoindrai. Plus tard, si nous le pouvons, nous préparerons ensemble mon propre retour. N'oublie pas que tu fais maintenant partie de l'au-delà. Vois toutes les grandes possibilités que ta nouvelle forme d'existence peut te permettre et vis-les pleinement. Grandis-toi! Monte vers Dieu! Va vers la lumière qui apportera la paix totale dans ton Esprit!

« Éloigne-toi de tous ceux qui chercheraient à prolonger inutilement les trompeuses impressions de ta vie charnelle. Va vers la lumière!

« Si des larmes coulent sur mes joues et que mes pleurs montent jusqu'à toi, ne t'en sens surtout pas coupable. Reçois-les plutôt comme une belle preuve de l'amour que je te porterai toujours. À bientôt! À mon prochain retour! Merci à tous d'écouter ma prière. »

Si nous avons à regretter le départ d'un Esprit ayant succombé à l'erreur du suicide, nous devons appuyer davantage notre prière sur la miséricorde divine. Il faut prier Dieu de permettre que les Esprits bienveillants de l'au-delà l'entourent des effluves de leur amour. Il faut demander à son Esprit guide de l'envelopper de lumière qui le rafraîchira dans ses brûlantes souffrances. Il faut également implorer Dieu de permettre qu'il entende notre invocation afin qu'il sache qu'il n'est point seul et que nous l'aimons toujours. Enfin, il faut tenter de stimuler l'espoir dans le cœur du suicidé en lui rappelant l'amour inconditionnel de Dieu.

Il est également important que le suicidé comprenne très tôt qu'il ne fait que subir le contrecoup de son mauvais choix et qu'il n'a à s'en prendre qu'à lui-même. Tant que cette prise de conscience n'est pas faite, il risque de développer et d'entretenir une aversion parfois rageuse qui ne peut que prolonger ses souffrances et même augmenter les dettes à payer.

Pour bien centrer nos prières lors d'un décès, il faut bien tenir compte de la personnalité du défunt, laquelle, la plupart du temps, demeure intacte pendant encore quelques années. Voyons deux témoignages qui nous le démontrent bien.

UNE FEMME DOMINATRICE

La mère d'Audette avait toujours été une femme dominatrice qui cherchait constamment à garder le contrôle sur tous ceux et celles qui l'entouraient. Même après que ses enfants eurent atteint l'âge de leur maturité d'adulte, elle continuait à vouloir leur imposer son point de vue personnel. Son décès fut vécu par plusieurs d'entre eux comme un véritable soulagement.

Audette, sa fille cadette, devait cependant connaître un certain prolongement de son harcèlement.

Quelques semaines après l'enterrement, Audette reçut la visite de sa mère. Réveillée en pleine nuit, elle vit celle-ci lui apparaître et lui adresser la parole. Dès lors, Audette voulut entretenir cette relation avec l'autre monde, en encourageant sa mère à demeurer près d'elle. Mais contrairement à ce à quoi Audette s'attendait, cette dernière continua de se mêler des affaires de ceux qu'elle avait quittés. Elle formulait ses commentaires et ses conseils que Audette devait transmettre à ses proches. Elle exprima ensuite sa colère comme de son vivant, provoquant d'impressionnants déplacements d'objets accompagnés de bruits désobligeants pour marquer son profond désaccord.

Lorsque la présence de la défunte devint trop imposante, Audette dut faire appel à un médium. Elle dut bien se rendre compte qu'en cherchant à maintenir ses contacts elle n'avait rendu service à personne. Sa mère, qui avait été stimulée à demeurer à proximité de son monde d'incarnation, n'avait pu se dégager de son attachement terrestre. Aveuglée par ses faiblesses spirituelles, elle ne pouvait comprendre le tort qu'elle causait aux autres et à elle-même. De plus, son mauvais caractère qu'elle n'avait pas appris à maîtriser la poussait à rejeter l'assistance que les Esprits initiateurs lui offraient.

Audette dut faire une longue série de prières avant de retrouver la paix dans sa maison. Sa mère eut beaucoup de difficulté à comprendre qu'elle prolongeait inutilement ses souffrances.

Après une année de silence, elle revint signifier à sa fille qu'elle savait maintenant ce qu'elle devait faire. Elle ne paraissait pas encore vraiment heureuse, mais la hargne qui se lisait autrefois dans ses yeux avait complètement disparu. Par son ignorance, Audette aurait pu gravement compromettre les possibilités de progression de l'Esprit de sa mère. La retenir ainsi dans les illusions de l'incarnation aurait pu considérablement retarder sa réintégration dans l'au-delà, en plus de prolonger et d'augmenter son déchirement intérieur.

PRÈS DU CERCUEIL

Depuis sa tendre enfance, Irma entretenait une peur morbide des morts. Elle avait connu la coutume aujourd'hui disparue d'exposer les défunts dans les maisons privées et cela lui avait laissé des impressions désagréables dont elle ne s'était jamais débarrassée. Lorsqu'elle était jeune, en période de deuil, cette peur des morts obligeait même quelqu'un de la maison à l'accompagner à la toilette dès qu'il faisait nuit. Irma avait donc grandi avec cette angoisse enfantine qui s'éveillait dès qu'une de ses connaissances trépassait.

Pour apaiser ses craintes, son entourage l'avait presque convaincue qu'il n'y avait pas de raison d'avoir cette peur, en arguant que la mort mettait fin à toute vie. Cette maladroite approche pourtant bien intentionnée avait finalement semé en elle un sérieux doute sur la réalité de la survivance *post mortem*.

Ce doute avait souvent fait l'objet de discussions avec une amie profondément convaincue de l'existence d'une vie de l'au-delà. Mais, chaque fois, Irma s'était réfugiée sous la réconfortante idée qu'il n'y avait rien après la vie terrestre.

Un matin d'automne, Irma apprit la terrible nouvelle que cette amie intime était décédée subitement en plein début de la quarantaine. Ce fut un véritable choc pour elle. Tous ses souvenirs s'entrecroisaient dans sa tête, comme des bouchons de liège longtemps retenus au fond de l'eau, qui, tout à coup libérés, arrivaient tous ensemble à la surface.

Le corps ne fut exposé que le lendemain soir. En attendant, Irma repassa dans sa mémoire les nombreux échanges qu'elle avait eus avec la morte sur les dimensions de l'au-delà. Elle appréhendait beaucoup sa première visite au salon funéraire. Elle avait pourtant bien tort, car elle y trouva la lumière qui fit disparaître définitivement son blocage spirituel.

En pénétrant dans la grande salle où gisait la dépouille mortelle, Irma ressentait un chagrin qui lui étouffait le cœur. La vue du cercueil la fit frémir. En s'approchant davantage, elle ressentit presque dans sa chair la rigidité du corps inerte. Le visage glacé de la morte, dépourvu de son sourire coutumier, donnait la vague impression qu'il ne pouvait s'agir de la personne taquine qu'elle avait si bien connue.

Arrivée toute proche du cercueil, Irma sursauta. Elle entendit très clairement dans son oreille droite la voix de la défunte qui lui adressait la parole. Elle la saluait de la même façon qu'elle l'avait toujours fait chaque fois qu'elles se rencontraient. Irma l'entendait exactement comme de son vivant.

Son amie venait de clore leur débat. Elle avait d'abord choisi cette façon de procéder pour qu'Irma ne puisse avoir de doute sur son identité. Elle voulait ensuite lui démontrer que, même sans le corps de chair, l'Esprit pouvait très bien continuer de vivre et de s'exprimer comme du temps de son incarnation. Elle lui démontrait également que la mort ne détruit pas les souvenirs terrestres, ni ne brise les sympathies spirituelles. Mais, chose encore plus importante pour Irma, elle lui faisait comprendre que l'Esprit conserve sa pleine personnalité et que, de ce fait, elle n'avait rien à craindre d'elle ni de ceux qui l'avaient aimée. Elle lui faisait saisir tout à coup le ridicule de craindre un défunt qui s'était toujours montré bienveillant pendant sa vie. Elle comprenait enfin que nos amis d'ici-bas sont nos futurs amis d'en haut, l'amitié se perpétuant bien au-delà des enterrements.

J'aimerais souligner un autre point important à considérer lors d'un décès. Lorsqu'un agonisant nous fait part d'une présence bienveillante qui se manifeste à lui, il ne faut surtout pas lui parler des supposés effets des médicaments ou de l'action de son imagination. Cette réaction d'ignorants peut bloquer la mise en branle d'un processus d'accompagnement qui, souvent, commence avant le décès lui-même.

IL VIENT ACCUEILLIR SON AMI

Billy et Carlos se connaissaient depuis leurs premiers jours d'école. Habitant le même quartier, ils partageaient depuis cette époque la même classe, les mêmes copains et aussi les mêmes loisirs, harmonisant mutuellement leurs joies et leurs chagrins d'enfant.

Ils fêtèrent ensemble leur douzième anniversaire sans se douter que, pour chacun, ce serait le dernier. Billy décéda le premier dans un tragique accident qui sema bien du chagrin autour des siens. Quelque temps plus tard, Carlos apprit qu'il souffrait d'une grave maladie qui ne lui laissait pas un très long sursis. Le mal qui grugeait la vie de Carlos évolua très rapidement. Les médecins tentèrent quand même une délicate intervention chirurgicale, mais celle-ci ne put atteindre la hauteur des minces espérances escomptées.

Après l'opération, le jeune Carlos se mit à parler de son ami Billy qu'il disait voir régulièrement près de lui. Il le décrivait portant des vêtements blancs. Il parlait d'une belle lumière brillante qui l'enveloppait. Carlos affirmait que, chaque fois que Billy venait, il le regardait en riant, comme pour lui montrer qu'il était heureux. Au début, Carlos le voyait sporadiquement et, à la fin, Billy lui tenait constamment compagnie.

Le jour où Carlos mourut, la mère de Billy eut une forte intuition qu'elle devait téléphoner à l'hôpital pour prendre de ses nouvelles. C'est la mère de Carlos qui répondit.

Celle-ci avait peine à parler. Des sanglots étouffaient les mots qu'elle ne pouvait plus prononcer. Reprenant ses sens, elle lui dit: « Billy vient tout juste de venir chercher Carlos. » Le jeune garçon venait de rendre l'âme.

Les deux jeunes amis s'étaient rejoints pour poursuivre dans l'autre monde la montée presque infinie qui mène jusqu'à Dieu. Liés bien avant leur naissance, ils avaient voulu vivre ensemble les quelques années d'incarnation que les deux devaient écouler. Ils se retrouvaient maintenant avec les mêmes possibilités d'évolution que leur personnalité propre les amènerait à utiliser chacun à leur manière.

Une autre erreur à éviter est de tenter d'évaluer qui a besoin de prières et qui peut s'en passer. Sous notre voile d'incarnation, nous sommes très peu en mesure d'effectuer une juste appréciation de tout cela. La règle à suivre consiste à se dire que nous avons tous besoin de prières. Ceux et celles que les religions qualifient de saints ou de saintes n'étaient-ils pas ceux-là mêmes qui en réclamaient le plus? À notre tour, comprenons bien que la prière est un puissant levier dont personne ne peut se passer, même les tout-petits qui, tout comme les adultes, possèdent leur propre antériorité.

IL ÉTAIT DEMEURÉ PRÈS DES SIENS

Au décès de son père, Paul s'était installé avec sa petite famille dans la vieille maison paternelle dont il avait hérité. Cette maison connaissait l'histoire intime de sa vie. Il y était né et y avait vécu jusqu'à son mariage. Son jeune frère y avait même rendu l'âme à l'âge de six ans. De celui-ci, il ne lui restait comme souvenir qu'une commode lui ayant appartenu. À la naissance de son fils, Paul l'avait soigneusement restaurée. Il l'avait ensuite agencée avec un mobilier de même conception. Pour lui, c'était comme un soulagement de voir son jeune fils Éric partager le décor qu'avait connu son défunt frère décédé tragiquement à l'aurore de sa vie.

Jusqu'à son sixième anniversaire, la vie d'Éric se passa sans histoire particulière. Mais, lorsqu'il eut six ans, un nouvel arrivant vint perturber le calme coutumier. Les soucis commencèrent lorsque Paul surprit Éric en train de se parler tout seul. Il crut d'abord à un jeu, mais le type d'échange qui ne semblait pas à sens unique prit rapidement un contenu surprenant. Éric semblait répondre à des questions inaudibles pour les autres. Sa conversation avec l'invisible pouvait durer des heures en suivant un sens logique et continu.

Après quelques jours d'observation, Paul et son épouse interrogèrent leur fils sur les raisons de son nouveau comportement. Éric leur affirma que, depuis son anniversaire, un jeune garçon de son âge l'accompagnait sans arrêt. Il leur raconta qu'il le voyait très souvent, lui parlait et jouait même avec lui. La description qu'il en donna concordait exactement avec celle de son oncle décédé depuis longtemps. Ce qui était surprenant, c'est qu'il ne l'avait jamais connu. De plus, Éric n'avait jamais vu la moindre photographie du défunt.

Le phénomène durait depuis déjà quelques semaines. Éric échangeait de plus en plus avec son compagnon invisible qui avait maintenant confirmé son identité. Le jeune garçon ne présentait aucun symptôme de peur, mais, comme la présence de l'Esprit semblait vouloir s'installer avec de plus en plus d'insistance, ses parents crurent qu'il était plus prudent d'intervenir. Ils craignaient pour l'adaptation sociale de leur fils qui allait débuter bientôt sa première année d'école primaire.

Paul consulta donc un médium pour se faire conseiller. Par celui-ci, il apprit que l'Esprit était resté attaché au monde de l'incarnation. Après sa mort, nul n'avait songé à prier pour lui, croyant comme bien d'autres qu'un enfant de cet âge n'avait aucun besoin de prières. Bien au contraire, ses proches invoquaient régulièrement son aide. Par attachement affectif, il avait préféré les accompagner dans leurs épreuves plutôt que de suivre les Esprits de lumière qui l'appelaient.

Des prières régulières adressées à Dieu parvinrent finalement à libérer l'Esprit errant des obligations qu'il s'était lui-même imposées.

Par la suite, Éric ne revit l'Esprit de son oncle qu'une seule fois, un peu comme s'il était venu dire un dernier au revoir à son ami avant de continuer sa route vers notre Créateur.

J'aimerais insister encore une fois sur l'importance de ne pas retenir l'Esprit de nos défunts dans notre monde d'incarnation. Cela ne fait que traduire un regrettable égoïsme de notre part. Lorsque nous sommes morts, la vie du monde matériel ne nous convient plus; seules les dimensions pseudo-matérielles de l'au-delà nous permettent alors de progresser. Agir en sens inverse ne peut qu'attirer des ennuis à ceux que nous pleurons, ainsi qu'à nous-mêmes.

ELLE RETENAIT SON BIEN-AIMÉ

Bernadette trouva très difficile de subir la perte de son mari décédé subitement au beau milieu de la quarantaine. Ils avaient toujours formé un couple très uni. Son époux, toujours amoureux comme à ses vingt ans, lui avait témoigné beaucoup d'attention. De nature fort protectrice, il avait chaleureusement veillé sur elle pendant les vingt-cinq années qu'avait duré leur vie commune.

Après l'incinération, Bernadette demanda qu'on lui confie les cendres de son époux. Voulant conserver le sentiment que celui-ci demeurait encore près d'elle malgré la mort qui les séparait, elle garda les restes mortuaires dans sa maison. Elle installa l'urne bien en vue et se sentit réconfortée par cette présence.

Dès les premiers jours, elle eut la nette impression que son mari était réellement de retour. Elle ne pouvait le percevoir, mais elle continuait à sentir sa proximité amoureuse comme s'il était encore vivant. Bernadette adressait la parole à l'Esprit de son mari qu'elle encourageait à demeurer chez elle.

Les semaines passèrent et les mois défilèrent à leur tour.

Puis, lentement, la vie reprit un nouveau cours. Jusque-là, Bernadette s'était plu à sentir près d'elle le défunt qu'elle raccrochait à l'existence des incarnés, mais le plan de vie amenait maintenant d'autres contextes où l'avis des morts n'est pas nécessairement compatible avec celui des vivants. C'est là que Bernadette comprit son erreur.

Dès que l'Esprit se rendit compte que sa présence n'était plus autant désirée, il manifesta son mécontentement. Depuis sa mort, il était demeuré dans le monde inférieur pour répondre aux appels de celle qu'il aimait. Il avait même ancré encore davantage ses soucis de nature terrestre. Il avait repoussé l'aide de son Guide et des généreux Initiateurs, leur préférant celle qu'il aurait dû quitter. Il s'était rendu compte qu'il pouvait encore se mêler à la vie de sa bien-aimée et il voulait continuer. Il s'obstinait à refuser la véritable vie de l'Esprit qui, seule, peut briser les chaînes douloureuses de l'existence charnelle. Maintenant, il était résigné à se satisfaire des maigres compensations de cette existence limitée.

Sans doute pour ménager celle qu'il aimait, il limita ses manifestations à des bruits de pas qu'il provoquait dans l'air à des moments choisis. Le plus souvent, les bruits se produisaient en soirée ou pendant la nuit. Chaque fois, Bernadette reconnaissait les pas de son défunt mari. Parfois, il marchait en rond dans la pièce où elle se trouvait comme pour montrer son impatience. D'autres fois, les bruits la sortaient du sommeil. Bernadette entendait alors l'entité se déplacer près de son lit, comme si elle voulait insister sur sa présence qu'elle ne devait pas oublier.

Quand Bernadette fit appel à moi, elle regrettait son attitude passée, fruit de son ignorance. Elle comprenait maintenant le tort qu'elle avait causé à son époux en le retenant dans le monde de la matière. Elle avait bloqué son accès aux joies spirituelles auxquelles il avait droit.

Il fallait maintenant éveiller l'Esprit aux dimensions lumineuses qui étaient à sa portée. Il fallait le convaincre d'écouter les Esprits de lumière qui lui tendaient la main. Il devait saisir que son plan de vie se séparait de celui de son épouse et que cela ne mettait aucunement fin à leur amour. Il devait retourner dans la lumière pour se souvenir de son antériorité et voir la route nouvelle qu'il devait suivre.

Heureusement pour lui, son cœur n'était pas véritablement

obstrué par les scories de l'infériorité spirituelle. Il possédait un bagage suffisant pour se prendre en main. S'il en avait été autrement, il aurait risqué de se condamner lui-même à une longue période d'erraticité douloureuse. Celle-ci aurait même pu s'étendre sur plusieurs dizaines d'années comme celle que certains Esprits moins évolués vivent dans l'au-delà de notre planète.

Aux funérailles

Les funérailles constituent la dernière séquence où l'événement du décès suspend le quotidien coutumier des proches du défunt. Après, la vie des incarnés doit généralement reprendre son cours. C'est donc le dernier moment où l'Esprit décédé reçoit de leur part une attention vraiment particulière. Il est donc très important que le processus de réintégration dans le monde de l'au-delà y soit déjà enclenché ou, du moins, qu'il soit sur le point de l'être. De ce fait, la prière des proches revêt beaucoup d'importance à ce stade.

Prions :

« Dieu tout-puissant, bon Père du ciel, Toi dont la générosité est infinie, permets que ma prière puisse atteindre (le nommer) et qu'elle s'imprègne dans tout son Esprit. Permets que son Ange gardien puisse l'inviter à bien écouter l'appel que je lui adresse.

« (le nommer), trois jours se sont déjà écoulés depuis ton décès. Le corps charnel qui t'a servi de véhicule dans notre dimension terrestre est déjà avancé dans son processus de retour à la nature du monde physique. Tu dois faire de même dans le monde de l'Esprit.

« Demain, notre vie d'incarnés reprendra son cours. Nous devrons vaquer à nos obligations quotidiennes pour encore mieux nous préparer à franchir le seuil à notre tour.

« Tu nous as quittés, mais tu demeureras toujours dans nos cœurs. Comme de ton vivant, je ne veux que ton bonheur. Je serais attristé de savoir que tu erres parmi nous, car je sais que seule la lumière de l'au-delà t'apportera la paix que tu mérites grandement.

« Vois ton corps qui se putréfie en son sein. Il a fini son temps. Vois maintenant ton cœur assoiffé de vie. Tourne-toi

vers la lumière qui étanchera cette soif de son eau vive infinie. Poursuis ta route, grandis et, lorsque tu seras très haut, dans les sphères de lumière cristalline, tu pourras enfin aider ceux que tu aimes et que tu dois quitter.

« Ce n'est qu'un au revoir. Va et, bientôt, nous serons à nouveau réunis là où la mort ne peut imposer ses adieux. »

J'aimerais attirer ici votre attention sur le malaise fort particulier que peut faire vivre à nos défunts la regrettable coutume d'incinérer les corps. Pour ceux et celles qui n'ont pu prendre pleinement conscience de leur nouvel état, l'incinération de leur cadavre dont ils ne saisissent pas toujours la réelle situation peut leur donner la désagréable impression de brûler avec lui. Chez certains autres, l'impression est plutôt de mourir une deuxième fois. Bien sûr, un Esprit déjà avancé en connaissances spirituelles qui s'est vu mourir en pleine conscience et qui a fait une vie méritante n'a pas à craindre ces désagréments, puisque son état est bien conscientisé, mais, pour les autres, cette pratique peut comporter des surprises qui ne sont jamais intéressantes à subir. Cette mode funéraire va d'ailleurs à l'encontre du mouvement écologique mondial actuel. En incinérant les corps, nous éparpillons dans l'air que nous respirons d'innombrables particules provenant du corps consumé. Par contre, l'inhumation permet un retour progressif à la terre des éléments que nous lui avons empruntés. Comme la Terre nous a nourris pendant toute notre incarnation, nous la nourrissons à notre tour en lui redonnant notre dépouille qui, de toute façon, ne peut plus en rien nous servir.

Lorsque nous sommes devant un cas d'incinération, nous devons tenir compte de cette particularité dans nos prières, afin de bien aider l'Esprit qui peut souffrir de voir subitement disparaître, sous l'action des flammes, l'enveloppe à laquelle il s'est tant identifié.

Voici un témoignage qui nous donne un exemple du genre de situation que cela peut risquer de faire vivre à l'Esprit dont le cadavre est incinéré.

UNE TORCHE VIVANTE

Xavier vivait le deuil de son père depuis plus d'un mois lorsque ce dernier vint lui livrer son message d'outre-tombe.

Réveillé en plein cœur de la nuit, Xavier replongeait lentement dans la somnolence. À peine entré dans un demi-sommeil, il fut témoin d'une scène dont le réalisme était saisissant.

D'abord, une lueur diffuse éclaira faiblement sa chambre à coucher. La lumière devint ensuite plus prononcée en émettant des soubresauts d'intensité créant l'effet d'une flamme gigantesque. Une image se précisa ensuite au fond de sa chambre. Les yeux ouverts, presque paralysé par la peur, Xavier vit apparaître un cercueil semblable à celui qu'il avait lui-même choisi pour les obsèques de son père. En fait, il était presque semblable, car, contrairement à l'original, aucune poignée dorée n'était fixée aux côtés qu'il pouvait voir.

Il aperçut ensuite un cadavre étendu dans le cercueil. Il reconnut son père.

Des flammes jaillissaient tout autour du cercueil ouvert. Le bois du coffrage s'enflamma facilement et le feu atteignit rapidement le cadavre. Lorsque les vêtements prirent feu, Xavier vit le mort se lever en criant. Ses cheveux brûlaient. Le cadavre sortit du cercueil en se transformant en une véritable torche vivante. Le mort criait en appelant à l'aide.

La vision disparut subitement sur ces dernières images. Malgré sa peur et son excitation, Xavier ne put lutter contre le sommeil qui le tint endormi jusqu'au matin.

Pour Xavier, le message était clair: l'Esprit de son père était venu lui signifier qu'il avait très difficilement vécu l'incinération de son corps. En fait, trois jours après sa mort, il était encore en profonde confusion *post mortem*, ce qui lui laissa croire qu'il brûlait bien vivant dans son corps de chair.

Jusque-là, Xavier avait toujours été convaincu que le genre d'obsèques ne pouvait nous affecter après la mort. Le réalisme de ce qu'il vécut lui fit envisager un tout autre point de vue: celui du défunt lui-même.

Dans les jours qui suivirent, Xavier fit modifier ses volontés testamentaires en y indiquant qu'il voulait que, à sa mort, ses proches fassent inhumer sa dépouille.

Par la suite…

Les jours passent, ensuite les semaines, puis les mois se succèdent tour à tour. La vie a progressivement repris sa place dans le quotidien de ceux qui sont restés sur la Terre.

Dans l'au-delà, le même processus doit s'appliquer pour ceux qui nous ont quittés. La vie doit également y reprendre son cours pour l'Esprit décédé, même si c'est sous des formes plus subtiles que celles de notre Terre. Le défunt doit s'y adapter selon ses connaissances, ses acquis et sa propre personnalité.

Il le fait sans oublier les siens, exactement comme ces derniers le font dans leur quotidien d'incarnés.

UNE BELLE CONFIRMATION

Josué était tragiquement décédé à l'aube de sa quinzième année. La douleur de ses proches avait fait de grands ravages dans leur cheminement de vie. Deux ans après le drame, sa mère me demanda de tenter d'entrer en contact avec le disparu pour prendre de ses nouvelles.

Je procédai à l'invocation en utilisant une photographie du jeune Josué. Je reçus rapidement les premières images. Je le vis d'abord sous les traits d'un jeune adulte. Il était tout à fait reconnaissable. Il me montra l'essentiel de ses occupations. Josué étudiait sérieusement en vue d'une mission lointaine qui lui tenait à cœur. Il baignait dans un environnement de lumière.

Aussitôt après, une deuxième série d'images me parvint. Je vis Josué avec ses traits d'adolescent à l'âge approximatif qu'il avait sur la photographie.

Il se promenait dans un endroit qui rappelait les nombreux coins de campagne de la région saguenéenne. Son corps brillait de toutes parts. Il marchait dans un petit sentier. Des arbres y poussaient à l'état sauvage.

Avec le plus de précisions possible, je décrivis à la mère de Josué toutes ces données qui me parvenaient, mais celle-ci n'en comprenait pas la signification.

Une semaine après notre rencontre, la mère de Josué me téléphona. Une joie fortement teintée de satisfaction transparaissait dans sa voix. Elle me raconta que son frère, l'oncle préféré de Josué, s'était acheté un terrain en vue de la construction d'une maison et qu'il lui avait fait visiter sa nouvelle acquisition. Or, à sa grande surprise, les détails que je lui avais donnés de la vision reçue correspondaient en tout point à la description du nouveau terrain de son frère. Elle avait fortement été impressionnée par cette confirmation inattendue de la validité du message.

Les images que Josué m'avait projetées prenaient donc leur sens: en plus de signifier à ses proches qu'ils n'avaient pas à s'inquiéter pour lui, il leur confirmait le bien-fondé de la communication tout en signalant à son oncle tant apprécié qu'il l'accompagnait dans son projet.

Il démontrait enfin qu'il était bien au courant de ce que vivaient ceux et celles qu'il avait dû quitter pour rejoindre l'autre monde.

Son message ainsi livré apporta un certain réconfort à sa famille. Ils savaient maintenant que leur Josué ne les oubliait pas, même si ses nouvelles conditions d'existence le soustrayaient désormais à leur quotidien d'incarnés.

La mort nous impose donc une certaine situation de défi qui consiste d'abord à trouver notre place dans l'au-delà, puis à déterminer comment continuer à grandir pour atteindre le lointain sommet.

L'adaptation dans l'au-delà exige donc un certain laps de temps relatif à chacun, dont nous devons bien tenir compte pour ne pas nuire à l'évolution du défunt. Pour le commun des mortels de notre Terre, cela signifie environ trois ans. C'est seulement après cette période qu'en principe nous pouvons songer à demander l'aide de nos trépassés.

Pendant ces années d'attente, nous devons prier Dieu de faciliter leur adaptation dans l'autre monde. Nous devons également répéter à nos défunts qu'ils doivent poursuivre leurs efforts pour vivre ce qui leur est offert, sans songer aux trompeuses illusions de notre monde opaque. Nous devons enfin remercier Dieu pour la bonté qu'Il manifeste envers eux.

Et quand le temps est venu de pouvoir faire appel à leur aide, nous devons nous rappeler qu'ils ne sont pas à notre service. Ensuite, il faut bien prendre conscience qu'ils ne sont pas toujours en mesure de nous aider. Parfois, c'est Dieu qui, pour notre bien, ne l'autorise pas; parfois ce sont les défunts eux-mêmes qui, pour leurs propres raisons, ne veulent pas intervenir. D'autres fois, c'est qu'ils ne peuvent tout simplement pas, soit à cause des limites de notre plan de vie, soit à cause de leurs faibles acquis limitant leurs possibilités.

Voyons maintenant quelle forme pourrait prendre une telle demande de secours.

Prions:

«Dieu tout-puissant, bon Père du ciel, permets que ma prière soit exaucée. Je prie l'Esprit de (le nommer) de bien vouloir porter une attention particulière à cette demande.

«Des années se sont écoulées depuis ton départ et ta présence est toujours bien vivante dans mon cœur. Il n'y a pas très longtemps encore, tu connaissais les difficultés de vivre ici-bas. Je fais donc appel à ta sensibilité encore toute vibrante pour te demander, si Dieu le permet et si cela t'est possible, de bien vouloir m'accorder ton assistance.

(décrire le problème qui vous accable)

«Si tu juges plus à propos de faire appel à une autre entité bienveillante qui accepterait de m'aider, veuille bien le faire pour moi et la remercier de tout cœur.

«Je prie mon Ange gardien de bien vouloir collaborer avec (le nommer) que j'invoque aujourd'hui, pour qu'ensemble vous puissiez abréger mes peines.

«Si mon plan d'avancement m'obligeait à continuer de souffrir, inspirez-moi le courage de poursuivre le chemin sans perdre la sérénité et la force de ma foi.

«Je remercie Dieu de permettre que cette prière soit entendue. Je remercie (le nommer) ou tout autre Esprit bienveillant qui reçoit cette prière de bien vouloir intervenir pour moi. Je remercie à nouveau mon bon Ange gardien pour son précieux dévouement.»

Il m'est arrivé plus d'une fois de rencontrer des gens qui, depuis de nombreuses années, priaient un proche retardataire en croyant qu'il baignait dans la lumière. Chaque fois, un simple petit interrogatoire me permettait de constater qu'ils étaient bien au courant des faiblesses morales que mes lectures de photographie me montraient. Pourtant, personne n'avait songé à prier pour le défunt concerné. Ils agissaient comme si le simple fait de mourir nous donnait accès à tous les leviers de l'univers. Plusieurs de ces défunts exprimaient un grand malaise devant pareille situation. C'était comme si on leur renvoyait continuellement au visage l'infériorité spirituelle qui les empêchait d'aider leurs proches.

La leçon à en retenir est fort simple: pensons d'abord à prier pour nos morts, ensuite nous pourrons peut-être les prier pour nous-mêmes.

Prière pour contrer les mauvaises influences occultes

Comme nous l'avons vu dans mon premier ouvrage, nous subissons continuellement l'influence invisible mais pourtant bien réelle des nombreuses entités qui nous entourent. Lorsqu'il s'agit de notre Esprit guide ou d'un Esprit protecteur, nous en retirons de grands bénéfices, mais, dès que cette action occulte est l'œuvre des Esprits d'un niveau inférieur, notre progression est immédiatement mise en danger.

Lorsque nous songeons à toutes les possibilités que confère à notre Guide son haut degré d'avancement, nous avons tendance à nous imaginer que sa seule présence suffit à éloigner de nous les malveillants du bas astral, mais la réalité est tout autre. Il ne faut pas oublier que nous sommes ici pour avancer en nous confrontant d'abord à nos propres faiblesses. Or, c'est précisément par rapport à celles-ci que les Esprits ignorants qui nous entourent tentent de nous influencer. Les seules limites qui freinent leurs élans sont celles que leur impose notre plan de vie. Quant à notre Ange gardien, sa mission de départ ne peut dépasser le cadre de ce dernier, malgré tout l'amour qu'il peut nous vouer.

Nous devons donc prier Dieu pour obtenir des autorisations de protection supplémentaire qui élargiront le champ d'action de notre Guide. Combien d'échecs nous pourrions éviter si tous et toutes savaient cela et en appliquaient les principes!

Prière pour se prémunir contre l'activation de nos faiblesses morales

Les difficultés inhérentes à notre état actuel d'incarnation, liées à nos faiblesses encore bien actives, nous rendent fort vulnérables aux incitations négatives que peuvent tenter de nous inspirer les malveillants du bas astral. Leur emprise peut même prendre des proportions surprenantes sur ceux qui ignorent jusqu'à leur existence.

Lorsqu'il arrive que ces Esprits errants parviennent à stimuler nos faiblesses morales, il faut bien retenir que le siège de celles-ci ne se trouve toujours qu'en nous-mêmes. Cette action occulte peut donner l'impression que l'invitation au mal ne parvient que de l'extérieur de notre Esprit, mais il faut bien comprendre que les entités noires n'agissent que sur les incarnés qui écoutent leurs inspirations sournoises. Le coupable ne peut donc jamais jeter le blâme de ses actions sur un autre que lui-même. Souvenons-nous de la loi des acquis éternels. Nous ne pouvons jamais revenir plus bas que ce que nous avons été dans nos antériorités. Tous nos acquis spirituels, qu'ils concernent notre sens moral ou nos connaissances, nous sont garantis pour l'éternité. Toute infériorité morale se dégageant de nos actes ne peut donc traduire que notre propre réalité spirituelle.

Mais il n'en reste pas moins que ces stimulations occultes de nos faiblesses morales apportent un degré de responsabilité qui devra être assumé par l'Esprit errant qui s'en sera rendu coupable.

Pour nous prémunir contre cette activation de l'invisible, la prière peut nous être d'un grand secours, car elle permet de profiter d'une assistance spéciale que nous ne pourrions peut-être pas obtenir autrement.

Mais avant de penser à prier pour empêcher leurs actions sournoises, il faut d'abord centrer notre volonté sur des efforts sincères visant notre amélioration spirituelle. Sans cette première condition, toute demande devient inopérante.

La raison en est fort simple. Nous sommes ici pour nous grandir par notre propre travail et, de ce fait, partant du principe en lui-même, l'au-delà ne peut jamais agir à notre place. Nos amis invisibles ne peuvent nous aider que dans les limites de nos propres efforts.

Ces efforts pour dominer nos faiblesses rendent nos vibrations plus compatibles avec celles des Esprits de lumière. De plus, chez les incarnés les moins avancés, ces efforts éloignent les Esprits familiers qui, sous l'emprise de leur aveuglement, peuvent tenter de provoquer chez leurs hôtes une stagnation similaire à la leur, entretenant ainsi une ambiance sympathique à leur ignorance.

Beaucoup d'abus, de disputes stériles, d'élans de colère et même d'actes violents pourraient être évités par l'action de prières adressées à Dieu pour les contrer.

Prions :

« Dieu tout-puissant, bon Père du ciel, je Te prie d'éloigner de moi tous les Esprits malveillants qui cherchent à me nuire dans mon incarnation. Considère les efforts que j'applique de mon mieux à échapper à l'emprise de mes propres faiblesses.

Donne-moi la force d'en faire encore bien davantage afin que je sorte victorieux de la lutte d'ici-bas.

« Permets que mon Esprit guide puisse leur interdire l'accès à ma pensée dans la pleine mesure des pas que je fais pour monter vers Toi. Autorise les Policiers de l'au-delà à lui prêter main-forte dès qu'il en fera la demande, afin que tout mon être puisse baigner dans des vibrations d'amour, de paix et de sérénité.

« Je prie mon Ange gardien de bien vouloir écouter cette prière. Rappelle-moi le chemin de la lumière lorsque mes faiblesses ouvrent la porte aux Esprits ignorants qui nous entourent. Ne les laisse pas m'étouffer de leurs sournoises tentations, mais aide-moi à me délivrer de la sympathie que mon ignorance peut leur conférer.

« Merci d'écouter cette prière. »

Prière pour mettre fin aux hantises

Comme nous l'avons vu plus haut, le phénomène des hantises peut prendre des proportions fort impressionnantes. La plupart de ceux et de celles qui en sont victimes ne prennent généralement pas beaucoup de temps à devenir de fervents adeptes de la prière, du moins pendant la durée de leurs ennuis. Voyons comment celle-ci devrait s'orienter.

Prions :

« Dieu tout-puissant, bon Père du ciel, ma vie d'incarné est actuellement bien perturbée par l'action malveillante d'entités ignorantes m'attaquant sans cesse. Je Te prie pour Te demander d'autoriser que cesse cette hantise dont les miens et moi-même sommes la cible.

« Comme rien ne peut arriver sans l'acceptation de ta volonté, je comprends que ce mal a sa raison d'être. Aussi, je Te demande de m'inspirer mes fautes passées pour que, dans mon cœur, je comprenne les leçons que je dois en tirer. Si je me suis déjà rendu coupable de semblables actions, pardonne-moi. Je vois maintenant que le mal n'est bon ni pour soi-même, ni pour les autres.

« Regarde les efforts que j'applique à m'améliorer. Permets que cette épreuve ne vienne pas briser le rythme de mes pas, mais qu'elle serve à me stimuler davantage à monter vers Toi.

« Je Te prie d'autoriser les Esprits policiers de l'au-delà et

les Esprits de lumière qui entendent cette prière à venir assister mon Ange gardien pour l'aider à rétablir la paix dans mes jours et mes nuits. Je remercie ces derniers pour l'aide précieuse qu'ils voudront bien m'apporter. Je Te prie de bien vouloir pardonner aux Esprits ignorants qui sont coupables de ces désagréments. Guide-les vers la lumière afin qu'à leur tour ils puissent trouver la paix.

« Je prie les Esprits qui me causent tous ces ennuis d'écouter les conseils des Esprits de lumière qui viendront vers eux. Ne craignez pas la lumière, elle est votre salut. Elle pansera vos plaies et apaisera vos souffrances. Montez vers Dieu. Oubliez cette Terre qui n'apporte que misère. Priez Dieu! Implorez son pardon! Il est infini! Cessez de m'importuner! Quand reviendra votre tour, vous aussi chercherez le calme et la paix. Vous ne faites que prolonger votre déchirement. Voyez l'amour qui s'offre à vous! Ne repoussez pas les Esprits bienveillants qui vous tendent la main!

« Je remercie Dieu d'écouter ma prière. Je remercie tous les Esprits bienveillants qui m'apportent leur généreuse assistance et particulièrement mon bon Ange gardien. »

Prière pour la paix dans le monde

En cette période fort troublée, notre pauvre Terre souffre énormément des vibrations malveillantes qu'elle doit absorber. Les pensées négatives de guerre, de haine, d'injustice, d'égoïsme et d'orgueil créent un immense bassin d'énergie négative qui stagne dans l'astral de notre planète. Cette énergie est amplement utilisée par les noirs de l'au-delà pour réaliser leurs mauvaises intentions auprès des incarnés qui écoutent leurs appels destructeurs. Actuellement, le mal dont souffre la Terre n'est pas tellement d'ordre écologique, mais plutôt d'ordre spirituel. Notre planète, qui est une véritable cellule vivante, présente des taches sombres dans son aura, signe de son mauvais fonctionnement énergétique. Plusieurs des tremblements de terre actuels et ceux qui se répandront de plus en plus si aucun correctif n'est apporté ne sont que l'expression d'un mécanisme de défense dont dispose notre planète pour assurer sa survie en pareille situation.

Pour améliorer le sort planétaire, un urgent appel doit être lancé vers Dieu pour qu'Il favorise l'avènement de la paix sur toute la surface de notre monde. Et sur ce point, chacun peut beaucoup par la prière. Pour être vraiment efficaces, les prières adressées devront porter autant sur la paix individuelle que sur celle des nations. De plus, pour cette dernière, il sera de mise de nommer les chefs politiques qui pourraient agir au niveau de leur pays.

Prions :

« Dieu tout-puissant, bon Père du ciel, je Te prie de bien vouloir répandre le souffle de ta paix sur notre pauvre Terre malade. Permets aux Esprits de lumière d'accourir pour assister les Anges gardiens qui œuvrent auprès de chacun des incarnés de notre globe.

« Dieu tout-puissant, éveille le sentiment d'amour inconditionnel qui sommeille en mon Esprit et en celui de tous ceux qui peuplent notre monde! Inspire-nous la tolérance! Que l'acceptation de l'autre devienne le lot de chacun! Apaise les Esprits malveillants du bas astral en les guidant vers la lumière! Protège chacun d'entre nous contre l'appel des plus rebelles!

« Donne à chacun de nos Guides l'autorisation dont ils ont besoin pour nous rappeler sans cesse que nous devons aimer l'autre autant que nous-mêmes!

« Bon Père du ciel, autorise les Guides des nations à inspirer directement les chefs de chaque pays de la Terre pour qu'ils choisissent le chemin de la paix! Permets qu'ils leur rappellent tes attentes et le sens de ta volonté!

« Je Te prie de permettre que (les nommer), chefs de (nommer les pays), reçoivent l'assistance de nos amis de lumière afin qu'ils expriment la sagesse dans chacune des décisions qui se répercuteront sur la vie de leur pays. Permets que les Guides puissent leur inspirer, ainsi qu'à leur entourage, le sens de la vérité, la soif de la justice et de l'équité! Qu'ils comprennent la nécessité de l'amour entre les peuples et que la paix devienne leur principal souci dans chacune de leurs responsabilités quotidiennes!

« Merci, mon Dieu, d'écouter cette prière. Je remercie tous les Esprits dont l'action bienveillante contribuera à établir l'ordre divin dans le cœur de chacun des humains de notre Terre. »

Prière de remerciement

Lorsque nous parlons de prière, nous songeons presque automatiquement à la formulation d'une demande que l'on adresse à Dieu et à nos amis de l'au-delà. Mais il ne faut pas oublier que penser à les remercier pour leur dévouement à notre égard revêt également une grande importance.

Dans le monde de l'Esprit, l'ingratitude est toujours fort mal vue. Elle peut même dans certains cas suspendre les autorisations divines qui permettraient aux Esprits bienveillants de répondre favorablement à nos invocations.

Remerciement à Dieu

Prions:

«Dieu tout-puissant, bon Père du ciel, je T'adresse ces quelques mots pour T'exprimer ma reconnaissance envers ta grande générosité. Même dans mes révoltes passagères, mon cœur n'oublie jamais ta bonté de Père dévoué. Je sais que, sans Toi, aucun d'entre nous ne pourrait espérer la lumière, seule source de bonheur infini.

«Je Te remercie de m'avoir créé et de me permettre encore aujourd'hui de me grandir vers Toi. Ne vois pas mes mouvements d'impatience comme une contestation de ta volonté, mais comme l'expression de ma hâte de Te rejoindre dans ta lointaine pureté.

«Je T'aime, bon Père céleste, et, du fond de mon cœur dont Tu connais les moindres replis, je Te dis: "Merci!"»

Remerciement à notre Ange gardien

Prions:

«Esprit guide bien-aimé, grand frère de l'au-delà, ami pour l'éternité, je te remercie de ta chaleureuse présence.

«Tu m'accompagnes à chaque instant de mes jours et de mes nuits, cherchant sans cesse à soutenir mes pas dans le chemin rocailleux menant jusqu'à Dieu. Merci de supporter toutes les souffrances que mes faiblesses t'imposent. Merci de me consacrer tout ce temps que tu aurais pu utiliser pour un repos tellement mérité.

«Ta présence est le baume de mon Esprit. Grâce à toi,

je sais que tout près se trouve toujours un ami, une épaule inconditionnelle sur qui je peux continuellement compter. Je te remercie d'écouter mes nombreuses prières de veille et de si bien me guider dans mes heures de sommeil.

« Je prie Dieu de bien vouloir te rendre au centuple le bien immense que tu m'auras si généreusement donné.

« Ton frère reconnaissant qui espère devenir un jour à la hauteur de ta noble amitié. »

Remerciement à nos Esprits protecteurs

Prions :

« Esprits protecteurs qui, malgré toutes mes faiblesses, m'accompagnez dans mon pèlerinage terrestre, je vous remercie pour le soutien que vous apportez à mon Esprit guide bien-aimé.

« Merci pour l'amour que vous me manifestez dans l'anonymat de votre invisibilité. Pardonnez-moi lorsque dans mon aveuglement je ne réponds pas à vos attentes et sachez toute ma reconnaissance envers votre généreuse compréhension.

« Les effluves de votre amour accroissent mon courage et décuplent la force dont j'ai tant besoin pour monter vers Dieu. Votre présence me réconforte dans cette lutte si difficile ici-bas. Merci de me suivre dans ces lieux de ténèbres où votre lumière éclaire mes pas.

« Par votre générosité, vous m'exprimez la chaleur de l'essence divine qui coule en vous. Merci pour l'amour sans condition que vous me donnez à tous les instants de ma présente incarnation. Je prie Dieu de bien vouloir vous en reconnaître tous les mérites.

« Votre protégé qui vous aime et qui vous remercie. »

Je me limite ici à ces trois formulations de remerciement, car elles s'adressent à ceux que nous sommes susceptibles de vouloir atteindre le plus souvent pour exprimer notre reconnaissance. Il suffira d'y apporter les modifications que le contexte vous inspirera pour les adapter à des circonstances plus particulières.

Pour terminer notre réflexion sur la prière, j'aimerais vous rappeler que Dieu ne demande jamais rien à personne.

Il ne fait qu'autoriser en fonction des offres de service qu'Il reçoit et des demandes qui Lui sont adressées. La prière revêt donc une grande importance pour nous si nous voulons profiter de toutes les possibilités compatibles avec notre plan d'incarnation.

Pour bien visualiser cette importance, je comparerai la prière à une clé passe-partout. Celle-ci donne accès à certaines ouvertures prévues sur notre route, où de véritables bonus nous attendent si nous pensons à en faire la demande. Cette clé est à notre portée. Il n'en tient qu'à nous de bien vouloir l'utiliser.

Conclusion

L'heure est à nouveau venue de nous quitter. Écrire ces dernières lignes me donne la nette impression de laisser de bons amis pour un temps hélas! indéterminé.

J'espère que notre entretien a pu être profitable à votre réflexion spirituelle. C'est du moins ce que je visais, sans aucune prétention, en partageant à nouveau avec vous ce que mon humble expérience m'a permis de découvrir.

Les nombreuses facettes des manifestations du spirituel que nous venons de toucher pourraient facilement donner lieu à une conclusion des plus élaborées, mais je préfère vous laisser le soin de la tirer vous-mêmes en fonction de la lumière qui est déjà en vous.

J'aimerais quand même convenir avec vous que les nombreux témoignages auxquels nous nous sommes référés tout au long de cet ouvrage nous démontrent clairement l'importance de bien préparer notre survie d'outre-tombe. Ils nous rappellent encore une fois que la mort n'est qu'apparente, que nous sommes tous des êtres immortels, chacune des incarnations qui tissent ainsi notre histoire intime ne faisant que nous apporter des possibilités nouvelles pour mieux revenir dans le monde de l'Esprit. Nous savons donc maintenant qu'il n'en tient qu'à nous d'en profiter en choisissant le chemin qui mène au bonheur de l'au-delà.

Les manipulations sournoises des Esprits hypocrites du bas astral alliées à l'ignorance orgueilleuse de l'humanité terrestre actuelle nous suggèrent la voie de la facilité qui ne mène qu'à de profonds regrets dans l'au-delà. Il est très important de bien comprendre la nécessité de vivre pleinement notre plan de vie, et ce, jusqu'au bout. Tenter d'y échapper ne peut que nous condamner à tout reprendre. N'oublions pas que la Terre n'est qu'un vaste laboratoire d'expérimentation où l'Esprit vient aiguiser ses forces pour mieux en acquérir de nouvelles. C'est pour cela que Dieu nous semble parfois si loin de nous, sous notre voile qui fait oublier. L'omniprésence du mal n'est pas la manifestation de son indifférence, mais plutôt celle de l'efficacité du grand principe d'évolution qui vise à nous confronter sans cesse aux pièges de la matière lourde dont nous devons apprendre à sortir vainqueurs.

Comme nous l'avons vu, les manifestations de nos frères de l'au-delà, et même celles de notre propre Esprit, nous font bien saisir l'urgence d'en comprendre l'énoncé, car elles nous démontrent que, si la route nous semble brève ici-bas, elle ne fait que continuer dans l'au-delà dans un trajet presque éternel menant jusqu'à Dieu.

C'est donc aujourd'hui même que nous devons nous assurer une belle éternité en échappant, par nos efforts d'élévation spirituelle, aux griffes sournoises de notre monde qui, si nous nous y laissons prendre, n'apportent que pleurs, regrets, souffrance et misère. Pour cela, il suffit de se tourner vers la lumière en assumant la douleur du détachement que cette orientation libératrice nous impose dans notre chair. Foi, amour inconditionnel, paix spirituelle, prière, force, courage sont les porteurs de cette lumière; libre à nous d'en paver notre route.

Mes contacts avec d'autres assoiffés du spirituel m'ont fait réaliser comme le mouvement de spiritualisation prend de plus en plus d'ampleur. De nombreux groupes de médiums se forment pour tenter d'assister ceux et celles qui ont besoin de soutien dans leurs désirs d'élever leur Esprit. J'aimerais souligner, autant pour ceux qui s'en donnent la mission que pour ceux qui profitent de leur générosité, l'importance d'appliquer dans notre quotidien les principes que les entités de lumière nous enseignent. Nous ne devons jamais oublier que la première règle à suivre lorsque nous abordons le spirituel est celle de mettre de l'ordre dans notre vie, dans la pleine mesure de nos forces et de nos connaissances. Négliger cet aspect ne serait que s'abaisser au jeu des illusions stériles si répandues dans notre monde.

Je remercie chaleureusement tous ceux et celles qui m'ont livré leur expérience, parfois fort intime, et qui fut si précieuse pour notre réflexion. Je remercie également nos frères de l'Invisible, nos amis d'en haut qui m'ont continuellement apporté leur indispensable assistance. Sans eux, je n'aurais pu vous transmettre toutes ces données. Enfin, je remercie Dieu, notre Père céleste, d'avoir accepté que je puisse écrire et publier cet ouvrage. Je Le prie maintenant pour que vous puissiez à votre tour en profiter dans la pleine mesure de vos acquis.

304 pages; 15,95 $

110 pages; 9,95 $

414 pages; 24,95 $

314 pages; 21,95 $

408 pages; 24,95 $

DISTRIBUTEURS EXCLUSIFS

Distributeur pour le Canada et les États-Unis
LES MESSAGERIES ADP
MONTRÉAL (Canada)
Téléphone : (450) 640-1234 ou 1 800 771-3022
Télécopieur : (450) 640-1251 ou 1 800 603-0433
www.messageries-adp.com

Distributeur pour la France et autres pays européens
DISTRIBUTION DU NOUVEAU MONDE (DNM)
PARIS (France)
Téléphone : 01 43 54 49 02
Télécopieur : 01 43 54 39 15
Courriel : libraires@librairieduquebec.fr

Distributeur pour la Suisse
(À l'usage exclusif des librairies)
SERVIDIS / TRANSAT
GENÈVE (Suisse)
Téléphone : 022/342 77 40
Télécopieur : 022/343 46 46
Courriel : transat-diff@slatkine.com

◆◆◆

Dépôts légaux
Bibliothèque nationale du Canada
Bibliothèque et Archives nationales du Québec, 2010
Imprimé au Canada

◆◆◆

Imprimé sur Rolland Enviro100, contenant 100% de fibres recyclées postconsommation, certifié Éco-Logo, Procédé sans chlore, FSC Recyclé et fabriqué à partir d'énergie biogaz.